Wolfgang Amadeus Mozart
Don Giovanni

Wolfgang Amadeus Mozart

Don Giovanni

Textbuch (Italienisch – Deutsch)
Einführung und Kommentar
von Kurt Pahlen
unter Mitarbeit von Rosmarie König

SCHOTT

Bibliografische Information der Deutschen Nationalbibliothek
Die Deutsche Nationalbibliothek verzeichnet diese Publikation in der Deutschen
Nationalbibliografie; detaillierte bibliografische Daten sind im Internet über
http://dnb.d-nb.de abrufbar.

Deutsches Libretto nach Hermann Levi, mit Ergänzungen und geringfügigen
Änderungen von Kurt Pahlen

Abdruck der Notenbeispiele erfolgt mit Genehmigung von C. F. Peters Musikverlag,
Frankfurt am Main/Leipzig/London/New York.

Die Bildvorlagen wurden zur Verfügung gestellt vom Archiv Preußischer Kultur-
besitz (S. 437 und 441), vom Bildarchiv der Österreichischen Nationalbibliothek,
Wien (S. 348, 354, 392, 440 und 443), vom Pressebüro der Salzburger Festspiele
(S. 300/301 und 306) und von Sabine Toepffer, München (S. 303, 312/313, 316, 323
und 326/327). Die übrigen Abbildungen entstammen dem Archiv Kurt Pahlen.

Bestellnummer SEM 8005
ISBN 978-3-254-08005-9
Originalausgabe Oktober 1981
10. Auflage
© 2008 Schott Music GmbH & Co. KG, Mainz
www.schott-music.com

Opern der Welt

Umschlagmotiv: Bühnenbildentwurf von Joseph Quaglio (Deutsches Theater-
museum München)
Satz: Katja Peteratzinger Digital-Publishing, Hünfelden
Druck und Bindung: Clausen & Bosse, Leck
Lektorat: Gerda Weiss / Norbert Henning
Printed in Germany · BSS 50115

Inhalt

Wolfgang Amadeus Mozart
(Silberstiftzeichnung von Doris Stock, 1789)

Zur Aufführung

TITEL

Don Giovanni
(Il Dissoluto Punito ossia Il Don Giovanni)[1]

Don Juan
(Der bestrafte Bösewicht oder Don Juan)[1]

BEZEICHNUNG

Dramma giocoso[2]
Oper in 2 Akten.

TEXT

Lorenzo Da Ponte

MUSIK

Wolfgang Amadeus Mozart
Die Partitur enthält eine Ouvertüre und 24 Musiknummern

URAUFFÜHRUNG

in italienischer Sprache
Gräflich Nostitzsches (National-)Theater
(heute Kajetan-Tyl-Theater) in Prag,
29. Oktober 1787 unter Leitung Mozarts

PERSONENVERZEICHNIS

Personaggi:	Personen:
Don Giovanni, giovane cavaliere estremamente licenzioso . . . . . . *Baritono*	Don Giovanni (Don Juan), ein äußerst leichtfertiger junger Edelmann . . *Bariton*

---

[1] Unter dem in Klammern angegebenen Titel wurde die Wiener Erstaufführung (1788) durchgeführt, er steht auch auf der dabei verwendeten Partitur Mozarts. Bei anderen Aufführungen wird das Werk auch manchmal als *Don Juan oder Der steinerne Gast* angekündigt, was älteren Fassungen des Theaterstückes entspricht.

[2] Da »Dramma giocoso« (Heiteres Drama) ein im Deutschen ungebräuchlicher, ja widersprüchlicher Ausdruck ist, wird bei übersetzten Aufführungen oft das Wort »Oper« statt jeder anderen Bezeichnung verwendet.

Donna Anna, dama promessa sposa di Don Otta-.... vio............ *Soprano*
Don Ottavio......... *Tenor*
Commendatore ...... *Basso*

Donna Elvira, dama di Burgos abbandonata da Don Giovanni....... *Soprano*
Leporello, servo di Don Giovanni......... *Basso*
Masetto, contadino, amante di.............. *Basso*
Zerlina, contadina .. *Soprano*
Coro di contadini e di contadine. Servitori.
Coro di uomini, di sotterra.

Donna Anna, Verlobte des Don Ottavio ... *Sopran*
Don Ottavio......... *Tenore*
Komtur, Vater Donna Annas .... *Baß*

Donna Elvira, von Don Giovanni verlassene Dame aus Burgos .... *Sopran*
Leporello, Diener Don Giovannis .... *Baß*
Masetto, Bauer, Bräutigam der .... *Baß*
Zerlina, Bäuerin ..... *Sopran*
Chor der Bauern und Bäuerinnen. Diener.
Unsichtbarer Männerchor (Geister)

SCHAUPLATZ UND ZEIT

La scena si finge in una città della Spagna.

Ort der Handlung ist eine Stadt in Spanien.

(Keine Zeitangabe, doch am ehesten ins 17. Jahrhundert zu verlegen. Bei der Uraufführung als »zeitgenössisch« dargestellt, also in Mozarts Zeit spielend: Ende des 18. Jahrhunderts)

ORCHESTERBESETZUNG

2 Flöten, 2 Oboen, 2 Klarinetten, 2 Fagotte; 2 Hörner, 2 Trompeten, 3 Posaunen; Pauken (2); Mandoline; I. und II. Violine, Bratsche, Violoncello, Kontrabaß
Bühnenmusik: 2 Oboen, 2 Klarinetten, 2 Fagotte; 2 Hörner, 3 Posaunen; Streicher; im Finale des I. Aktes in drei verschiedene Ensembles geteilt, die gleichzeitig spielen

SPIELDAUER

Mehr als 3 Stunden, letztlich schwer anzugeben, da die Fassungen von Bühne zu Bühne schwanken. Zumeist werden die nachkomponierten Arien Ottavios und Elviras gesungen.

Textbuch (Italienisch–Deutsch)
mit Erläuterungen
zu Musik und Handlung

Diese wohl großartigste Ouvertüre Mozarts, um die sich viele Anekdoten ranken – sicher ist nur, daß sie erst in der Nacht vor der Premiere niedergeschrieben wurde –, ist zweiteilig aufgebaut: eine langsame Einleitung (die Andante überschrieben ist, also keineswegs zu langsam angelegt werden darf) und ein sehr schneller Hauptteil, dessen Struktur einer freien Sonatenform entspricht. Die Grundtonart ist d-Moll, deren düstere, lastende, dämonische Stimmung die das Drama beherrschende Idee vorwegzunehmen scheint (wie beim letzten Zusammenstoß Giovannis mit dem »steinernen Gast« später sehr deutlich werden wird). Wichtig sind auch der im 8. Takt folgende verminderte Septakkord sowie der scharfe Rhythmus der häufigen Synkopen, Anzeichen des künftigen Dramas:

(1)

OUVERTURA

OUVERTÜRE

*Das scheint auch in weiteren Einzelheiten hörbar zu werden: in
plötzlichen Sforzato-Schlägen, besonders aber wohl in den seltsamen Skalen-Passagen der Geigen und Flöten:*

(2)

*Bei diesen bringt der Anstieg ein starkes Crescendo, das auf dem
Höhepunkt stets einem plötzlichen Piano weicht, mit dem dann
der (harmonisch veränderte) Abstieg beginnt.
Beim Übergang in den bewegten Teil*

(3)

*kommt ein wenig Licht in die drückende Düsterkeit; D-Dur
folgt auf das vorhergehende d-Moll. Aber das bedeutet kein
Nachlassen der Dramatik. Das unruhige Flackern des Vorspiels*

ist einem ruhelosen Drängen gewichen – soll und kann man tonmalerische Interpretationen versuchen? Es wäre hier sehr naheliegend und sehr einfach: Da gibt es Giovannis gehetzte Seele, sein Getriebensein von Frau zu Frau, seine erotischen Begegnungen, ferner Annas Erschütterung und Rachsucht, Elviras zerstörte Welt, die trotzdem noch der Liebe offen ist, und schließlich Zerlinas heile Welt, die nur vorübergehend durch die Begegnung mit Giovanni ein wenig wankt. Dramatische, sogar durch fugierte – aufeinanderfolgende – Einsätze noch gesteigerte Passagen,

(4)

die Giovannis Angriffe symbolisieren könnten, und eine zarte Antwort in den Streichern, die man sich als Bereitschaft der Frauen vorstellen könnte – aber alles das ist fraglich und nicht zu beweisen; denn keinerlei Äußerung des Komponisten ermächtigt uns zu außermusikalischen, also tonmalerischen Interpretationen seiner Musik.

Daß in dieser Overtüre die Grundelemente des Dramas ausgedrückt sind, läßt sich nicht bestreiten, alles andere ist eine zweifelhafte, wenn auch reizvolle Art der Annäherung an ein grandioses Musikstück. Dieses schließt übrigens nicht, wie üblich, in der Grundtonart, sondern moduliert zuletzt in ein vorübergehendes C-Dur, das beim Aufgehen des Vorhangs nach F-Dur übergeleitet wird.

Eine Art Ernüchterung scheint Platz zu greifen, Leporello stimmt, verbittert, sein berühmt gewordenes Lied an:

(Fortsetzung des Notenbeispiels S. 18)

ATTO PRIMO

Giardino – Notte.

SCENA PRIMA
Leporello, con ferraiolo, passeggia davanti alla casa di Donn'Anna; indi Don Giovanni e Donn' Anna ed in ultimo il Commendatore

Nr. 1 Introduzione

Leporello:
  Notte e giorno faticar
  per chi nulla sa gradir;
  piova e vento sopportar,
  mangiar male e mal dormir!

ERSTER AKT

Garten. – Nacht.

ERSTE SZENE
Leporello, in einen Mantel gehüllt, geht vor dem Hause der Donna Anna auf und ab; später Don Giovanni und Donna Anna, schließlich der Komtur

Nr. 1 Introduktion

Leporello:
  Keine Ruh bei Tag
  und Nacht,
  Nichts, was mir Vergnügen
  macht!
  Schmale Kost und wenig
  Geld …
  Das ertrage, wem's gefällt!

ma - le e mal dor - mir.

(5)

Bei Regen, Wind und Kälte die Schildwache seines Abenteuer suchenden Herrn machen; nein, nicht länger! Ein Auffahren im Orchester unterstreicht seine Rebellion schon im Vorspiel.
Bei seinem Entschluß, selbst den »Gentiluomo«, den Edelmann, den Herren spielen zu wollen, nimmt seine Stimme eine leicht parodistisch gefärbte Großartigkeit an.

Schritte und Stimmen unterbrechen seinen unerfüllbaren Traum, er wird rasch wieder zum unterwürfigen, im Grunde ängstlichen Diener (Leporello bedeutet »Hasenfuß«!), der sich in eine dunk-le Nische drückt, wo er Zeuge der kommenden Szene wird.

Ein kurzes, aber sehr ausgeprägtes Orchestercrescendo jagt die Erregung nach Leporellos leisem Verschwinden im Nu zur höch-sten Dramatik empor: Anna verfolgt den in ihr Schlafgemach eingedrungenen Giovanni bis auf die Straße, hat ihn gepackt und ist entschlossen, ihn nicht entkommen zu lassen, bevor sie nicht seine Identität festgestellt hat. Aufgeregte Schläge im Orchester schildern – wie atemlos – Annas Empörung und das förmliche Ringen der beiden Menschen in der Nacht, zu deren

Voglio far il gentiluomo,
e non voglio più servir.
Oh, che caro galantuomo!
Voi star dentro colla bella,
ed io far la sentinella! …
Voglio far il gentiluomo,
e non voglio più servir …

Ma mi par che venga gente …
Non mi voglio far sentir.

(Si ritira)

Ich will selbst den Herren
machen,
Mag nicht länger Diener sein!
Gnäd'ger Herr, Ihr habt gut
lachen:
Tändelt Ihr mit einer Schönen,
Dann muß ich als Wache
frönen …
Ich will selbst den Herren
machen,
Mag nicht länger Diener sein!
Doch was gibt's? Ich höre
kommen.
Fort ins Dunkel schnell
hinein!

(verbirgt sich)

wild erregten Stimmen die Leporellos einen dunklen Kontra-punkt bildet:

(Fortsetzung des Notenbeispiels S. 22)

Anna (trattenendo Don Giovanni):
Non sperar, se non m'uccidi,
ch'io ti lasci fuggir mai.

Donna Anna (Don Giovanni am Arme haltend):
Hoffe nicht, so lang ich atme,
Unerkannt zu fliehn von hier!

Giovanni (sempre cercando di celarsi):
Donna folle! indarno gridi;
chi son io tu non saprai.

Don Giovanni (versucht, sich zu verbergen):
Wer ich bin, Du töricht Mädchen,
Nie erfährst Du das von mir!

Leporello:
Che tumulto! …

Leporello:
Welch ein Lärmen!

(6)

Oh ciel; che gridi!
Il padron in nuovi guai! …

O Gott, ich zittre!
Händel zwischen ihm und ihr!

Anna:
   Gente! … servi!
   al traditore! …
Giovanni:
   Taci, e trema al mio
   furore!
Anna:
   Scellerato!
Giovanni:
   Sconsigliata!

Donna Anna:
   Eilt, ihr Leute!
   Helft mir Armen! …
Don Giovanni:
   Still, sonst kenn'
   ich kein Erbarmen!
Donna Anna:
   Ehrvergeßner!
Don Giovanni:
   Fort, Verwegne!

Auf Annas Schreie ist ihr Vater, der Komtur, herbeigeeilt. Mit einer ununterbrochen bewegten, immer mehr Entschlossenheit ausdrückenden Orchesteruntermalung zwingt er Giovanni zum Zweikampf, dem dieser bis zuletzt ausweichen will.

Dann stehen die beiden Feinde einander, mit der Waffe in der Hand, beim ungewissen Schein flackernder Fackeln gegenüber. Und nun malt Mozart das Duell musikalisch so aus, daß Regisseur und Darsteller eigentlich nichts als diesen Orchesterfiguren zu folgen haben. (Hier scheint Mozart sich des Fechtunterrichts entsonnen zu haben, den er als halbes Kind noch erhielt.)

Leporello:
   Sta a veder che il malandrino[1]
   mi farà precipitar.
Anna:
   Come furia disperata
   ti saprò perseguitar.

Giovanni:
   Questa furia disperata
   mi vuol far precipitar.
Commendatore (con spada e
      lume):
   Lasciala, indegno!
(Donn'Anna, udendo la voce del
padre, lascia Don Giovanni ed en-
      tra in casa)
   Battiti meco!
Giovanni:
   Va, non mi degno
   di pugnar teco!
Commendatore:
   Così pretendi
   da me fuggir?
Leporello:
   Potessi almeno
   di qua partir!
Giovanni:
   Misero!
Commendatore:
   Battiti!
Giovanni:
   Misero! attendi
   se vuoi morir!

Leporello:
   Seine tollen Abenteuer
   Werden mein Verderben sein.
Donna Anna:
   Gleich der Furie sieh mich
   rasen,
   Dein Verderben will ich sein!
Don Giovanni:
   Dieser Furie wildes Rasen …
   Mein Verderben wird es sein.
Der Komtur (mit Degen und
      Licht):
   Laß sie, Verworfner!
(Donna Anna läßt Don Giovanni
los und geht ab, da sie den Kom-
      tur kommen sieht)
   Stell Dich zur Wehre!
Don Giovanni:
   Dich zu besiegen
   Wär' wenig Ehre.
Der Komtur:
   Mit eitlem Vorwand
   Weichst Du mir aus?
Leporello:
   O könnt' ich heimlich
   Doch fort von hier!
Don Giovanni:
   Wehe Dir!
Der Komtur:
   Her zu mir!
Don Giovanni:
   Wohl denn, so sei es!
   Du willst den Tod!

---

[1] TV (Textvariante): Für »malandrino«
   steht auch »libertino«.

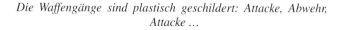

Die Waffengänge sind plastisch geschildert: Attacke, Abwehr, Attacke ...

(7)

zuletzt ein rasches, dreimaliges Vorpreschen Giovannis gegen den Komtur, der darauf mit einem schneidend dissonanten Orchesterakkord schwer verwundet zu Boden sinkt. (Welch erschütternden Effekt konnte in Mozarts so weitgehend konso-nanter Musik ein einfacher verminderter Septakkord – h, d, f, as – hervorrufen!)

Ein leiser Abgesang beendet die tragische Szene. Da ist der sterbende Komtur, dessen ermattende Stimme Mozart sehr realistisch gestaltet hat, dann Giovanni, der ihn fast gefühllos

(Si battono. Il Commendatore è mortalmente ferito)

(Der Komtur fällt, tödlich verwundet)

Commendatore:
Ah, soccorso! … son tradito …

Der Komtur:
Ach, zu Hilfe …

betrachtet, aber nicht von der Stelle weicht, bevor er vom Tod seines Gegners überzeugt ist (denn nur so kann er sicher sein, den Schauplatz unerkannt verlassen zu können), und schließlich Leporello, fast sichtbar schlotternd vor Angst, der drauflos plappert: ein seltsames Terzett dreier tiefer Männerstimmen, ja dreier Bässe, wenn Giovanni, wie es sehr oft der Fall ist, von einem solchen interpretiert wird (anstelle des wohl am ehesten geeigneten Charakter- oder Kavalierbaritons).

Flöte und Fagott, zwei Oktaven voneinander getrennt, führen chromatisch absteigend die Sterbeszene zu Ende, die Bratsche begleitet sie ein Stück des Weges.

Dann ändert sich die Stimmung. In raschem Zwiegespräch wird das Notwendigste zwischen Giovanni und Leporello besprochen, und wie stets in solchen Fällen verwendet Mozart das Cembalo und das in »Basso continuo«-Art geführte Cello(-Solo) zur Stützung der Stimmen: das erste Secco-Rezitativ des Werkes. Es bringt die Handlung schnell vorwärts, da es nur äußerst selten einer Gesangsmelodie Raum gibt, wird rhythmisch dem Duktus der Rede angepaßt, ist also flexibel wie ein Dialog, kann auch – von Mozart sinngetreu in Noten gesetzt – dessen Beto-

L'assassino m'ha ferito …

Leporello:
    Qual misfatto,
    qual eccesso!
Giovanni:
    Ah! già cade il sciagurato …
    Affannosa e agonizzante
    già dal seno palpitante
    veggo l'anima partir.

Commendatore:
    E dal seno palpitante …
    sento l'anima partir …

Leporello:
    Entro il sen, dallo spavento,
    palpitar il cor mi sento.
    Io non sò che far, che dir.

(Il Commendatore muore)

SCENA SECONDA
Don Giovanni e Leporello

Recitativo

Weh', mich fassen Todes-
schmerzen …
Leporello:
    Welch Verbrechen,
    Welch ein Frevel!
Don Giovanni:
    Ha, da liegt der Unglückselge,
    Windet sich in heißen
    Schmerzen.
    Bald aus tief durchbohrtem
    Herzen
    Wird sein schwaches Leben
    flieh'n.
Der Komtur:
    Aus dem tief durchbohrten
    Herzen …
    Fühl ich schon … das Leben
    … fliehn.
Leporello:
    Ach, vor Schrecken und vor
    Zagen
    Fühl ich alle Pulse schlagen.
    Soll ich bleiben? Soll ich
    fliehn?
        (Der Komtur stirbt)

ZWEITE SZENE
Don Giovanni und Leporello

Rezitativ

nungen unterstreichen, Nuancen hervorheben und Wortdeutlichkeit erzielen. Es läßt dem szenischen Spiel Raum, das bei Arien, Duetten und anderen »gebundenen« Nummern zumeist zu kurz kommen muß, da die musikalische Genauigkeit (eventuell mit Blicken auf den Dirigenten) im Vordergrund steht. Wortwitze, Anspielungen, für den Handlungsablauf wichtige Erklärungen werden daher in Italiens Opern, zu denen »Don Giovanni« gehört, bis ins 19. Jahrhundert ins Secco-Rezitativ verlegt. (Das deutsche Singspiel, die französische Spieloper, die spanische Zarzuela behandeln solche Textstellen in gesprochenem Wort; in Italien wäre ein Nebeneinander von Sprechen und Singen völlig ausgeschlossen.)

(8)

Giovanni *(sottovoce):*

Leporello, ove sei?

Leporello:

Son qui, per mia disgrazia.
E voi?

Giovanni:

Son qui.

Leporello:

Chi è morto? voi o il vecchio?

Giovanni:

Che domanda da bestia! Il
vecchio.

Leporello:

Bravo! Due imprese leggia-
dre;
sforzar la figlia, ed ammazzar
il padre.

*Don Giovanni (mit leiser
Stimme):*

Leporello, wo bist Du?

Leporello:

Ach, leider bin ich hier!
Und Ihr?

Don Giovanni:

Nun, hier!

Leporello:

Seid Ihr tot oder der Alte?

Don Giovanni:

Welche Frage, Du Dumm-
kopf! Der Alte.

Leporello:

Bravo! Zwei recht artige
Stückchen:
Die Tochter verführen[1] und
den Vater ermorden.

---

1   Das Wort »sforzar« – zwingen, nötigen,
    vergewaltigen – ist mit dem deutschen
    »verführen« unzulänglich, ja mißver-
    ständlich wiedergegeben.

*Die folgende Szene bietet ein typisches Bild für Mozarts drama-
tisches Gefühl. Sie beginnt als Fortsetzung des Secco-Rezitativs.
Mozart rückt die beiden in Sekundenschnelle aneinandergesetz-
ten Szenen – die Flucht Giovannis und das Auftreten Annas,
die mit der Dienerschaft herbeieilt, dem Vater beizustehen –
mit Hilfe eines einzigen Akkords geistig auseinander: Von B-Dur
geht es nach D-Dur – in so tonartenempfindlicher Zeit eine
sehr fühlbare Rückung.*

*Annas Erstarren beim Erblicken der Leiche unterstreicht Mozart
durch den Eintritt des Orchesters.*

Giovanni:
    L'ha voluto: suo danno.
Leporello:
    Ma Donn'Anna …
    Cosa ha voluto?
Giovanni:
    Taci, non mi seccar.
    Vien meco, se non vuoi qual-
    che cosa ancor tu.

Leporello:
    Non vuo' nulla, signor;
    non parlo più.
    (Partono)

Don Giovanni:
    Er wollt selbst sein Verderben.
Leporello:
    Doch Donna Anna …
    Was wollte die?
Don Giovanni:
    Schweige und
    folge mir; wo nicht …
    (mit der Andeutung des Schla-
    gens)
    Dann belohn ich Dich, wie
    Du's verdienst.
Leporello:
    Gnäd'ger Herr, ich
    bin stumm wie das Grab.
    (Beide ab)

SCENA TERZA

Don Ottavio, Donn'Anna e Servi
(con lumi)
Anna:
    Ah! del padre in periglio
    in soccorso voliam.
Ottavio (con ferro ignudo in
    mano):
    Tutto il mio sangue
    Verserò, se bisogna:
    ma dov'è il scellerato?
Anna:
    In questo loco …

DRITTE SZENE

Don Ottavio, Donna Anna mit
    Dienern (die Fackeln tragen)
Donna Anna:
    Schnell! dem Vater zu helfen,
    Laß uns eilen, o Freund!
Don Ottavio (mit gezogenem
    Schwerte):
    Ihn zu beschützen,
    Opfr' ich freudig mein Leben.
    Doch wo ist der Verwegne?
Donna Anna:
    Hier muß er weilen …

*Hier darf zweifellos von Tonmalerei gesprochen werden, denn
die fallenden Sekundenschritte (As–G, C–H, Es–D) ahmen das
erregte, sich ängstlich steigernde, seufzerartige Atmen Annas
nach. Die Singstimme bleibt immer noch rezitativisch, greift
aber weiter aus, wird ausdrucksvoller, und das Orchester nimmt
nun die begleitende Funktion des Cembalos ein. Nur auf ein
solches Accompagnato-Rezitativ (orchesterbegleitetes Rezitativ,
im Gegensatz zum cembalogestützten Secco-Rezitativ) kann eine
große Arie oder, wie hier, ein dramatisches Duett nahtlos folgen.*

(Fortsetzung des Notenbeispiels S. 36)

Nr. 2 Recitativo e Duetto

Nr. 2 Rezitativ und Duett

(Vede il cadavere)
Ma qual mai s'offre, o Dei,
spettacolo funesto agli occhi
miei!

(beim Anblick der Leiche)
Doch welch grauenvolles Bild
Enthüllt sich meinen Augen!
Gerechter Himmel!

(9)

Il padre! … padre mio! …
mio caro padre! …

Mein Vater … o mein Vater …
teuerster Vater! …

Ottavio:
   Signore …
Anna:
   Ah! l'assassino mel trucidò …
   Quel sangue …
   quella piaga …
   quel volto
   tinto e coperto del color di
   morte …
   Ei non respira più … fredde
   ha le membra …

   Padre mio! … caro padre! …
   padre amato! …
   Io manco … io moro …

   (Sviene)
Ottavio:
   Ah! soccorrete, amici, il mio
   tesoro!

Don Ottavio:
   Dein Vater …
Donna Anna:
   Ach, tödlich traf ihn
   Des Mörders Streich.
   Dies Blut …
   Diese Wunde …
   dies Antlitz …
   Bleich und erkaltet durch den
   Hauch des Todes …
   Kein Odem hebt die Brust …
   kalt seine Glieder …
   O mein Vater … liebster
   Vater …
   teuerster Vater …
   ich wanke … ich sterbe …
   (Wird ohnmächtig)
Don Ottavio:
   Auf, bringet schnelle Hilfe
   der Heißgeliebten!

37

Das höchst dramatische Rezitativ der beiden Stimmen ist für Mozarts Opernkunst bezeichnend. Aus kurzen stimmlichen und orchestralen Sätzen schöpft er ein Maximum an Spannung und innerer Bewegung. Das früher erwähnte (chromatisch abfallende) Seufzermotiv kehrt immer wieder und schafft eine großartige Einheit der Stimmung.

Der Übergang ins Duett ist von Mozart eigens bezeichnet, die Gesangsphrasen werden melodienhafter, periodenhaft gegliedert, aber noch mehrmals im Verlauf des Stückes gehen Rezitativ und gebundene Form (Duett) ineinander über.

(Fortsetzung des Notenbeispiels S. 40)

Cercatemi, recatemi qualche odor, qualche spirto … Ah! non tardate!

Donn'Anna! … sposa! … amica! … il duolo estremo la meschinella uccide!

Anna:
Ahi!
Ottavio:
Già rinviene …
Datele nuovi aiuti.
Anna:
Padre mio!
Ottavio:
Celate, allontanate agli occhi suoi
quell'oggetto d'orrore.
(Viene portato via il cadavere)

Anima mia, consolati, fa core!

Duetto

Anna (disperatamente)
Fuggi, crudele, fuggi!
Lascia ch'io mora anch'io[1]

O zaudert nicht, bringt Labung ihr, steht ihr bei! Welch ein Jammer! – Ach eilt, ich bitte!
O Anna … Freundin … Geliebte! Des Schmerzes Übermaß raubt der Armen das Leben.
Donna Anna:
Ach …
Don Ottavio:
Sie erholt sich …
O bringt ihr neue Hilfe!
Donna Anna:
Ach, mein Vater …
Don Ottavio:
Ihr Freunde, dies Opfer unerhörten Frevels
Berget schnell ihren Blicken!
(Der Leichnam wird fortgetragen)
O Du mein Leben! Erhole Dich … erwache!

Duett

Donna Anna (verzweifelt):
Fliehe, Verräter, fliehe!
Laß mich mein Leben enden!

---

[1] TV: Lascia che mora anch'io.

(10)

ora ch'è morto, oh Dio!
chi a me la vita diè.

Er starb von Mörderhänden,
Der mir das Leben gab!

Ottavio:
Senti, cor mio, deh! senti:
guardami un solo istante;
ti parla il caro amante
che vive sol per te.

Don Ottavio:
Hör' mich, o hör', Geliebte!
Der Dir sein Leben weihte,
Der Freund steht Dir zur Seite,
Dein Eigen bis zum Grab!

Anna:
Tu sei! … perdon, mio
bene …

Donna Anna:
Bist du's … o Freund? … Ver-
zeih' mir!

Die bisher in Wechselgesang geführten beiden Stimmen vereinigen sich nun in paralleler Melodie auf gleichen Text: Bild der seelischen Übereinstimmung, des gleichen Strebens nach Strafe und Rache. Die hier stark verwendeten Koloraturen zeigen Mozarts noch fühlbare Herkunft aus der Barockoper.

Wieder ein Dialog zwischen Herrn und Diener im Secco-Rezitativ, das die Nuancierung des Textes – mit vielen komischen Wendungen, wie eben in einem »dramma giocoso«, einem »heiteren Drama«, möglich, und eine starke szenische Beweglichkeit gestattet.
Trotz aller Freiheit solcher Stellen ist der rhythmische Ablauf von Mozart recht genau angegeben: das rasche, aufgeregte Geschwätz Leporellos, der seine Angst übertönen will, die ruhigere,

L'affanno mio … le pene …
Ah! il padre mio dov'è?

Ottavio:

Il padre … lascia, o cara,
la rimembranza amara:
hai sposo e padre in me.

Anna:

Ah! vendicar, se il puoi,
giura quel sangue ognor.

Ottavio:

Lo giuro agl'occhi tuoi,
lo giuro al nostro amor.

Anna, Ottavio:

Che giuramento, oh Dei!
Che barbaro momento!
Fra[1] cento affetti e cento
vammi ondeggiando il cor.

(Partono)

Strada. Notte

SCENA QUARTA
Don Giovanni, Leporello

Recitativo

Giovanni:

Orsù, spicciati presto.
Cosa vuoi?

Der Schmerz, der Jammer …
entsetzlich …
Wo ist mein Vater? Sprich!

Don Ottavio:

Dein Vater? … Laß, o Teure,
Laß der Erinnrung Leiden!
Dein Gatte beschirmt als Vater
Dich.

Donna Anna:

Auf, schwöre mir zu rächen
Dieses vergossne Blut!

Don Ottavio:

Ich schwör's bei Deinen
Tränen,
Bei unsrer Liebe Glut!

Donna Anna, Don Ottavio:

Mög' Gott, zu dem wir
schwören,
Der Rache Ruf erhören!
Er spende Trost und Hilfe
gegen die herbe Pein!
Ach, welch ein Tag des Jammers brach über uns herein!
(Sie gehen ab)

Straße. Nacht

VIERTE SZENE
Don Giovanni, Leporello

Rezitativ

Don Giovanni:

Wohlan! Heraus mit der
Sprache …
Was begehrst Du?

---

[1] TV: Anstelle von »fra« steht »tra«.

43

manchmal energische Ausdrucksweise Giovannis, die stets sehr ausdrucksvolle Deklamation. Ein Beweis, daß selbst das »notwendige Übel« (als das man die Rezitative manchmal empfunden hat) musikalische und vor allem dramatische Möglichkeiten birgt.

(Etwas anderes kann hier nur angedeutet werden: Viele stark in Anspruch genommene Komponisten nahmen sich die Zeit nicht, die [Secco-] Rezitative selbst auszuführen; sie überließen es fortgeschrittenen Schülern oder »Spezialisten«. Das bedeutet, daß es für diesen Teil der Opern »Formeln« gab, routinemäßige Floskeln usw. Bei Mozart tritt dieser Fall nur in seiner letzten italienischen Oper, dem »Titus«, ein; alle anderen Rezitative stammen von seiner eigenen Hand.)

An dieser Stelle werden die Ausdrucksmöglichkeiten des Secco-Rezitativs besonders spürbar. Leporellos förmliche (angstdiktierte) Anrede an seinen Herrn (»caro signor padrone«) wirkt ausgesprochen komisch durch die tiefe Stimmlage. Danach rafft er sich auf, man hört es deutlich, seine Rede wird etwas langsamer (Achtelnoten nach häufigen Sechzehnteln), und vor der Pointe »è da briccone« (»das eines Schurken«) gibt es eine ängstliche Atempause und noch dazu ein Anhalten auf »è«, so als wolle das Folgende nicht über seine Lippen.

Leporello:
L'affar di cui si tratta è impor-
tante.
Giovanni:
Lo credo.
Leporello:
È importantissimo.
Giovanni:
Meglio ancora! Finiscila.
Leporello:
Giurate di non andar in
collera.
Giovanni:
Lo giuro sul mio onore,
purchè non parli del Com-
mendatore.

Leporello:
Siam soli.
Giovanni:
Lo vedo.
Leporello:
Nessun ci sente.
Giovanni:
Via.
Leporello:
Vi posso dire tutto liberamen-
te? …
Giovanni:
Sì.
Leporello:
Dunque, quand'è così[1], caro
signor padrone,
la vita che menate

(all'orecchio, ma forte)
è da briccone.

Leporello:
Was mir am Herzen liegt, ist
sehr wichtig.
Don Giovanni:
Natürlich!
Leporello:
Von höchster Wichtigkeit!
Don Giovanni:
Desto besser. Heraus damit!
Leporello:
Erst schwört mir, mich ruhig
anzuhören.
Don Giovanni:
Ich schwör's bei meiner
Ehre –
Nur den Komtur, den laß mir
aus dem Spiele!
Leporello:
Sind wir allein?
Don Giovanni:
Du siehst es.
Leporello:
Und niemand hört uns?
Don Giovanni:
Nein!
Leporello:
Und Ihr erlaubt mir, frei und
offen zu sprechen?
Don Giovanni:
Ja.
Leporello:
Nun denn, wenn dem so ist,
mein teuerster Herr Gebieter:
Euer Leben gleicht auf ein
Haar –
(ins Ohr, aber laut)
Dem eines Schurken.

[1] TV: Hier auch: »quando è cosi«.

Sogar Giovanni verschlägt es einen Augenblick die Rede: Bevor er aufbraust (»Temerario!«), vergeht eine kleine Weile, die das Cembalo mit zwei Akkorden (und einem Übergang nach Moll) füllt ...

Der Rest des Rezitativs ist der Charakterisierung Giovannis gewidmet. Nach dem Gewalttäter (Eindringen ins Schlafgemach Annas, Tötung ihres Vaters im Zweikampf), nach den Diskussionen mit seinem Diener (dem gegenüber er sein Wort nicht hält und den er bedroht) – nun endlich den Frauenverführer. Giovanni schwärmt von einer neuen »Eroberung« (die wir nicht erleben) ...

Giovanni:
Temerario! in tal guisa …

Leporello:
E il giuramento?
Giovanni:
Non sò di giuramento.
Taci, o ch'io …

Leporello:
Non parlo più, non fiato, o padron mio.
Giovanni:
Così saremo amici. Or odi un
poco:
sai tu perchè son qui?

Leporello:
Non ne sò nulla.
Ma essendo così tardi[1], non
sarebbe
qualche nuova conquista?
Io lo devo saper per porla in
lista.
Giovanni:
Va là, che se'il grand'uom!
Sappi ch'io sono
innamorato d'una bella dama,
e son certo che m'ama.
La vidi, le parlai; meco al
casino
questa notte verrà …

*(Viene dal fondo Donna Elvi-
ra)*

Don Giovanni:
Ha, Vermeßner! Welche Spra-
che!
Leporello:
Wo bleibt der Schwur?
Don Giovanni:
Ich weiß von keinem
Schwur. –
Schweige … wo nicht …
Leporello:
Ich schweige still, wenn Ihr es
so befehlt.
Don Giovanni:
So sind wir wieder Freunde. –
Jetzt eine Frage:
Kennst Du den Grund meines
Hierseins?
Leporello:
Ich wüßte keinen;
Doch da der Morgen däm-
mert, gilt's vermutlich
Einer neuen Erobrung?
Das wäre wichtig für mein
Register.
Don Giovanni:
Ei, wie schlau Du bist! Nun
denn, so wisse:
Ich brenne für eine reizende
Donna,
Und auch sie liebt mich innig.
Ich sah sie … ich beschwor
sie … und heute abend
Kommt sie zu mir in mein
Schlößchen …
*(Aus dem Hintergrund naht
Elvira)*

---

[1] TV: »Ma essendo l'alba chiara«.

und »riecht« plötzlich – Leporello kommentiert es ironisch – den »Duft einer Frau«, erblickt sie dann von weitem (ihm abgewandt, so daß er nur ihre Gestalt bewundern kann) und fängt sofort Feuer.

Ein längeres Orchestervorspiel leitet Elviras Arie sehr bezeichnend ein. Ihre starke innere Erregung spiegelt sich hier bereits musikalisch wider: scharfer Wechsel zwischen Forte und Piano, große melodische Sprünge (die sich in der Singstimme ebenfalls zeigen werden), rasende Streicherläufe. Dann setzt die Stimme ein: energisch, dem Ziel zugewendet, den »Barbaren« verurteilend, den »Treuebrecher«, den »Bösewicht«. (Die deutsche Fassung unterdrückt diese wilden Ausbrüche – soll man auf »nationale« Unterschiede im Temperament verlassener Frauen schließen oder auf Übersetzungsprobleme?)

(Notenbeispiel S. 50)

Zitto: mi pare
sentir odor di femmina …
Leporello:
Cospetto!
Che odorato perfetto!
Giovanni:
All'aria mi par bella.
Leporello:
E che occhio, dico!
Giovanni:
Ritiriamoci un poco,
e scopriamo terren.
Leporello:
Già prese foco.
(Vanno in disparte)

SCENA QUINTA
*I suddetti in disparte, Elvira in
abito da viaggio*

Nr. 3 Aria

Elvira:

Doch still! Mir ist so …
Ich atme süßen Weiberduft …
Leporello:
Alle Wetter!
Welche feine Nase!
Don Giovanni:
Die Gestalt, o wie reizend!
Leporello:
Und welch scharfes Auge!
Don Giovanni:
Laß uns bei Seite gehen,
Um das Terrain zu sondieren.
Leporello:
Er fängt schon Feuer.
(Gehen beiseite)

FÜNFTE SZENE
*Die Vorigen beiseite, Donna Elvi-
ra in Reisekleidern*

Nr. 3 Arie

Donna Elvira:

(11)

Giovanni hat sich herangepirscht und vernimmt Elviras wütende Worte. Er wendet sich leise an Leporello und kommentiert, noch halb belustigt: »Hörst Du? Irgendeine Schöne, von einem Nichtsnutz verlassen!« (Die deutsche Übersetzung – »verlassen vom Geliebten« – trifft das italienische Wort »vago« nicht, zumindest nicht wörtlich; denn dieses bezeichnet, nicht sehr klassisch, einen Vagabunden, Herumstreuner, wertlosen, nichtsnutzigen Menschen.) Er macht sich lustig über sie (»Poverina!«, Arme, ist nicht ernst gemeint) und beschließt, die Unbekannte zu »trösten«. Was Leporello zur Feststellung nötigt, so habe er schon 1000 »getröstet«. (Die deutsche Fassung begnügt sich mit »tau-

Ah! chi mi dice mai
quel barbaro dov'è,
che per mio scorno amai,
che mi mancò di fé?
Ah! se ritrovo l'empio,
e a me non torna ancor,
vo' farne orrendo scempio,
gli vo' cavare il cor.

Ach, werd' ich ihn wohl fin-
den,
Der Liebe mir verhieß,
Der schmeichelnd mich
betörte
Und treulos dann verließ!
Floh mir der Undankbare,
Kehrt er mir nicht zurück,
Dann werd' ihm Schmach und
Schande,
Vernichtet sei sein Glück!

Giovanni (piano a Leporello):

Udisti? qualche bella
dal vago abbandonata …
Poverina!
Cerchiam di consolare il suo
tormento.

Leporello:
Così ne consolò mille e otto-
cento.

*Don Giovanni (leise zu Lepo-
rello):*
Vernahmst du: eine Schöne,
Verlassen vom Geliebten! –
Ach, wie traurig!
Armes Mädchen!
Komm laß uns, sie zu trösten,
näher gehen!

Leporello:
So hab' ich ihn schon Tausend
trösten sehen.

send«, aber beide bleiben, wie wir gleich sehen werden, weit
hinter der Realität zurück ...)

Während die beiden Männer so ihre – weder edlen noch auch
nur mitleidigen – Gedanken spinnen, bringt Elvira ihre Arie der
tiefsten Enttäuschung, des bitteren Schmerzes zuende. Interes-
santerweise gibt Mozart ihr keinen wirklichen Arienschluß (also
kaum Applausmöglichkeiten), sondern läßt die Musik mit den
zärtlichen Worten Giovannis:»Signorina ...« ausklingen und ins
Secco-Rezitativ überleiten. So geht also das überraschende Er-
kennen (einer der szenischen Effekte des Stückes!) ohne Orche-
steruntermalung vor sich, aber dafür mit voller Wortdeutlichkeit.

Elvira faßt sich schnell (ihre Überraschung ist die kleinere,
da sie ja von Burgos nach Sevilla gereist ist, um Giovanni zu
suchen) und belegt den für Augenblicke wortlosen Giovanni
wiederum mit härtesten Bezeichnungen (die die deutsche Über-
setzung hier nicht mehr verschweigen kann).

Es dauert noch lange, bis Giovanni zu Wort kommt, Elvira hält
ihm alles vor, was er ihr angetan hat – sie hat es sich selbst
wohl oft genug vorgesagt, so daß sie es jetzt in gewaltigem Wort-
schwall dem Übeltäter ins Gesicht schleudern kann, was Lepo-
rello zum Ausspruch verleitet, sie rede »wie ein gedrucktes
Buch« (»libro stampato«).

Giovanni:
    Signorina …

Recitativo

Elvira:
    Chi è là?
Giovanni:
    Stelle! che vedo!
Leporello:
    Oh bella! Donna Elvira!
Elvira:
    Don Giovanni! …
    Sei qui, mostro, fellon, nido
    d'inganni? …
Leporello:
    Che titoli cruscanti!
    Manco male
    che lo conosce bene.
Giovanni:
    Via, cara Donna Elvira,
    calmate quella collera …
    sentite …
    Lasciatemi parlar …
Elvira:
    Cosa puoi dire,
    dopo azion sì nera?
    In casa mia
    entri furtivamente. A forza
    d'arte,
    di giuramenti e di lusinghe,

Don Giovanni:
    Schöne Donna!

Rezitativ

Donna Elvira:
    Wer ist's?
Don Giovanni:
    Himmel! was seh' ich!
Leporello:
    O herrlich! Donna Elvira!
Donna Elvira:
    Don Giovanni!
    Du hier? Mann ohne Treu!
    Meineidger Frevler!
Leporello:
    Ei, was für schöne Titel!
    Die kennt meinen Herrn ja
    vortrefflich.
Don Giovanni:
    Ach, teure Donna Elvira,
    Besänftigt Euren Zorn …
    ich bitte,
    Vergönnt mir nur ein Wort …
Donna Elvira:
    Was kannst du sagen
    Nach so schwerem Frevel?
    Du drängtest schmeichelnd
    dich in meine Nähe mit tau-
    send Künsten,
    Mit falschen Eiden gelang es,

arrivi
a sedurre il cor mio:
m'innamori, o crudele!
Mi dichiari tua sposa. E poi,
mancando
della terra e del cielo al santo
dritto,
con enorme delitto
dopo tre dì da Burgos t'allon-
tani.
M'abbandoni, mi fuggi, e
lasci in preda
al rimorso ed al pianto
per pena forse che t'amai
cotanto!

Leporello:
(Pare un libro stampato.)

Giovanni:
Oh! In quanto a questo
ebbi le mie ragioni!

(a Leporello)
È vero?
Leporello:
È vero.
(ironicamente)
E che ragioni forti!
Elvira:
E quali sono, se non la tua
perfidia, la leggerezza tua?
Ma il giusto cielo volle ch'io
ti trovassi per far le sue, le
mie vendette.

Giovanni:
Eh, via!

Frevler, dir endlich,
Mein armes Herz zu betören
Und auf immer zu fesseln;
Du nanntest mich Gattin, und
dann –
Mißachtend die heiligen
Rechte des Himmels und der
Erde,
Entferntest du dich still wie
ein Dieb
Nach drei Tagen aus Burgos.
Mich verlassend entflohst du
Und gabst der Reue mich preis
und bittern Tränen,
Mich, die so treu und innig
Dich geliebt!

Leporello:
(Ah, sie redet wie ein gedrucktes Buch.)

Don Giovanni:
O, wenn Ihr wüßtet,
Welche Gründe mich zwan-
gen!
(zu Leporello)
Ist's nicht so?
Leporello:
Ja wahrhaftig.
(ironisch):
die allerstärksten Gründe!
Donna Elvira:
Und welche Gründe, wenn
nicht frevelhafter Leichtsinn
und Treubruch ohneglei-
chen? –
Doch gerecht ist der Himmel:
Ich fand dich wieder, um mich
und ihn an dir zu rächen.
Don Giovanni:
Laß den Hader

Leporello, in höchst peinlicher Situation, stammelt sinnloses Zeug.

Aber auf Elviras neuerlichen Schmerzensausbruch – als sie Giovannis Flucht entdeckt …

Siate più ragionevole …
(Mi pone a cimento costei.)
Se non credete al labbro mio,
credete a questo galantuomo.

Leporello:
(Salvo il vero.)
Giovanni (forte):
Via, dille un poco …
Leporello (sottovoce):
E cosa devo dirle?
Giovanni (forte):
Sì, sì, dille pur tutto.
(Parte non visto da Donn'El-
vira)
Elvira (a Leporello):
Ebben, fa presto.
Leporello:
Madama … veramente …
in questo mondo
conciossia cosa quando fosse
che …
il quadro non è tondo …

Elvira:
Sciagurato!
Così del mio dolor gioco ti
prendi?
Ah! voi! …
(verso Don Giovanni che non
crede partito)
Stelle! l'iniquo fuggì! …
misera me! … Dov'è?[1] in
qual parte?

und sei vernünftig.
(Wahrhaftig, das Weib macht
mich rasend.)
Willst meinen Worten Du
nicht glauben, so glaube doch
diesem Ehrenmann!
Leporello:
(Mit Vorbehalt!)
Don Giovanni (laut):
Komm und erzähle! …
Leporello (leise):
Was soll ich denn erzählen!
Don Giovanni (laut):
Ja, ja! Sag' nur alles!
(Geht heimlich ab)

Donna Elvira (zu Leporello):
Wohlan, so rede …
Leporello:
Wahrhaftig … schöne Donna
… sintemal
Und alldieweil es männiglich
bekannt,
Daß ein Viereck nicht rund
ist …
Donna Elvira:
Ha, Vermeßner!
Du wagst es, meiner Leiden
noch zu spotten?
Und du …
(zu Don Giovanni, den sie
noch anwesend glaubt)
Himmel! Der Frevler entwich!
Weh mir Armen! Wohin ent-
floh er?

---

[1] TV: Für »Dov'è« steht »Dove«.

57

*wird er ernster und gesammelter. Er rät Elvira das wahrhaft
Beste, was er in diesem Falle raten kann: den Verbrecher laufen
zu lassen, da er nicht einmal ihrer Erinnerung wert sei.*

*Elvira geht darauf nicht ein (wie anders würde die Oper ver-
laufen, wenn sie es täte!), und so hält Leporello es für seine
Pflicht, ihr die ganze Wahrheit zu sagen.*

*Die ist grausam genug, und Leporellos Art, sie zu verkündigen,
könnte nicht schlimmer sein. Vielleicht beginnt er wirklich in der
Meinung, er tue nur seine »Pflicht« und führe die arme Verlassene zu einem vernünftigen Verzicht.*

*Aber bald gehen Bosheit und Schadenfreude in dieser »Register-
arie« mit ihm durch. Er selbst bleibt äußerlich ernst, aber das
Orchester lacht unbändig:*

(Fortsetzung des Notenbeispiels S. 60)

Leporello:
Eh! lasciate che vada.
Egli non merta
che di lui ci pensiate.

Elvira:
Il scellerato
m'ingannò, mi tradì …

Leporello:
Eh! consolatevi;
non siete voi, non foste e non
sarete
nè la prima, nè l'ultima.
Guardate:
questo non picciol libro è tutto
pieno
dei nomi di sue belle;
ogni villa, ogni borgo, ogni
paese
è testimon di sue donnesche
imprese.

Nr. 4 Aria

Madamina,

Leporello:
Ach, laßt ihn laufen,
wohin er will! Er verdient
nicht,
Daß Ihr sein noch gedenket.
Donna Elvira:
O, der Verbrecher,
Der mich täuschte und mich
verriet!
Leporello:
O tröstet Euch:
Denn Ihr seid, Ihr wart und
Ihr werdet
Nicht die Erste noch die Letzte
sein. Hier seht nur –
Dies korpulente Büchlein; da
sind verzeichnet
Die Namen seiner Schönen;
Jedes Städtchen, jedes Dörf-
chen ringsum im Reiche
Kennt meinen Herrn und
seine losen Streiche.

Nr. 4 Arie

Schöne Donna!

il ca - ta - lo-go è que-sto del-le bel - le, che a-mò il pa-dron mi - o, un ca - ta - lo - go e - gli è che ho fatt' i - o, os - ser - va - te, leg - ge - te con me, os - ser - va - te, leg - ge - te con me.

(12)

il catalogo è questo delle belle che amò il padron mio:	Dies genaue Register, Es enthält seine Liebesaffä- ren;
un catalogo egli è che ho fatt'io; osservate, leggete con me.	Der Verfasser des Werks bin ich selber, Wenn's gefällig, so geh'n wir es durch.

Auf diesen ersten Teil der Arie, mit der Bekanntgabe der Zahlen schon beredt genug ...

läßt da Ponte mit unverhohlener Freude noch einen zweiten Teil folgen, der sich mit den Einzelheiten von Giovannis Praktiken befaßt: ein Stück seltenen Zynismus in einer Oper (das übrigens nicht der Phantasie da Pontes entstammt, sondern bei seinem Vorläufer Giovanni Bertati in dem von Giuseppe Gazzaniga vertonten »Convitato di pietra« beinahe wörtlich zu finden ist). Interessant zu wissen wäre nur, inwieweit Mozart diesen Zynismus verstanden hat (ein Problem, das bei »Così fan tutte« entscheidend auftaucht) oder ob er einfach nur an ein gutes, wirkungsvolles Musikstück dachte. Hier gelingen ihm zwar Ironie und Witz − wie immer −, aber kaum Bösartigkeit:

(13)

In Italia seicento e quaranta,

in Almagna duecento e tren-
tuna,
cento in Francia, in Turchia
novant'una,
ma in Ispagna son già mille
e tre.
V'han fra queste contadine,
cameriere, cittadine,
v'han contesse, baronesse,
marchesane, principesse,
e v'han donne d'ogni grado,
d'ogni forma, d'ogni età.

Nella bionda egli ha l'usanza
di lodar la gentilezza;

nella bruna, la costanza;
nella bianca, la dolcezza;
vuol d'inverno la grassotta,
vuol d'estate la magrotta;
è la grande maestosa,
la piccina è ognor vezzosa;
delle vecchie fa conquista
pel piacer di porle in lista;
ma passion predominante
è la giovin principiante;
non si picca – se sia ricca,
se sia brutta, se sia bella;
purchè porti la gonnella,

In Italien sechshundert und
vierzig,
Hier in Deutschland zweihun-
dert und dreißig,
Hundert in Frankreich und
neunzig in Persien –
Aber in Spanien schon Tau-
send und drei!
Mädchen sind's von jedem
Stande,
Hier aus Städten, dort vom
Lande,
Bauernmädchen, Baronessen,
Kammerzofen und
Prinzessen,
Jeder Gattung und Gestalt,
Schön und häßlich, jung und
alt.

Bei Blondinen preist er vor
allem
Holde Anmut und sanftes
Wesen;
Bei Brünetten feste Treue,
Bei den Blassen süßes
Schmachten.
Volle sucht er für den Winter,
Für den Sommer schlanke
Kinder.
Große liebt er gravitätisch,
Ernst und vornehm,
majestätisch;
Doch die Kleine, die sei
possierlich,
Sei manierlich, fein und
zierlich.

Auch Leporello hat sich, wie zuvor sein Herr, aus dem Staube gemacht.

An seine lange (Register-)Arie schließt sich ein kurzes Rezitativ Elviras an, das weder musikalisch noch dramatisch von Wichtigkeit ist und darum oftmals gestrichen wird.

voi sapete quel che fa.

Daß dies Büchlein Stoff erhalte,
Schwärmt er manchmal auch für Alte;
Doch wofür er immer glühte,
Ist der Jugend erste Blüte.
Da's ihm gleich ist, ob sie bleich ist,
Ob sie bettelt oder reich ist,
Kirrt er Weiber jeder Sorte;
Ihm war keine je zu schlau.
Doch wozu auch all die Worte?
Kennt ja selbst ihn ganz genau!

(Parte)

(Er geht ab)

SCENA SESTA
Donna Elvira sola

SECHSTE SZENE
Donna Elvira allein

Recitativo

Rezitativ

Elvira:
In questa forma dunque
mi tradì il scellerato! È questo il premio
che quel barbaro rende
all'amor mio?
Ah! vendicar vogl'io
l'ingannato mio cor. Pria ch'ei mi fugga
si ricorra … si vada … Io sento in petto
sol vendetta parlar, rabbia e dispetto.

Donna Elvira:
Wie schmählich hinterging mich
Dieser freche Betrüger! Soll dies der Dank sein,
Daß ich ihm alles, alles dahingab?
Rache doch will ich nehmen
Für mein blutendes Herz. Eh er entfliehet,
Muß Vergeltung ich finden.
Nur ein Gedanke füllt die Seele mir noch:
Zorn, und Verachtung.

(Parte)

(Ab)

Mit fast vollem, hell und froh tönendem Orchester malt Mozart die Welt der Bauern, ihren Tanz in froher Runde, ihre Unbeschwertheit. Eine heiterere, lebenslustigere Vorstellung der letzten noch fehlenden Hauptpersonen – Zerlina und Masetto – kann man sich nicht denken. Leichtfaßliche Melodien in volkstümlichen Terzen, ein beschwingter Rhythmus, ⁶⁄₈-Takt, lustige »Vorschläge«, Naturklang der Hörner: eine – wie wir es heute nennen – »heile Welt«, die Mozart hörbare Freude macht. Zerlinas Aufruf zu Lebensfreude und Liebe findet im Chor begeistertes Echo:

(14)

Masetto nimmt, ebenso froh gestimmt, die Melodie auf, singt aber deren (volkstümliche) Unterterz, geradeso, als begleite er seine geliebte Zerlina.

SCENA SETTIMA

Zerlina, Masetto e Coro di Conta-
dini d'ambo i sessi, che cantano,
suonano e ballano

SIEBENTE SZENE

Masetto, Zerlina, mit singenden,
spielenden und tanzenden Bauern
und Bäuerinnen

Nr. 5 Coro

Zerlina:
  Giovinette, che fate all'amore,

  non lasciate che passi l'età;
  se nel seno vi bulica il core,
  il rimedio vedetelo qua.
  Che piacer! che piacer che
  sarà!

Nr. 5 Chor

Zerlina:
  O ihr Mädchen, zur Liebe ge-
  boren –
  Auf, benützet die blühende
  Zeit!
  Wenn ihr schmachtet, in Seh-
  nen verloren,
  Seht die Hilfe, sie ist schon
  bereit!
  O die Freude, die Freude ist
  da!

Coro:
  A, che piacer, che piacer
  che sarà, la ra la ecc.
Masetto:
  Giovinetti, leggeri di
  testa,
  non andate girando quà e là;
  poco dura de' matti la festa,

Chor der Bäuerinnen:
  Ah, o die Freude, die Freude
  ist da, la la usw.
Masetto:
  O ihr Burschen mit flattern-
  dem Herzen,
  Schwärmet ja nicht zu lange
  umher!

Dann vereinen sich beide Stimmen, der Chor sekundiert, voll Sonnenschein und Lebenslust geht der Tanz zu Ende, gerade als Giovanni mit Leporello auftaucht. Einen Augenblick lang betrachten sie mit Wohlwollen – wenn auch Giovanni schon mit Hintergedanken – das Hochzeitsfest, das da mit Spiel und Tanz gefeiert wird.

Ein längeres Secco-Rezitativ treibt die Handlung voran, schürzt den dramatischen Knoten. Der anfänglich sich jovial gebende Giovanni versichert die »guten« Bauersleute seiner Huld und Gnade – er ist ja nach damaligem Recht möglicherweise ihr Feudalherr, soweit ihre Anwesen im Bereich seines Schlosses liegen –, und Leporello, ebenso entzückt wie sein Herr von der Fülle reizender Mädchen, tut handgreiflich das gleiche. Giovanni zeigt sich hier als echter Edelmann, liebenswürdig, herablassend, ohne den Standesunterschied zu betonen. Er weiß sehr genau, wie er auf Zerlina Eindruck machen kann, und das,

ma per me cominciato non ha.
Che piacer! che piacer che
sarà!

Coro:
A, che piacer, che piacer
che sarà, la ra la ecc.
Zerlina e Masetto:
Vieni, vieni, carin $\left\{ \begin{array}{c} o \\ a \end{array} \right\}$ [1],
godiamo,
e cantiamo, e balliamo, e saltiamo[2]
Vieni, vieni, carin $\left\{ \begin{array}{c} o \\ a \end{array} \right\}$,
godiamo,
che piacer! che piacer che
sarà!
Coro:
A, che piacer, che piacer
che sarà.
La ra la, ecc.

SCENA OTTAVA
(Don Giovanni, Leporello e detti)

Recitativo

Giovanni:
Manco male, è partita … Oh
guarda, guarda
che bella gioventù, che belle
donne!

Freude bietet das Tändeln und
Scherzen,
Doch ein Weibchen erfreuet
noch mehr.
O die Freude, die Freude ist
da!
Chor der Bauernburschen:
Ah, o die Freude, die Freude
ist da! La la usw.
Zerlina und Masetto:
Komm, o komme, $\left\{ \begin{array}{c} \text{Geliebter,} \\ \text{Geliebte} \end{array} \right\}$
zum Feste,

Laßt uns tanzen und singen,
ihr Gäste!
O die Freude, die Freude ist
da!
Chor:
Ah, o die Freude, die
Freude ist da!
La la usw.

ACHTE SZENE
*(Die Vorigen. Don Giovanni und
Leporello kommen.)*

Rezitativ

Don Giovanni:
Gott sei Dank, daß sie fort ist!
… Ei sieh doch,
Das schmucke junge Volk! die
hübschen Mädchen!

---

[1] TV: Hier vor »godiamo« »e« einge-
schoben.
[2] TV: Für »saltiamo« auch »suoniamo«.

nur das, ist seine Absicht. Es ist genaugenommen die einzige echte Verführungsszene im ganzen Werk.

Er bezieht geschickterweise auch Masetto in das leutselige Gespräch ein, lobt dessen Art, sich vorzustellen (»per servirla«, »Euch zu dienen«), und läßt sich nicht sofort anmerken, wie bald und in welcher Art er dieses »Dienen« wahrzumachen gedenkt.

Leporello:
Fra tante, per mia fe',
vi sarà qualche cosa anche per
me.

Giovanni:
Cari amici, buon giorno.
Seguitate
a stare allegramente;
seguitate a suonar, o buona
gente.
C'è qualche sposalizio?

Zerlina:
Sì, signore,
e la sposa son io.

Giovanni:
Me ne consolo.
Lo sposo?

Masetto:
Io, per servirla.

Giovanni:
Oh, bravo! per servirmi;
questo è vero
parlar da galantuomo.

Leporello:
Basta che sia marito!

Zerlina:
Oh! il mio Masetto
è un uom d'ottimo core.

Giovanni:
Oh, anch'io vedete!
Voglio che siamo amici. Il
vostro nome?

Zerlina:
Zerlina.

Giovanni:
E il tuo?

Leporello:
Nun, unter so Vielen
Wird wohl auch für mich sich
etwas finden.

Don Giovanni:
Seid gegrüßt, liebe Freunde! –
Laßt euch nicht stören in
eurer Freude!
Singt und spielt immer zu, ihr
guten Leutchen!
Hier gibt's wohl eine Hoch-
zeit!

Zerlina:
Ja gnäd'ger Herr,
Und ich bin die Braut.

Don Giovanni:
Ei, das freut mich!
Und der Bräutigam?

Masetto:
Ich, Euch zu dienen.

Don Giovanni:
Vortrefflich! mir zu dienen!
Das heißt gesprochen, wie ein
rechter Ehrenmann.

Leporello:
Ja, wie ein richt'ger
Ehemann.

Zerlina:
O, mein Masetto
Hat das beste Herz.

Don Giovanni:
Ganz wie ich selber. –
Darum laßt uns Freunde sein!
Wie ist Dein Name?

Zerlina:
Zerlina.

Don Giovanni:
Der Deine?

Immer noch verbirgt Giovanni seine wahre Absicht hinter der Geste des Edelmannes von Welt: Leporello möge alle in sein Schloß führen, sie köstlich bewirten, unterhalten, froh und lustig sein lassen.

Alle, mit der einzigen Ausnahme Zerlinas: sie, die reizende Braut, wolle der Herr selbst geleiten. Masetto versucht – stets im Rezitativ, also mit völliger Wortdeutlichkeit und der Möglichkeit freien, ausdrucksvollen Spiels – einen Protest.

Masetto:
    Masetto!
Giovanni:
    Oh! caro il mio Masetto!

    Cara la mia Zerlina! v'esibisco
    la mia protezione …

    *(a Leporello che fa scherzi
    alle altre contadine)*
    Leporello? …
    Cosa fai lì, birbone?
Leporello:
    Anch'io, caro padrone,
    esibisco la mia protezione.

Giovanni:
    Presto; va con costor: nel mio
    palazzo
    conducili sul fatto: ordina che
    abbiano
    cioccolata, caffè, vini,
    prosciutti:
    cerca divertir tutti,
    mostra loro il giardino,
    la galleria, le camere: in effetto
    fa che resti contento il mio
    Masetto.
    Hai capito?

Leporello:
    Ho capito. Andiam.
Masetto:
    Signore …
Giovanni:
    Cosa c'è?
Masetto:
    La Zerlina
    senza me non può star.

Masetto:
    Masetto.
Don Giovanni:
    Nun denn, mein lieber Ma-
    setto,
    Und meine teure Zerlina,
    Ich versichere euch meiner
    Huld und Gnade.
    *(Zu Leporello, der mit den an-
    dern Bauernmädchen scherzt)*
    Leporello, Du Schlingel! Was
    soll das heißen?
Leporello:
    Auch ich, gnädiger Herr,
    Versichre die Leutchen
    meiner Gnade.
Don Giovanni:
    Hurtig führe sie fort und
    bringe sie sogleich in
    meine Villa;
    Versorge sie reichlich
    Mit Schokolade, Kaffee, Wein
    und feinen Speisen;
    Sorge für Unterhaltung,
    Zeig ihnen den Garten,
    Meine Gemälde, die Säle –
    und gib mir vor allem acht,
    Daß Masetto recht vergnügt
    ist!
    Du verstehst mich?
Leporello:
    Ich verstehe. – Nun kommt!
Masetto:
    Doch, gnäd'ger Herr …
Don Giovanni:
    Nun, was gibt's?
Masetto:
    Ohne mich
    Kann Zerlina nicht bleiben.

Leporello, bei solchen Gelegenheiten stets ein treuer Diener seines Herrn, belehrt Masetto, Giovanni werde ihn bestimmt zu ersetzen wissen. Es ist die gleiche ironische Sprache, die er schon in der Register-Arie angewendet hatte.

Masetto zögert, will Widerstand leisten. Da sucht auch Zerlina ihn von der »Ungefährlichkeit« der Situation zu überzeugen. Hier erheben sich Fragen, die nicht uninteressant sein dürften: Hält Zerlina die Sache wirklich für »ungefährlich«, ist sie ihrer selbst und des »Edelmanns« so sicher, oder hat ihr dieser einen so starken Eindruck gemacht, daß sie auf ein weiteres Zusammensein mit ihm gespannt ist, ohne sich vielleicht der möglichen Konsequenzen ganz klar zu werden?

Masetto sieht deutlicher, wohin die Situation treibt. Er erstirbt keineswegs vor Ehrfurcht, sondern will aufbegehren. Da wird Giovanni energisch (es ist bei dieser sozialen Überlegenheit ebensowenig schwer, wie es der Zweikampf mit dem alten Komtur infolge der physischen Überlegenheit war: kein Heldenstück also). Er bedroht Masetto mit dem Degen. Doch dieser zieht sich nicht wortlos zurück:

Mozart gibt ihm eine »Protest«-Arie voll bitterer Ironie gegen Giovanni, aber auch voll heftigster Vorwürfe gegen Zerlina:

(Notenbeispiel S. 76)

Leporello:
    In vostro loco
    vi[1] sarà sua eccellenza, e saprà bene
    fare le vostre parti.
Giovanni:
    Oh! la Zerlina
    è in man d'un cavalier. Va pur; fra poco
    ella meco verrà.

Zerlina:
    Va, non temere;
    nelle mani son io d'un cava-
    liere.
Masetto:
    E per questo …
Zerlina:
    E per questo
    non c'è da dubitar …
Masetto:
    Ed io, cospetto!
Giovanni:
    Olà, finiam le dispute;
    se subito,
    senz'altro replicar, non te ne vai,
    (mostrandogli la spada)
    Masetto, guarda ben, ti pentirai.

Nr. 6 Aria

Leporello:
    Die Exzellenz
    Bleibt unterdeß bei Zerlina
    und wird gewiß
    Dich ganz trefflich vertreten.
Don Giovanni:
    O, dein Zerlinchen
    Beschützt ein Kavalier!
    Drum geh;
    Wir folgen in kurzem Dir nach.
Zerlina:
    Geh, sei nicht ängstlich!
    Dein Zerlinchen beschützt ein Kavalier.
Masetto:
    Grade deshalb!
Zerlina:
    Grade deshalb
    Kannst Du ruhig sein.
Masetto:
    Nein, alle Teufel!
Don Giovanni:
    Holla! Genug der Worte!
    Wofern Du nicht sogleich und
    ohne Widerrede fortgehst,

    (mit dem Degen drohend)
    Masetto, nimm Dich in acht,
    wirst Du's bereuen!

Nr. 6 Arie

---

[1] TV: Anstelle von »vi« steht »ci«.

(15)

Masetto:
    Ho capito, signor sì!
    Chino il capo e me ne vo;

Masetto:
    Hab's verstanden, gnäd'ger Herr!
    Höflich dankend geh' ich fort.

    già che piace a voi così,
    altre repliche non fo.
    Cavalier voi siete già,
    dubitar non posso affè,
    me lo dice la bontà
    che volete aver per me.

(a Zerlina, a parte)
    Bricconaccia, malandrina,
    fosti ognor la mia ruina.

(a Leporello che lo vuol condur seco)
    Vengo, vengo!
(a Zerlina)
    Resta, resta!
    È una cosa molto onesta;
    faccia il nostro cavaliere
    cavaliera ancora te.

(Masetto parte con Leporello)

    Weil es Euch denn so beliebt,
    Sag' ich nicht ein einzig Wort.
    O wie könnt ich Euch mißtraun!
    Seid Ihr doch ein Kavalier!
    Deutlich sagt mir Eure Huld,
    Was Ihr haben wollt von mir.
(beiseite zu Zerlina)
    Ha Du Falsche, ha Du Schlange,
    Immer war vor Dir mir bange!
(Zu Leporello, der ihn fortzubringen sucht)
    Nun, ich komm' ja!
(Zu Zerlina)
    Bleibe, bleibe!
    Ehre solchem braven Weibe!
    Sicher macht der gnäd'ge Herr
    Dich noch zu seiner gnäd'gen Frau.
    (Ab mit Leporello)

Die Bauern sind mit Leporello und Masetto abgegangen, Zerlina mit Giovanni allein zurückgeblieben. Nun kann der Verführer sein Spiel beginnen. Mozart verlegt den Anfang in ein Secco-Rezitativ, solange Giovanni nur versucht, Masettos Bild in Zerlina zu zerstören, sich als ihren Befreier darzustellen ...

SCENA NONA
Don Giovanni e Zerlina

Recitativo

Giovanni:
Alfin siam liberati,
Zerlinetta gentil, da quel
scioccone.
Che ne dite, mio ben, sò far
pulito?
Zerlina:
Signore, è mio marito …

Giovanni:
Chi? colui?
Vi par che un onest'uomo,
un nobil cavalier, come io mi
vanto,
possa soffrir che quel visetto
d'oro,
quel viso inzuccherato
da un bifolcaccio vil sia
strapazzato?
Zerlina:
Ma, signor, io gli diedi
parola di sposarlo.

Giovanni:
Tal parola
non vale un zero. Voi non siete
fatta
per esser paesana; un'altra
sorte
vi procuran quegli occhi
bricconcelli,
quei labretti sì belli,
quelle ditucce candide e
odorose:

NEUNTE SZENE
Don Giovanni und Zerlina

Rezitativ

Don Giovanni:
Endlich sind wir befreit,
Mein reizendes Kind, von
diesem Tölpel.
Sag' an, hab' ich es recht ge-
macht?
Zerlina:
Gnäd'ger Herr, er ist
mein Bräutigam …
Don Giovanni:
Wie? Der da?
Glaubst du, ein Mann
von Ehre,
Ein Kavalier wie ich,
Könnte je es dulden, daß
dieses goldige Gesichtchen,
Dies zuckersüße Mündchen
Die Beute eines rohen Bauern
werden?
Zerlina:
Doch, gnäd'ger Herr,
Ich gab ihm das Wort, seine
Frau zu werden.
Don Giovanni:
Dieses Wort
Ist null und nichtig! Du bist
nicht geschaffen,
Um als Bäuerin zu leben; ein
schönres Los
Verdienen diese schelmischen
Augen,
Diese schwellenden Lippen,
Und diese zarten Händchen,
Die so weich sind wie Samt

und ihr, als sie – endlich – beginnt, an der Aufrichtigkeit seiner schmeichelnden Worte zu zweifeln, die Ehe zu versprechen. Wieder müßte man sagen: kein Heldenstück, die soziale Überlegenheit und noch dazu einen recht gewöhnlichen Heiratsbetrug zum Erreichen seiner Ziele einzusetzen.

Nach diesen (textlich nicht sehr glücklichen, musikalisch in üblichem Rezitativ-Rahmen gehaltenen) Vorbereitungen gelangt Mozart zu einer der schönsten Perlen seines gesamten Opernwerks, dem sprichwörtlich gewordenen »Reich mir die Hand, mein Leben«, »Là ci darem la mano«.

(Notenbeispiel S. 82)

parmi toccar giuncata e fiutar rose.

Zerlina:
Ah! … non vorrei …
Giovanni:
Che non vorresti?[1]
Zerlina:
Alfine
ingannata restar. Io sò che raro
colle donne voi altri cavalieri
siete onesti e sinceri.

Giovanni:
È un'impostura
della gente plebea. La nobiltà
ha dipinta negli occhi l'onestà.
Orsù, non perdiam tempo; in questo istante
io ti voglio sposar.

Zerlina:
Voi!
Giovanni:
Certo, io.
Quel casinetto è mio: soli saremo,
e là, gioiello mio,
ci sposeremo.

Nr. 7 Duettino

und so duftend wie Rosen.

Zerlina:
Doch ich befürchte …
Don Giovanni:
Was kannst du fürchten?
Zerlina:
Am Ende
Hintergeht Ihr mich nur; 's ist ja bekannt,
Daß ihr vornehmen Herrn es mit uns Mädchen
Nicht immer ehrlich meint.
Don Giovanni:
Das ist Verleumdung,
Nur vom Pöbel erfunden!
Dem Adligen
Blickt die Ehre aus den Augen.
Doch laß uns die Zeit benützen; denn ohne Aufschub
Will ich dich zur Gattin nehmen.
Zerlina:
Ihr?
Don Giovanni:
Kannst du zweifeln? –
Folg' mir in mein Haus; dort stört uns niemand;
Und dort, mein liebes Täubchen –
wirst du mein Weibchen.

Nr. 7 Duettino

[1] TV: »Che non vorreste?«.

(16)

Giovanni:
> Là ci darem la mano,
> là mi direte[1] sì.
> Vedi, non è lontano,
> partiam, ben mio, da quì.[2]

Don Giovanni:
> Reich mir die Hand, mein
> Leben,
> Komm in mein Schloß
> mit mir!
> Kannst du noch widerstreben?
> Es ist nicht weit von hier.

Zerlina:
> Vorrei, e non vorrei …
> Mi trema un poco il cor …
> Felice, è ver, sarei,
> ma può burlarmi ancor.

Zerlina:
> Ach, soll ich wohl es wagen?
> Mein Herz, o sag es mir!
> Ich fühle froh dich schlagen
> Und steh' doch zitternd hier.

---

[1] TV: Für »direte« steht »dirai di«.
[2] TV: Anstelle von »da qui« auch »di qui«.

Eine wahrhaft »verführerische« Melodie Giovannis leitet das Duettino ein; Zerlina wiederholt sie genau. Steht sie schon völlig in seinem Bann? Den Worten nach lebt noch leiser Widerstand in ihr, aber die Musik verrät ihre schon weitgehende Bereitwilligkeit. Hat Mozart Giovanni hier absichtlich eine »volkstümliche«, eine leicht eingängige Melodie in den Mund gelegt, mit der er sich gewissermaßen Zerlinas (sozialem) Niveau annähert, um sie desto sicherer verführen zu können?

Nach einem letzten Zaudern Zerlinas, in der Angst und Glück – musikalisch deutlich geschildert – miteinander gekämpft haben ...

vereinen sich die beiden Stimmen, in gleicher, ausgeterzter Melodie, das Bild völliger Übereinstimmung. (Textlicher Einwand: das Wort »innocente amor«. Glaubt Zerlina wirklich immer noch an eine »unschuldige« Liebe? Ist sie von da Ponte absichtlich so naiv geschildert?)

Mit einer glücklichen Phrase geht das Duett zu Ende: Man sieht förmlich Zerlinas Herz vor Freude hüpfen (von Giovannis sinnlichem Begehren ist weniger zu spüren).

Giovanni:
  Vieni, mio bel diletto!

Zerlina:
  Mi fa pietà Masetto!
Giovanni:
  Io cangerò tua sorte.

Zerlina:
  Presto … non son più forte …
Giovanni:
  Vieni, vieni.
  Là ci darem la mano …
  (come sopra)
Zerlina:
  Vorrei, e non vorrei …
  (come sopra)
Giovanni:
  Andiam, andiam!
Zerlina:
  Andiam!
Zerlina e Giovanni:
  Andiam, andiam, mio bene,
  a ristorar le pene
  d'un innocente amor!

(Si incamminano abbracciati verso il casino)

Don Giovanni:
  Laß nicht umsonst mich
  werben!
Zerlina:
  Masetto würde sterben.
Don Giovanni:
  Glück soll dich stets umgeben.

Zerlina:
  Kaum kann ich widerstreben.
Don Giovanni:
  O komm – o komm!
  Reich mir die Hand, mein
  Leben … *(wie vorher)*
Zerlina:
  Ach, soll ich es wohl
  wagen … *(wie vorher)*
Don Giovanni:
  O komm, o komm!
Zerlina:
  Wohlan!
Zerlina und Don Giovanni:
  So dein zu sein auf ewig,
  Wie glücklich, o wie selig,
  Wie selig werd' ich sein!

(wollen Arm in Arm abgehen in Richtung von Don Giovannis Schlößchen)

*Da tritt Elvira dazwischen. In einem kurzen Secco-Rezitativ wird
die Situation klargestellt. Elvira hat Giovannis Worte an Zerlina
mit angehört (was in der deutschen Fassung nicht zum Ausdruck
kommt).*

*Nun bleibt diesem nichts übrig, als Elvira gegenüber zu behaup-
ten, es handle sich um einen Spaß, eine Unterhaltung –*

Zerlina gegenüber, Elvira sei nur eifersüchtig …

SCENA DECIMA
Donna Elvira e detti

Recitativo

*Elvira (che ferma con atti dispe-
ratissimi Don Giovanni):*

    Fermati, scellerato! Il ciel mi
    fece
    udir le tue perfidie. Io sono a
    tempo
    di salvar questa misera inno-
    cente
    dal tuo barbaro artiglio.
Zerlina:
    Meschina! cosa sento!
Giovanni:
    Amor, consiglio!
    (piano a Donna Elvira)
    Idol mio, non vedete
    ch'io voglio divertirmi?
Elvira (forte):
    Divertirti,
    è vero? divertirti … Io sò,
    crudele,
    come tu ti diverti.
Zerlina:
    Ma, signor cavaliere,
    è ver quel ch'ella dice?

Giovanni (piano a Zerlina):
    La povera infelice
    è di me innamorata,
    e per pietà deggio fingere
    amore,
    ch'io son, per mia disgrazia,
    uom di buon cuore.

ZEHNTE SZENE
Die Vorigen. Donna Elvira

Rezitativ

*Donna Elvira (die mit verzweif-
lungsvollen Gebärden Don
Giovanni anhält):*
    Fort von ihr, Verführer! Der
    Himmel führt mich her,
    Dich zu entlarven! – Noch ist
    es Zeit,
    Diese arme Betrogne zu ent-
    reißen
    Deinen frevelnden Händen.
Zerlina:
    O Gott, was muß ich hören!
Don Giovanni:
    Hilf mir, Gott Amor!
    (leise zu Donna Elvira)
    Siehst du nicht, o Geliebte,
    Daß alles nur ein Scherz ist?
Donna Elvira (laut):
    Nur ein Scherz!
    Wahrhaftig nur ein Scherz!
    Ich weiß, Verworfner,
    Wie grausam du scherzest!
Zerlina:
    Aber sagt, gnäd'ger Herr,
    Ist's Wahrheit, was sie
    spricht?
Don Giovanni (leise zu Zerlina):
    Ach, die Arme, Unglück-
    sel'ge!
    Sie liebt mich bis zum Wahn-
    sinn; und nur aus Mitleid
    Spiel ich den Verliebten.
    Warum auch ist mein Herz so
    weich geschaffen?

Mit höchster Energie setzen die Streicher ein, ein scharf punktierter Rhythmus und große Melodiesprünge drücken Elviras harte, erbitterte Entschlossenheit aus, Giovanni die Maske der Liebenswürdigkeit vom Gesicht zu reißen:

(17)

Die konsternierte Zerlina ist von Elviras Enthüllungen tief betroffen und läßt sich von ihr willenlos fortführen.

Ein kurzes Rezitativ leitet die Konstellation für die nächste Musiknummer – ein Quartett – ein. Noch beklagt Giovanni sich über den »Dämon«, der an diesem Tage seine Vergnügungspläne zu vereiteln scheint.

Nr. 8 Aria	Nr. 8 Arie

Elvira:

    Ah, fuggi il traditor,
    non lo lasciar più dir:
    il labbro è mentitor,
    fallace il ciglio.
    Da miei tormenti impara
    a creder a quel cor,
    e nasca il tuo timor
    dal mio periglio.

Donna Elvira:

    O flieh, Betrogne, flieh,
    Und trau' dem Falschen nicht!
    Sein Blick ist Heuchelei
    Und Lüge, was er spricht.
    Mein Kummer, meine
    Zähren,
    Sie sagen dir genug;
    Sie mögen vor Betrug
    Dir Schutz gewähren.

(Parte conducendo via Zerlina)

(Geht mit Zerlina ab)

SCENA UNDICESIMA
Don Giovanni, poi Don Ottavio e Donn'Anna

ELFTE SZENE
Don Giovanni allein; dann Don Ottavio und Donna Anna

Recitativo

Rezitativ

Giovanni:

    Mi par ch'oggi il
    demonio si diverta
    d'opporsi a miei piacevoli
    progressi;
    vanno mal tutti quanti.

Don Giovanni:

    Hat denn die ganze Hölle sich
    verschworen,
    All' meine Pläne heut zu
    vereiteln?
    Nichts will mir gelingen.

Da kommen Ottavio und Anna des Weges. Giovanni kann ihnen nicht mehr ausweichen (was er aus Furcht, als Mörder von Annas Vater entlarvt zu werden, zweifellos gern täte). Aber das Gespräch läßt sich besser an, als er gefürchtet. Anna betitelt ihn »Freund«, wie immer, lobt seinen Mut, sein edles Herz und appelliert schließlich an seine Freundschaft, deren Rat sie bedürften.

Giovanni atmet auf und ist sofort wieder zu einer heuchlerischen Komödie bereit: seine Hand, seinen Degen, sein Gut, ja sein Blut stehe zu ihrer Verfügung. Doch warum? Und er setzt seiner Komödie die Krone auf, indem er nicht zu wissen vorgibt, warum Donna Anna weine.

Ottavio (a Donn'Anna):
  Ah! ch'ora, idolo mio, son
  vani i pianti;
  di vendetta si parli …
  Ah, Don Giovanni!
Giovanni:
  (Mancava questo inver!)
Anna:
  Signore[1], a tempo
  vi ritroviam: avete core, avete
  anima generosa?

Giovanni:
  (Sta a vedere che il diavolo
  gli[2] ha detto qualche cosa.)
  Che domanda! perchè?
Anna:
  Bisogno abbiamo
  della vostra amicizia.
Giovanni:
  (Mi torna il fiato in corpo.)
  Comandate …
  I congiunti, i parenti,
  questa man, questo ferro, i
  beni,

  (con molto foco)
  il sangue
  spenderò per servirvi,
  Ma voi, bella Donn'Anna,
  perchè così piangete?
  Il crudele che fù che osò la
  calma
  turbar del viver vostro …

Don Ottavio (zu Donna Anna):
  Deine Klagen sind umsonst,
  o Heißgeliebte!
  Uns geziemt nur die Rache …
  Ach, Don Giovanni!
Don Giovanni:
  (Das hatte noch gefehlt!)
Donna Anna:
  O Freund, wie glücklich,
  gerade heut'
  Euch zu treffen! Auf Euren
  Mut
  Und Euer Herz vertrau' ich.
Don Giovanni:
  (Hat denn der Teufel selber
  Sie auf meine Spur gebracht?)
  Gebietet! Was soll ich?
Donna Anna:
  Mit Rat und Tat
  Als Freund uns beistehn.
Don Giovanni:
  (Ich atme wieder auf.)
  O befehlt nur!
  Edle Donna! … All mein
  Gut,
  Diese Hand, diesen Degen, ja
  mein Leben
  (sehr feurig)
  Opfr' ich gern, Euch zu
  dienen.
  Doch, schöne Donna Anna,
  Warum vergießt Ihr Tränen?
  Wer nur hat es gewagt,
  Der Seele Frieden Euch mit-
  leidlos zu rauben …

---

[1] TV: Für »signore« steht »amico«.
[2] TV: Anstelle von »gli« auch »le«.

*Schon glaubt er, sich so wirkungsvoll wie elegant aus einer mög-
lichen Schlinge gezogen zu haben, als Elvira zurückkehrt und
ihn schon mit ihrem ersten, noch im Rezitativ gesprochenen Satz
aufs heftigste angreift – zur großen Überraschung Ottavios
und Annas, die ahnungslos von den bitteren Anklagen der ihnen
Unbekannten gegen Giovanni überrumpelt werden.
Aus der dramatischen Situation wächst meisterhaft, fast wie von
selbst, das Quartett heraus:*

(18)

SCENA DODICESIMA
Donna Elvira e detti
Elvira (a Don Giovanni):
  Ah! ti ritrovo ancor, perfido
  mostro!

Nr. 9 Quartetto

Elvira (a Donn'Anna):
  Non ti fidar, o misera,
  di quel ribaldo cor;

  me già tradì quel barbaro,
  te vuol tradire ancor.

Anna ed Ottavio:
  Cieli, che aspetto nobile!
  Che dolce maestà!
  Il suo pallor, le lagrime,
  m'empiono di pietà.

ZWÖLFTE SZENE
Die Vorigen, Donna Elvira
Donna Elvira (zu Don Giovanni):
  Ha, find' ich Dich noch hier,
  ruchloser Frevler! –

Nr. 9 Quartett

Donna Elvira (zu Donna Anna):
  Traue dem glatten Heuchler
  nicht,
  So schmeichelnd er Dir naht!

  Mich schon verriet sein
  falsches Herz,
  So droht auch Dir Verrat!

Donna Anna und Don Ottavio:
  Himmel, welch edles Frauen-
  bild,
  Welch holde Majestät!
  Wie mir ihr Schmerz, ihr
  Tränenblick
  Tief in die Seele geht!

Es vereint zwei Frauen- und zwei Männerstimmen (Anna, Elvira, Ottavio und – den später einsetzenden – Giovanni) und durchläuft sehr verschiedene Konstellationen. Zuerst steht die anklagende Elvira isoliert, da Anna und Ottavio – trotz einer instinktiven Zuneigung zu der Unbekannten – Giovannis Worten Glauben zu schenken scheinen, es handle sich um eine Wahnsinnige.

*Giovanni (a parte; Donna Elvira
    ascolta):*
    La povera ragazza
    è pazza, amici miei;
    lasciatemi con lei,
    forse si calmerà.
Elvira:
    Ah! non credete al perfido;

Giovanni:
    È pazza, non badate …
Elvira:
    Restate ancor, restate …
Anna ed Ottavio:
    A chi si crederà?

Anna, Ottavio e Giovanni:

    Certo moto –
    d'ignoto –
    tormento[1]
Elvira:
    Sdegno, rabbia, dispetto,
    tormento[2]
Anna, Ottavio e Giovanni:

    Dentro l'alma girare mi sento,

Elvira:
    Dentro l'alma girare mi sento;

Anna, Ottavio e Giovanni:

    Che mi dice –
    per quella infelice

*Don Giovanni (beiseite; Donna
    Elvira hört es mit an):*
    Ach, dieses arme Mädchen,
    Ihr Freunde, ist von Sinnen;
    Ich bitte, geht von hinnen,
    Dann legt sich ihre Wut.
Donna Elvira:
    O glaubt dem frechen Lügner
    nicht!
Don Giovanni:
    Die Arme ist von Sinnen.
Donna Elvira:
    O bleibet hier, verweilet!
Donna Anna und Don Ottavio:
    Auf wen ist hier zu baun?
    Wem sollen wir vertraun?
*Donna Anna, Don Ottavio und
    Don Giovanni:*
    Wie ergreift mich unnenn-
    bares Bangen!

Donna Elvira:
    Ha, von Abscheu,
    Verachtung und Bangen
*Donna Anna, Don Ottavio und
    Don Giovanni:*
    O wie fühlt sich die Seele be-
    fangen!
Donna Elvira:
    Fühl' ich ganz meine Seele
    befangen.
*Donna Anna, Don Ottavio und
    Don Giovanni:*
    Was in mir für die Arme sich
    regt –

---

[1] TV: Bei Giovanni steht auch »spavento«.
[2] TV: Für »tormento« auch »spavento«.

Erst im letzten Teil rücken Anna und Ottavio – auch musikalisch und vielleicht szenisch – von Giovanni ab, zweifeln immer stärker an seinen Aussagen und beginnen wohl zum ersten Mal, seine Ehrenhaftigkeit in Frage zu stellen: Es ist der Beginn des – allerdings noch in weiter Ferne liegenden – Endes.

Elvira:
Che mi dice di quel traditore

Anna, Elvira, Ottavio e Gio-vanni:
Cento cose che intender non sa.

Ottavio (a Donn'Anna):
Io di qua non vado via
se non scopro questo affar.

Anna (a Ottavio):
Non ha l'aria di pazzia
il suo volto, il suo parlar.

Giovanni:
Se men vado, si potria
qualche cosa sospettar.

Elvira:
Da quel ceffo si dovria
la ner'alma giudicar.

Ottavio (a Don Giovanni):
Dunque quella? …
Giovanni:
È pazzerella.
Anna (a Donn'Elvira):
Dunque quegli? …
Elvira:
È un traditore.
Giovanni:
Infelice!
Elvira:
Mentitore!
Anna ed Ottavio:
Incomincio a dubitar.

Donna Elvira:
Was noch hält
mich, den Frevler zu schonen?
Donna Anna, Donna Elvira, Don Ottavio und Don Giovanni:
Ach, zu deuten vermag ich es nicht.
Don Ottavio (zu Donna Anna):
Nein, nicht eher will ich weichen,
Bis mir Klarheit ward und Licht!
Donna Anna (zu Don Ottavio):
Nein, für Wahnsinn spricht kein Zeichen
Aus dem edlen Angesicht.
Don Giovanni:
Um dem Argwohn zu ent-weichen,
Gilt es kecke Zuversicht.
Donna Elvira:
Glaubt ihm nicht! Sein falsches Auge
Kündet euch den Bösewicht.
Don Ottavio (zu Don Giovanni):
Sie von Sinnen?
Don Giovanni:
Ja, ganz von Sinnen.
Donna Anna (zu Donna Elvira):
Also Jener …
Donna Elvira:
Ist ein Verräter.
Don Giovanni:
Unglücksel'ge!
Donna Elvira:
Missetäter!
Donna Anna und Don Ottavio:
Zweifel regen sich in mir.

Mozart läßt Elviras Abgang ein kleines Secco-Rezitativ Giovannis folgen: Er verabschiedet sich schleunigst, angeblich, um Elvira zu folgen, die er vor einer »überstürzten Handlung« zurückhalten zu wollen vorgibt, in Wahrheit aber, weil er Anna und Ottavio gegenüber kaum noch ein Wort der Erklärung hervorbrächte, das stark und glaubwürdig genug wäre.

Giovanni *(piano a Donn'Elvira):*

Zitto, zitto,[1] che la gente
si raduna a noi d'intorno:
siate un poco più prudente:
vi farete criticar.

Elvira *(forte, a Don Giovanni):*

Non sperarlo, o scellerato:
ho perduto la prudenza.
Le tue colpe ed il mio stato
voglio a tutti palesar.

Anna ed Ottavio *(a parte,
guardando Don Giovanni):*

Quegli accenti sì sommessi,
quel cangiarsi di colore,
son indizi[2] troppo espressi
che mi fan determinar.

(Donn'Elvira parte)

Recitativo

Giovanni:

Povera sventurata! i passi
suoi
voglio seguir, non voglio
che faccia un precipizio:
perdonate,
bellissima Donn'Anna:

Don Giovanni *(leise zu Donna
Elvira):*

Stille, still, es nahen Leute!
O versuche, Dich zu fassen!
Läßt Du nicht von diesem
Streite,
Droht uns beiden hier Gefahr.

Donna Elvira *(laut zu Don Giovanni):*

Schweige, schweige, Du Vermeßner!
Hoffe nichts, Du Ehrver-
geßner!
Mein Geschick und Dein Verbrechen –
Allen werd' es offenbar!

Donna Anna und Don Ottavio
*(beiseite, Don Giovanni beob-
achtend):*

Wie er ängstlich zu ihr flüstert,
Sein Erröten, sein Erbleichen –
Alles ist ein sicheres Zeichen,
Seine Schuld, sie wird uns
klar!

(Donna Elvira geht ab)

Rezitativ

Don Giovanni:

O die arme Verlass'ne! Sie zu
beschützen,
Folg' ich ihr nach; wie leicht
Könnte ein Unglück sie erei-
len! Drum vergebt mir,
Schöne Donna Anna!

---

[1] Auch »zitta, zitta«.
[2] TV: Hier: »sono indiz«.

Und kaum ist Giovanni fort, baut Mozart eine seiner größten Szenen auf. Sie beginnt mit einem sehr langen, über verschiedene Stimmungen wechselnden und äußerst dramatischen Accompagnato-Rezitativ, in dem das Orchester eine bedeutende Rolle spielt. Es begleitet nicht; es unterstreicht und hebt hervor, es läßt die Stimmen frei deklamieren, um jedes hier sehr wichtige Wort verständlich werden zu lassen.

se servirvi poss'io,
in mia[1] casa v'aspetto;
amici, addio!

(Parte)

Kann ich jemals Euch dienen,
Erwart' ich Euch in meinem
Hause.
Lebt wohl denn, ihr Freunde!
(Ab)

SCENA TREDICESIMA
Don Ottavio e Donn'Anna

DREIZEHNTE SZENE
Don Ottavio und Donna Anna

Nr. 10
Recitativo ed Aria

Nr. 10
Rezitativ und Arie

Anna:
Don Ottavio … son morta!
Ottavio:
Cosa è stato?
Anna:
Per pietà, soccorretemi.
Ottavio:
Mio bene,
fate coraggio.
Anna:
Oh Dei!
quegli è il carnefice del padre
mio …
Ottavio:
Che dite?
Anna:
Non dubitate più. Gli ultimi
accenti,
che l'empio proferì, tutta la
voce
richiamar nel cor[2] mio di
quell'indegno
che nel mio appartamento …

Donna Anna:
Ach, Ottavio, ich sterbe!
Don Ottavio:
Was erschreckt Dich?
Donna Anna:
Hab' Erbarmen, o rette mich!
Don Ottavio:
Geliebte –
Mut nur und Fassung!
Donna Anna:
O Himmel!
Er ist der Mörder meines
Vaters.
Don Ottavio:
Was hör' ich!
Donna Anna:
O zweifle länger nicht:
die letzten Worte,
Die dieser Freche sprach,
Haltung und Stimme –
Alles weckt die Erinnerung an
den Frevler,
Der jüngst in meiner Woh-
nung …

---

[1] TV: Auch umgestellt »in casa mia«.
[2] TV: Umgestellt »nel mio cor«.

Das Orchester schafft die Atmosphäre, in der Anna sich mit Entsetzen der nächtlichen Szene erinnern kann, als ein fremder Mann in ihr Haus drang ... Sie schildert dem Geliebten die Ereignisse jener Nacht, von denen sie mit ihm bis dahin nie gesprochen hatte. Aus ihren Worten – und dem Charakter Annas gemäß ist an deren völliger Wahrheit nicht zu zweifeln – kann diese Schlüsselszene des ganzen Dramas recht genau rekonstruiert werden: zuerst der Betrugsversuch, für den Verlobten gehalten zu werden ...

dann das Erkennen ...

die versuchte Vergewaltigung, der Kampf, des Fremden schließliche Flucht, als er sich gescheitert weiß und nur noch den Wunsch hat, unerkannt zu entkommen ...

Ottavio:

Oh ciel! possibile
che sotto il sacro manto
d'amicizia …
Ma come fu, narratemi
lo strano avvenimento.

Anna:

Era già alquanto
avanzata la notte,
quando nelle mie stanze, ove
soletta
mi trovai per sventura, entrar
io vidi
in un mantello avvolto
un uom che al primo istante
avea preso per voi;

ma riconobbi poi
che un inganno era il mio …

Ottavio (con affanno):

Stelle! seguite.

Anna:

Tacito a me s'appressa,
e mi vuole abbracciar;
sciogliermi cerco,
ei più mi stringe; grido:
non viene alcun: con una mano
cerca
d'impedire la voce,
e coll'altra m'afferra
stretta così, che già mi credo
vinta.

Ottavio:

Perfido! … e alfin? …

Don Ottavio:

O Gott, wär's möglich,
Daß unterm heil'gen Mantel
treuer Freundschaft …
Doch was geschah? –
Erzähle mir
Den unerhörten Vorgang!

Donna Anna:

Schon warf die
Dämmerung
Ihren Schleier hernieder,
Als in meine Gemächer,
Wo, mir zum Unheil, ich
völlig allein war,
ein Mann hereintritt,
Gehüllt in einen Mantel.
Im ersten Augenblicke
Wähnt' ich dich, Freund, mir
nahe;
Doch nur zu bald erkannt' ich
Die schreckliche Täuschung.

Don Ottavio (in Erregung):

Himmel! Vollende!

Donna Anna:

Schweigend schleicht er mir
näher,
Schlingt um mich seinen Arm;
ich will entflieh'n;
Er hält mich fester, ich rufe –
Doch niemand kommt! Mit
einer Hand versucht er
Meine Rufe zu hindern,
Mit der andern umschlingt er
heftiger mich;
Schon glaubt' ich mich
verloren.

Don Ottavio:

Schändlicher! Und dann?

Annas Schilderung ist von ungeheurer Lebendigkeit geprägt; es ist, als erlebe sie die furchtbare Nacht noch einmal. Das Orchester steigert, oft nur mit kurzen Einwürfen, den realistischen Eindruck ihrer Worte: Ihre Hilferufe, ihr schweres Atmen nahe am Ermatten, ihre verzweifelte Verfolgung des Täters kommen mit knappsten instrumentalen Mitteln überzeugend zum Ausdruck.

Dann hat Annas Geist sich konzentriert, sie zieht die Folgerung aus allem, was in den jüngst erlebten Tagen und Stunden auf sie eingedrungen ist: Auch die Musik sammelt sich, die Streicher weben einen dichten Klangteppich, über den sich gebieterisch ihre Stimme zur Anklage erhebt:

(Notenbeispiel S. 106)

Anna:

 Alfine il duol, l'orrore
 dell'infame attentato
 accrebbe sì la lena mia che a forza
 di vincolarmi[1], torcermi e piegarmi,
 da lui mi sciolsi.

Ottavio:

 Ohimè! respiro.

Anna:

 Allora
 rinforzo i stridi miei, chiamo soccorso,
 fugge il fellon: arditamente il seguo
 fin nella strada per fermarlo, e sono
 assalitrice d'assalita: il padre
 v'accorre, vuol conoscerlo, e l'iniquo[2]
 che del povero vecchio era più forte,
 compie il misfatto suo col dargli morte.

Donna Anna:

 Die Todesangst, der Abscheu
 Vor dem furchtbaren Frevel
 Erhöhte so mir meine Kräfte,
 Daß ich mich durch heft'ges Ringen, Sträuben und Entwinden
 Endlich befreite.

Don Ottavio:

 Ich atme auf! – Vollende!

Donna Anna:

 Aufs neu'
 Nehm' ich alle Kraft zusammen, rufe nach Hilfe;
 Er aber floh. In flammender Empörung
 Folg' ich ihm nach bis auf die Straße;
 So wurde aus der Verfolgten eine Verfolg'rin.
 Mein Vater tritt dazwischen, stellt ihn zur Rede;
 Doch der Bube, überlegen an Kräften dem schwachen Greise,
 Häuft noch das Maß des Frevels – raubt ihm das Leben!

Aria

Arie

[1] TV: Auch »svincolarmi«.
[2] TV: Für »l'iniquo« auch »l'indegno«.

(19)

Anna:
    Or sai chi l'onore
    rapire a me volse:

Donna Anna:
    Du kennst nun den Frevler,
    Der Schande mir drohte,

    chi fu il traditore,
    che il padre mi tolse:
    vendetta ti chiedo[1],
    la chiede il tuo cor.
    Rammenta la piaga
    del misero seno:
    rimira di sangue
    coperto il terreno,
    se l'ira in te langue
    d'un giusto furor.
            (Parte)

    Mit mörd'rischem Stahle
    Den Vater mir raubte.
    Wohlauf denn zur Rache,
    Wohlauf denn zur Tat!
    Gedenk' deines Schwures,
    Gedenk' meiner Tränen,
    Gedenke des Blutes,
    Das schuldlos vergossen!
    Dies feure aufs neue
    Zur Rache Dich an!
            (Sie geht ab)

[1] TV: Hier »chieggio«.

Ein kurzes Secco-Rezitativ leitet von Annas sehr bewegter und dramatischer Rache-Arie zur stillen, lyrischen Ottavios über. Er bekräftigt vor sich selbst den gefaßten Entschluß, Klarheit in die Vorkommnisse der Verbrechensnacht zu bringen, um der Geliebten die ersehnte Ruhe wiederzugeben.

Hier schließt eine der schönsten Arien des Werkes an. Sie ist in der ersten (Prager) Fassung noch nicht vorhanden gewesen, Mozart hat sie erst am 24. April 1788 für die am 7. Mai stattfindende Wiener Erstaufführung komponiert, da der Tenor Francesco Morella sich angeblich weigerte, die Arie Nr. 21 (»Il mio tesoro«) zu singen, aber auf einem Solo-Gesangsstück bestand.

(Fortsetzung des Notenbeispiels S. 110)

SCENA QUATTORDICESIMA
Ottavio solo

Recitativo

Ottavio:

Come mai creder deggio
di sì nero delitto
capace un cavaliero!
Ah, di scoprire il vero
ogni mezzo si cerchi. Io sento
in petto
e di sposo e d'amico
il dover che mi parla:
disingannarla voglio o vendi-
carla.

Nr. 10a Aria

Ottavio:

Dalla sua pace la mia dipende,
quel che a lei piace vita mi
rende,
quel che le incresce morte
mi dà.

VIERZEHNTE SZENE
Don Ottavio allein

Rezitativ

Don Ottavio:

Kaum vermag ich zu glauben,
Daß so schwarzes Verbrechen
Ein Edelmann begehe.
Klarheit hier zu gewinnen,
Will ich alles versuchen; die
Pflicht des Freundes,
Des Verlobten hör' ich
mahnend
Tief im Innersten sprechen:
Ist seine Tat erwiesen, werd'
ich sie rächen!

Nr. 10a Arie

Don Ottavio:

Nur der Geliebten weih' ich
mein Leben,
Glück nur und Frieden will
ich ihr geben,
Was sie betrübet, schmerzet
mein Herz.

(20)

Eine edle, genau nach »klassischem« Maß sechzehntaktige Melodie, ideal für die Stimme komponiert, von der sie Wohlklang und innigen Ausdruck fordert, ohne »Spitzentöne« zu verlangen: eines der ganz wenigen Tenorstücke der Literatur, die nicht über den Ton G hinausreichen und trotzdem im besten Sinne »dankbar« sind. Sie zeigt Ottavio nicht als zornentbrannten Rächer, sondern als liebevollen, besorgten Bräutigam; das Orchester unterstreicht diskret, zweimal bringt es ein (aus vielen älteren Opern bekanntes) Seufzermotiv.

Ein längeres Secco-Rezitativ zwischen Giovanni und seinem Diener bringt zwar einen gut ausgearbeiteten Dialog, der zudem witzig und voller Anspielungen ist – also dem »Dramma giocoso« alle Ehre macht –, aber musikalisch, wie die meisten Rezi-

110

S'ella sospira, sospiro anch'io,
è mia quell'ira, quel pianto è
mio
e non ho bene s'ella non l'ha.

Dalla sua pace la mia dipende,
quel che a lei piace vita mi
rende,
quel che le incresce morte mi
dà,
morte, morte mi dà.

Hör' ich sie seufzen, hör' ich
sie klagen,
dann möcht' ich eilen, um ihr
zu sagen,
daß ich auf Erden lieb' sie
allein.
Nur der Geliebten weih' ich
mein Leben,
Glück nur und Frieden …
(usw.)

SCENA QUINDICESIMA
Leporello, poi Don Giovanni

FÜNFZEHNTE SZENE
*Leporello allein, dann Don Gio-
vanni*

Recitativo

Rezitativ

Leporello:
    Io deggio, ad ogni patto,

Leporello:
    Noch heute will ich fort

111

tative dieser Art, doch nur eine Notlösung darstellt (die erst die »durchkomponierte« Oper des 19. Jahrhunderts endgültig überwindet).

per sempre abbandonar
questo bel matto …
Eccolo qui: guardate
con qual indifferenza se ne
viene!

Giovanni:

Oh Leporello mio! va tutto
bene.

Leporello:

Don Giovannino mio! va tutto
male.

Giovanni:

Come va tutto male?

Leporello:

Vado a casa,
come voi l'ordinaste[1],
con tutta quella gente.

Giovanni:

Bravo!

Leporello:

A forza
di chiacchiere, di vezzi e di
bugie,
ch'ho imparato sì bene a star
con voi,
cerco d'intrattenerli …

Giovanni:

Bravo!

Leporello:

Dico
mille cose a Masetto per
placarlo,
per trargli dal pensier la
gelosia …

Giovanni:

Bravo, in coscienza mia!

Und diesen tollen Narren für
immer verlassen!
Da kommt er ja – ei seht nur,
So harmlos und vergnügt wie
die liebe Unschuld!

Don Giovanni:

Mein lieber Leporello, es geht
vortrefflich!

Leporello:

Mein lieber gnäd'ger Herr, es
geht erbärmlich!

Don Giovanni:

Und warum denn erbärmlich?

Leporello:

Ich begab mich,
Wie Ihr mir befohlen,
In die Villa mit den Leuten.

Don Giovanni:

Bravo!

Leporello:

Durch Plaudern und Scherzen,
Durch Geschichten und
Lügen,
Wie ich dergleichen in Eurem
Dienst erlernte,
Sucht' ich sie zu unter-
halten …

Don Giovanni:

Bravo!

Leporello:

Tausend schöne
Sachen sag' ich,
Masetto zu zerstreuen
Und ihn von seiner Eifersucht
zu heilen.

Don Giovanni:

Bravo! Ganz vortrefflich!

---

[1] TV: Auch »m'ordinaste«.

Leporello:

Faccio che bevano
e gli uomini e le donne;
son già mezzo ubbriachi,
altri canta, altri scherza,
altri seguita a ber … In sul più bello,
chi credete che capiti?

Giovanni:

Zerlina!

Leporello:

Bravo! e con lei chi viene?

Giovanni:

Donn'Elvira![1]

Leporello:

Bravo! e disse di voi?

Giovanni:

Tutto quel mal che in bocca le venia.

Leporello:

Bravo, in coscienza mia!

Giovanni:

E tu cosa facesti?

Leporello:

Tacqui.

Giovanni:

Ed ella?

Leporello:

Seguì a gridar.

Giovanni:

E tu?

Leporello:

Quando mi parve
che già fosse sfogata, dolcemente

Leporello:

Ich ließ sie trinken,
Die Burschen und die Mädchen;
Bald sind alle benebelt:
Ein'ge singen, andre scherzen
Und der Wein fließt in Strömen; als es am tollsten war,
Ratet, wer überrascht uns da?

Don Giovanni:

Zerlina.

Leporello:

Bravo! Und an ihrer Seite?

Don Giovanni:

Donna Elvira.

Leporello:

Bravo! Und was sie von Euch sprach?

Don Giovanni:

Nun, alles Böse, was nur zu erdenken ist.

Leporello:

Bravo! ganz vortrefflich!

Don Giovanni:

Und Du – was begannst Du?

Leporello:

Ich schwieg.

Don Giovanni:

Und sie?

Leporello:

Schalt immer fort.

Don Giovanni:

Und Du?

Leporello:

Als ihr zuletzt
Vor Zorn die Worte versagten,
Führt ich sie so nach und nach

---

[1] TV: »Donna Elvira«.

115

*Das Secco-Rezitativ geht unmittelbar in die »Champagner-Arie«
über, eines der wenigen Solo-Gesangsstücke des Titelhelden in
diesem Werk:*

(Fortsetzung des Notenbeispiels S. 118)

fuor dell'orto la trassi, e con
bell'arte,
chiusa la porta la chiave
io mi cavai,
e sulla via soletta la lasciai.

Giovanni:
Bravo! bravo! arcibravo!
L'affar non può andar meglio.
Incominciasti,
io saprò terminar; troppo mi
premono
queste contadinotte:
le voglio divertir finchè vien
notte.

aus dem Garten,
Schloß dann die Türe hinter
ihr zu, machte mich aus dem
Staube
Und ließ sie so allein auf der
Straße stehen.
Don Giovanni:
Bravo, bravo, bravissimo!
Die Sache geht vortrefflich;
Du hast begonnen –
Für das Ende sorg ich; gar
sehr ergötzen mich
Die schmucken Bauern-
mädchen:
Ich will sie bis zur Nacht
wohl unterhalten.

Nr. 11 Aria

Giovanni:
Fin ch'han dal vino
calda la testa,
una gran festa
fa preparar.
Se trovi in piazza
qualche ragazza,
teco ancor quella
cerca menar.

Nr. 11 Arie

Don Giovanni:
Auf zu dem Feste!
Froh soll es werden,
Bis meine Gäste
Glühen von Wein.
Siehst Du ein Mädchen
Nahen dem Garten,
Laß sie nicht warten,
Führ' sie herein!

(21)

Es zeigt ihn schwungvoll, unternehmungslustig, sieghaft strahlend (wie man sich einen »echten« Don Juan vorstellt). In rasendem Tempo (Presto, Zweivierteltakt, ganztaktig zu dirigieren!) ist es ein atemberaubend dahinjagendes Stück, schwer zu singen und noch schwerer wirkungsvoll zu gestalten, da die Geschwindigkeit kaum Zeit zum Artikulieren von Pointen läßt – und derer gäbe es textlich einige …

Senza alcun ordine
la danza sia:
chi'l minuetto,
chi la follia,
chi l'alemana
farai ballar.
Ed io frattanto
dall'altro canto
con questa e quella
vo' amoreggiar.
Ah! la mia lista
doman mattina
d'una decina
devi aumentar.
    (Partono)

Giardino con due porte chiuse a chiave per di fuori. Due nicchie.

Wirr durcheinander
Lasse sie tanzen:
Hier Allemande,
Dort Sarabande,
Hier die Musette,
Dort Menuett!
Ich aber leise
Nach meiner Weise
Führe das Liebchen
Ins Kämmerlein.
Drum ohne Sorgen:
In Dein Register
Schreibst Du schon morgen
Zehne noch ein.
    (Beide ab)

Garten mit zwei von außen zu schließenden Türen, zwei Nischen.

Das Secco-Rezitativ, das die Versöhnungsszene zwischen Ma-
setto und Zerlina einleitet, ist von da Ponte sehr hübsch, von
Mozart eher routinemäßig behandelt worden. Es gibt daher den
beiden Darstellern szenisch mehr Chancen als musikalisch: der
schlauen Zerlina (die Masetto, nicht völlig aufrichtig, davon zu
überzeugen weiß, Giovanni habe »nicht einmal ihre Finger-
spitzen berührt«) und dem gutmütigen, gutgläubigen, vor allem
aber restlos in seine Zerlina verliebten Masetto (der aber keines-
wegs der »Tölpel« sein soll, als den Giovanni ihn begreiflicher-
weise hinstellte). Das ergibt einen hübschen Dialog, der zwang-
los in Zerlinas Arie überleitet.

SCENA SEDICESIMA
Zerlina, Masetto e Contadini

Recitativo

Zerlina:
Masetto … senti un po' …
Masetto, dico …
Masetto:
Non mi toccar.
Zerlina:
Perchè?
Masetto:
Perchè mi chiedi?
Perfida! il tutto sopportar
dovrei
d'una mano infedele?
Zerlina:
Ah! no: taci, crudele!
Io non merto da te tal tratta-
mento.
Masetto:
Come! ed hai l'ardimento
di scusarti?
Star sola con un uom!
abbandonarmi
il dì delle mie nozze! porre in
fronte
a un villano d'onore
questa marca d'infamia! Ah!
se non fosse,
se non fosse lo scandalo,
vorrei …

Zerlina:
Ma se colpa io non ho:
ma se da lui

SECHZEHNTE SZENE
*Masetto und Zerlina; Chor der
Bauern und Bäuerinnen, die auf
Mooslagern schlafen oder sitzen*

Rezitativ

Zerlina:
Masetto, höre doch! lieber
Masetto!
Masetto:
Rühr' mich nicht an!
Zerlina:
Warum?
Masetto:
Du kannst noch fragen?
Falsche du! Von deiner
ungetreuen Hand
Laß ich mich nicht berühren!
Zerlina:
O Gott, sei doch vernünftig!
Hab' ich das verdient für
meine Liebe?
Masetto:
Wirklich? Du hast
noch den Mut, Dich zu ent-
schuldigen?
Bei einem Mann allein zu
bleiben; mich zu verlassen
Am Tage der Hochzeit!
Einen braven und ehrlichen
Burschen
So frech zu beschimpfen! Ja,
glaube nur –
Wenn das Aufsehen nicht
wäre, ich wollte Dich …
Zerlina:
Meine Schuld ist es
nicht,

121

Mozart muß unter allen Gestalten des Werkes besonders für Zerlina eine Schwäche gehabt haben; ihr hat er vier der melodiösesten Stücke zugeteilt: zwei Arien, das berühmte Duett mit Giovanni (»Là ci darem la mano«) und ihr Auftrittslied mit Chor (»Giovinette, che fate all' amore«). Beide Arien zeigen fast volksliedhaften Zuschnitt, was gewiß vor allem Zerlinas bäuerlichem Stand zuzuschreiben ist, aber auch Mozarts Vielseitigkeit, ja allumfassendes Genie erweist, da er im selben Werk etwa Annas koloraturglitzernde, hochdramatische, von höchstem Pathos erfüllte Arien neben die liedhaften und lieblichen Zerlinas zu stellen weiß. Ob Giovanni der »große« Verführer ist, läßt sich − wie im Textteil dieses Buches angedeutet − bezweifeln, aber daß Zerlina eine »kleine« Verführerin ist, unbewußt, naiv und doch raffiniert, graziös, charmant und sich ihrer Reize bewußt, das steht spätestens nach dieser Arie außer Zweifel.

(Notenbeispiel S. 124)

ingannata rimasi; e poi, che
temi?
Tranquillati, mia vita,
non mi toccò la punta delle
dita.
Non me lo credi? Ingrato!
Vien qui, sfogati, ammazzami,
fa tutto
di me quel che ti piace,
ma poi, Masetto mio, ma poi
fa pace.

Bin ich doch selber von ihm
hintergangen.
Was kannst Du fürchten?
Beruhige dich, mein Schätz-
chen!
Er berührte nicht die Spitze
meines Fingers.
Du willst nicht glauben?
Undankbarer!
Komm her! Schelte und schla-
ge mich,
Ja, mach mit mir alles, was du
willst;
Doch dann, mein lieber
Masetto, schließ wieder
Frieden!

(22)

Nach dem froh bewegten Schlußteil der Arie (»Pace, pace, o vita mia«) ist der Friede zwischen den Liebenden, dem künftigen Ehepaar, wirklich voll eingekehrt, und Masetto stellt – im folgenden Rezitativ – lächelnd fest, daß Zerlina eine kleine Hexe sei.

Nr. 12 Aria

Zerlina:
Batti, batti, o bel Masetto,
la tua povera Zerlina:
starò qui come agnellina
le tue botte ad aspettar.

Lascerò straziarmi il crine,
lascerò cavarmi gli occhi;
e le care tue manine
lieta poi saprò baciar.
Ah! lo vedo, non hai core:

pace, pace, o vita mia!
In contenti[1] ed allegria
notte e dì vogliam passar.

Recitativo

Masetto:
Guarda un po' come seppe
questa strega sedurmi! Siamo

Nr. 12 Arie

Zerlina:
Schmäle, schmäle[1], lieber
Junge!
Wie ein Lamm will ich's
ertragen,
Fromm ergeben, ohne Klagen,
Ohne jeden Widerstand.

Jede Strafe will ich dulden:
Schelten kannst du mich und
schlagen;
Dank dafür will ich dir sagen
Und noch küssen deine Hand.
Ja, ich seh' es, Du vergibst
mir!
Friede, Friede laß uns
schließen;
Laß der Liebe Glück genießen
Uns in Wonne Tag für Tag!

Rezitativ

Masetto:
Ei, da seht die kleine Hexe!
Die versteht sich aufs Ködern!

---

[1]   TV: Auch »in contento«.

[1]   Das italienische Original ist drastischer: »battere« heißt »schlagen«. (Schmälen, = toben, zürnen).

Da ertönt, noch hinter der Szene, die Stimme Giovannis, der den Auftrag gibt, ein großes Fest zu bereiten.

Die eben noch siegessichere Zerlina zeigt Symptome des Schrekkens, und sofort ist Masettos Argwohn wieder wach: Sollte vielleicht doch mehr geschehen sein ...?

Masetto will der Sache auf den Grund gehen. Und im sofort einsetzenden Finale (schnelle, fast tremoloartige Streicherbewegung, die eine Grundstimmung von Erregtheit und innerer Unruhe schafft) verwirklicht Masetto seinen Plan: sich zu verstecken, um das Gespräch zwischen Giovanni und Zerlina zu belauschen:

(Notenbeispiel S. 128)

pure
i deboli di testa!

Giovanni (di dentro):
  Sia preparato tutto a una gran
  festa.

Zerlina:
  Ah! Masetto, Masetto,
  odi la voce del monsù cavaliero!

Masetto:
  Ebben, che c'è?

Zerlina:
  Verrà …

Masetto:
  Lascia che venga.

Zerlina:
  Ah! se vi fosse:
  un buco da fuggir.

Masetto:
  Di cosa temi?
  Perchè diventi pallida? …
  Ah! capisco:
  capisco, bricconcella,
  hai timor ch'io comprenda
  com'è tra voi passata la fac-
  cenda.

Nr. 13 Finale

Ja, wir Männer
Sind wahrlich gute Narren!

Don Giovanni (hinter der Szene):
  Nun kann das Fest beginnen;
  bereit ist alles.

Zerlina:
  Ach, Masetto, Masetto!
  Ich höre die Stimme des gnä-
  digen Herrn!

Masetto:
  Je nun, was tut's?

Zerlina:
  Er kommt!

Masetto:
  Laß ihn nur kommen!

Zerlina:
  Was fang' ich an?
  Wie kann ich ihm entfliehen?

Masetto:
  Was ist zu fürchten?
  Weswegen, sag', entfärbst Du
  Dich? Ha, Du Schelmin!
  Ich merke schon, du fürchtest,
  Ich könnte jetzt wohl erfahren,
  Wie zwischen Dir und ihm die
  Sache ablief.

Nr. 13 Finale

(23)

Zerlina rät ihm, fast verzweifelt, davon ab, aber Masetto bleibt
– dieses Mal – hart.

Masetto:

Presto, presto … pria ch'ei[1]
venga,
por mi vo' da qualche lato …
C'è una nicchia … qui celato
cheto, cheto mi vo' star.

Masetto:

Hurtig, hurtig, eh' er nahet
Will ich mich bei Seite
machen;
In der Nische werd' ich
wachen
Alles hör' ich dort mit an.

Zerlina:

Senti, senti … dove vai?
Ah non t'asconder, o Masetto.
Se ti trova, poveretto!
tu non sai quel che può far.

Zerlina:

Ach, Masetto, was beginnst
Du?
Ach, bitte, bitte, nicht ver-
stecken!
Sicher wird er Dich entdecken,
Und dann ist's um Dich getan.

Masetto:

Faccia, dica quel che vuole.

Zerlina:

Ah, non giovan le
parole …

Masetto:

Parla forte, e qui t'arresta.

Masetto:

Sag' und tu er, was er wolle!

Zerlina:

Ach, er hört mich nicht,
der Tolle!

Masetto:

Sprich mir laut und
bleib' hier stehen!

---

[1] TV: Auch »che venga«.

Da tritt, kaum hat Masetto sich versteckt, Giovanni mit Dienern auf die Bühne; das Orchester schlägt sofort einen anderen Ton an: den des »Herren« gewissermaßen (obwohl genaugenommen nur die Pauke hinzugetreten ist, aber Hörner und Trompeten nun fanfarenartig verwendet werden):

(Fortsetzung des Notenbeispiels S. 132)

130

Zerlina:
Che capriccio hai[1] nella
testa!
Masetto:
Capirò se m'è fedele,
e in qual modo andò l'affar.

(Entra nella nicchia)
Zerlina:
Quell'ingrato, quel crudele
oggi vuol precipitar.

SCENA DICIASSETTESIMA
*Don Giovanni, Contadini e Servi,
Zerlina e Masetto nascosto*

Giovanni:
Su, svegliatevi; da bravi!

Zerlina:
Er ist taub für all mein
Flehen!
Masetto:
Ob sie treu, das wird
sich zeigen;
So nur komme ich auf die
Spur.
(Versteckt sich in der Nische)
Zerlina:
Wie abscheulich, o wie
grausam!
Er verdirbt sich selber nur.

SIEBZEHNTE SZENE
*Zerlina, Don Giovanni mit vier
reich gekleideten Dienern*

Don Giovanni:
Auf, ihr Freunde, munter,
munter!

[1] TV: Für »hai« steht »ha«.

131

(24)

Su, coraggio, o buona gente;
vogliam stare allegramente,
vogliam ridere e scherzar.

Nicht verlegen, liebe Leute!
Nur die Freude herrsche heute,
Tanzt und scherzet, trinkt und
lacht!

(ai servi)
Alla stanza – della danza
conducete tutti quanti
ed a tutti in abbondanza
gran rinfreschi fate dar.

(zu den Dienern)
Auf, ihr Diener, führt
geschwinde
Mir die Leute hier zum Mahle!
Füllet alle Weinpokale,
Freude herrsch in dieser
Nacht!

Coro (partendo co' servi):
Su, svegliatevi; da bravi!
Su coraggio, o buona gente;
vogliam stare allegramente,
vogliam ridere e scherzar.

Chor der Diener:
Auf, ihr Freunde, munter,
munter!
Nicht verlegen, liebe Leute!
Nur die Freude herrsche heute,
Tanzt und scherzet, trinkt und
lacht.

(Partono i servi e i contadini)

*(Die Diener und Bauern ab ins
Haus)*

Mit dem Abgang der Bauern und Diener nimmt die eben noch unbeschwert festliche Musik einen anderen Charakter an: Eine zarte Geigenmelodie (deren ein wenig zeremoniöser Tanzcharakter vielleicht schon das Fest vorbereitet, aber in seiner Zärtlichkeit auch das unmittelbar bevorstehende Zusammentreffen Zerlinas mit Giovanni oder auch Zerlinas zwischen Angst und Erwartung schwankenden Gemütszustand malen könnte) ertönt:

(25)

Aus ihr erwächst das kurze Duett, in das Giovanni (wie beim früheren »Là ci darem la mano«) viel von seiner sinnlichen, verführerischen Stimmgebung legt und Zerlina zwar stärkeren Widerstand als beim ersten Male leistet, aber – man merkt es an einer Art musikalischen »Nachgebens«, Einlenkens auf Giovannis Melodie und Rhythmus – doch wieder zu unterliegen scheint.

SCENA DICIOTTESIMA

Don Giovanni, Zerlina e Masetto
nascosto

ACHTZEHNTE SZENE

Don Giovanni, Zerlina, Masetto
(in der Nische versteckt)

Zerlina (vuol nascondersi):

Tra quest'arbori celata
si può dar che non mi veda.

Zerlina (sich zu verbergen su-
chend):
Seinem Blick mich zu ver-
bergen,
Eil' ich unter jene Bäume.

Giovanni (la prende):
Zerlinetta mia garbata,
t' ho già visto, non scappar.

Zerlina:
Ah! lasciatemi andar
via …

Don Giovanni (hält sie fest):
Ach, Zerlinchen, säume,
säume!
Holde Kleine, fliehe nicht!
Zerlina:
Gnäd'ger Herr, ich habe
Eile …

Beim Betreten der Nische erblickt Giovanni den dort verborgenen Masetto.

Giovannis Ausreden wirken mühsam, auch wenn er sich sofort wieder in der Gewalt hat.

Masettos bittere Ironie ist nicht zu überhören. Er äfft sogar Giovannis Melodie und Tonfall nach (»Capisco, sì, signore«).

Giovanni:
No, no, resta, gioia mia!
Zerlina:
Se pietade avete in core!

Giovanni:
Sì, ben mio! son tutto amore …
Vieni un poco in questo loco,
fortunata io ti vo' far.

Zerlina:
Ah! s'ei[1] vede il sposo mio,
so ben io quel che può far.
(Don Giovanni nell'aprire la nicchia scopre Masetto)

Giovanni:
Masetto!
Masetto:
Sì, Masetto.
Giovanni (un po' confuso):
E chiuso là, perchè?
(riprende ardine)
La bella tua Zerlina
non può, la poverina,
più star senza di te.

Masetto (ironico):
Capisco, sì, signore.

Giovanni:
Adesso fate core.

Don Giovanni:
Süßes Kind, o weile, weile!
Zerlina:
Ich beschwör' Euch mit
Tränen …
Don Giovanni:
Liebchen, still mein heißes
Sehnen!
Komm mit mir in jene Grotte!
Komm, dort sollst du glück-
lich sein.
Zerlina:
Ach, wenn er Masetto findet,
Werden wir verloren sein!
(Don Giovanni geht nach der Ni-
sche, erblickt Masetto und fährt
zurück)
Don Giovanni:
Masetto!
Masetto:
Ja, Masetto.
Don Giovanni (etwas verwirrt):
Warum verborgen hier?
(Sich wieder fassend)
Dem Bräutchen wurde bange,
Du bliebst ihr allzu lange;
Sie sehnte sich nach Dir,
Und Dich zu suchen half ich
ihr.
Masetto (etwas spöttisch):
O, ich versteh, mein hoher
Herr.
Don Giovanni:
Nun seid nur guten Mutes!

[1] TV: Hier »Ah! se il vede«.

Fröhliche Musik auf der Bühne unterbricht die gespannte Situation. Eine kleine Streichergruppe mit zwei Oboen und zwei Hörnern ruft zum Tanz.

(26)

Giovanni überspielt seinen momentanen Mißmut,

Zerlina atmet auf, Masetto scheint seine Empörung zu verdrängen: Das Orchester vereint nun seine Klänge mit denen der Bühnenmusik, in Festesstimmung eilen die drei in den Palast (musikalisch sehr zwingend, psychologisch aber vielleicht doch ein wenig problematisch ...)

Ein neuerlicher Wechsel im Charakter der Musik (eventuell auch kleine szenische Veränderungen, da Giovannis Palast nun deutlicher ins Blickfeld kommen soll) begleitet den Auftritt dreier Masken. Elvira, Anna und Ottavio nahen sich dem Schloß, bereit, Giovanni zu stellen und zu vernichten.

(S'ode un' orchestra in lonta-
nanza)

(Man hört das Präludium zum
Tanze)

I suonatori udite,
venite omai con me.
Zerlina e Masetto:
Sì, sì, facciamo core,
ed a ballar cogli altri
andiamo tutti tre.
(Partono)

Ihr hört die Geigen klingen?
Zum Tanze kommt mit mir!
Zerlina und Masetto:
Wohlan, wohlan zum Tanze!
Zum Feste laß uns eilen,
Nur schnelle fort von hier!
(Sie gehen ab)

SCENA DICIANNOVESIMA
Don Ottavio, Donn'Anna e Don-
na Elvira in maschera; poi Lepo-
rello e Don Giovanni alla finestra

NEUNZEHNTE SZENE
Don Ottavio, Donna Anna und
Donna Elvira in Masken; dann
Don Giovanni und Leporello am
Fenster

Elvira:
Bisogna aver coraggio,
o cari amici miei,
e i suoi misfatti rei
scoprir potremo allor.
Ottavio:
L'amica dice bene;
coraggio aver conviene.

Donna Elvira:
Wir dienen guter Sache,
Drum Freunde, auf zur Rache!
Glaubt mir, sein Wort ist Lüge,
Sein Tun Verworfenheit.
Don Ottavio:
Laß ab, mein teures Leben,
In Furcht und Pein zu
schweben,

(a Donn'Anna)
Discaccia, o vita mia,
l'affanno ed il timor.

(zu Donna Anna)
Gerächt wird all Dein Jammer,
Gerächt in kurzer Zeit!

*Hier setzt die Bühnenmusik wieder ein, die aus dem Innern des
Palastes zu kommen scheint. Sie bringt, nach zweitaktigem Vorspiel, eine von Mozarts berühmtesten Melodien: das Menuett,
Ausdruck des aristokratischen Tanzes der Rokoko-Epoche: zwei
viertaktige Perioden, deren jede wiederholt wird, gemessenes
Tempo, das eine Reihe von tänzerischen Figuren zuläßt, Eleganz
und Grazie:*

(27)

Anna:

    Il passo è periglioso,
    può nascer qualche imbroglio;
    temo pel caro sposo
    e per noi[1] temo ancor.

Donna Anna:

    Gefahrvoll Unterfangen!
    Mich faßt ein tiefes Bangen;
    Du bist's, für den ich fürchte;
    Hier droht aufs neu uns Leid.

Leporello (aprendo la finestra):

    Signor, guardate un poco
    che maschere galanti!

*Leporello (beim Öffnen des
    Fensters):*
    O sehet, gnäd'ger Herr, doch
    Die allerliebsten Masken!

Giovanni (alla finestra):
    Falle passar avanti,
    di' che ci fanno onor.

Don Giovanni:
    Laß sie mir nicht entgehen,
    Lade zum Ball sie ein!

Anna, Elvira ed Ottavio:

    Al volto ed alla voce
    si scopre il traditore.
Leporello:
    Zì, zì, signore
    maschere;
    Zì,zì …
Anna ed Elvira (ad Ottavio):

    Via, rispondete.

*Donna Anna, Donna Elvira, Don
    Ottavio:*
    Wie Worte doch und Taten
    Den Frevler dort verraten!
Leporello:
    Bst, bst! Ihr schönen
    Masken dort!
    Bst, bst …
*Donna Anna und Donna Elvira
    (zu Don Ottavio):*
    Gib Du ihm Antwort!
    Gebt Ihr ihm Antwort!

---

[1] TV: Auch »voi« für »noi«.

Über diese Klänge hinweg richtet Leporello vom Fenster oder Balkon aus Giovannis Einladung an die Fremden, an seinem Fest teilzunehmen.
Vereinzelte Gesangsphrasen – so etwa Ottavios höfliche Annahme der Einladung – erklingen auf die Melodie des Menuetts.

Bei dessen Ende schließt Leporello das Fenster oder zieht sich, mit dem nicht in den Vordergrund getretenen Giovanni, ins Innere des Palastes zurück.
Damit verstummt die Tanzmusik, und ein wesentlich komplizierteres Terzett der drei Masken bereitet deren Eintritt ins Schloß, den Beginn der geplanten Entlarvung und Rache, vor.

Eine Verwandlung zeigt nun das Innere des Festsaals in Giovannis Schloß, wo drei Gruppen von Musikern Aufstellung genommen haben und reges, lustiges Leben herrscht. Eine übermütige Musik unterstreicht die ausgelassene Stimmung der Gäste – in erster Linie die Bauernschar rund um Masetto und Zerlina –, eine Stimmung, die vom Schloßherrn und seinem Diener noch bewußt angeheizt wird:

(Notenbeispiel S. 144)

Leporello:
  Zì, zì …
Ottavio:
  Cosa chiedete?
Leporello:
  Al ballo, se vi piace,
  v'invita il mio signor.
Ottavio:
  Grazie di tanto onore.
  Andiam, compagne belle.
Leporello:
  L'amico anche su quelle
  prova farà d'amor.

  (Entra e chiude la finestra)

Anna ed Ottavio:
  Protegga il giusto cielo
  il zelo del mio cor.
Elvira:
  Vendichi il giusto cielo
  il mio tradito amor.

*Sala nella casa di Don Giovanni,
illuminata e preparata per una
gran festa da ballo.*

SCENA VENTESIMA

*Don Giovanni, Leporello, Zerlina,
Masetto, Contadini e Contadine,
servitori con rinfreschi; poi Don
Ottavio, Donn'Anna e Donna Elvira in maschera*

Leporello:
  Bst, bst …
Don Ottavio:
  Sprecht, was begehrt Ihr?
Leporello:
  Zum Tanz lädt mein Gebieter
  Euch alle freundlich ein.
Don Ottavio:
  Dank für so große Ehre!
  Wohlan, wir werden kommen!
Leporello:
  Mein Büchlein wird schon
  morgen
  Wieder bereichert sein.
*(zieht sich zurück und schließt das
  Fenster)*

Donna Anna und Don Ottavio:
  Gib Kraft zu unsrem Werke,
  Gott, segne unsre Tat!
Donna Elvira:
  Himmel, verleih' mir Stärke
  Und räche seine Tat!

*Glänzend erleuchteter, zu einem
  Ball bereiteter Saal.*

ZWANZIGSTE SZENE

*Don Giovanni, Leporello, Zerlina,
Masetto, Bauern und Bäuerinnen,
dann Donna Anna, Donna Elvira
und Don Ottavio in Masken. Diener mit Erfrischungen*

143

(28)

Giovanni:
    Riposate, vezzose ragazze.

(Don Giovanni fa seder le ragazze e Leporello i ragazzi che saran-
no in atto d'aver finito un ballo)

Leporello:
    Rinfrescatevi, bei giovinotti.

Giovanni e Leporello:
    Tornerete a far presto le pazze,
    tornerete a scherzar e ballar.

Giovanni:
    Ehi! caffè.
(Vengono portati e distribuiti i
        rinfreschi)
Leporello:
    Cioccolata.
Masetto (piano a Zerlina):
    Ah! Zerlina, giudizio!
Giovanni:
    Sorbetti.
Leporello:
    Confetti.

Don Giovanni:
    Ruht ein wenig, ihr reizenden
    Kinder!
(Don Giovanni lädt die Mädchen,
Leporello die Burschen, die so-
eben einen Tanz beendet, zum
        Sitzen ein)
Leporello:
    Kommt, erfrischt Euch, ihr
    artigen Burschen!
Don Giovanni und Leporello:
    Dann beginnen wir wieder zu
    tanzen,
    Wirbeln lustig im Kreise
    herum.
Don Giovanni:
    He, Kaffee!
    (Man trägt Erfrischungen auf)

Leporello:
    Schokolade!
Masetto (leise zu Zerlina):
    Ach, Zerlina, behutsam!
Don Giovanni:
    Gefrornes!
Leporello:
    Konfekt her!

Begleitet von diesen munter dahinfließenden Klängen spielt sich nun eine neuerliche Annäherung Giovannis an Zerlina ab sowie ein abermaliger, unterdrückter Zornesausbruch Masettos.

Die Musik wird feierlicher, als die drei Masken den Saal betreten.

Nach Leporello heißt Don Giovanni sie willkommen,

Zerlina e Masetto (a parte):
Troppo dolce comincia la
scena.
In amaro potria terminar.

Giovanni (accarezzando Zerlina):
Sei pur vaga, brillante
Zerlina!
Zerlina:
Sua bontà.
Masetto (fremendo):
La briccona fa festa.
Leporello (imitando il padrone):

Sei pur cara, Giannotta,
Sandrina!
Masetto (guardando Don Giovanni):
Tocca pur, che ti cada
la testa.
Zerlina (a parte):
Quel Masetto mi par stralunato.
Brutto, brutto si fa quest'affar.

Giovanni e Leporello:
Quel Masetto mi par stralunato.
Qui bisogna cervello adoprar.

(Don Ottavio, Donn'Anna, Donna Elvira e detti)
Leporello:
Venite pur avanti,
vezzose mascherette.
Giovanni:
È aperto a tutti quanti.
Viva la libertà!

Zerlina und Masetto (für sich):
Zwar recht artig beginnet das
Spiel hier,
Doch das Ende – wer sieht es
voraus?
Don Giovanni (liebkost Zerlina):

O wie bist Du so reizend,
Zerlina!
Zerlina:
Ei, Ihr scherzt!
Masetto (schaut wütend drein):
Wie die Schelmin frohlocket!
Leporello (Don Giovanni nachahmend):
O wie bist Du so reizend, Gianotta!
Masetto (Don Giovanni beobachtend):
Rühr' sie an und es soll
Dich gereuen!
Zerlina (für sich):
Ach, Masetto verdreht schon
die Augen!
Dieser Handel, er endet nicht
gut.
Don Giovanni und Leporello:
Ha, Masetto verdreht schon
die Augen,
Darum Vorsicht und wohl auf
der Hut!
(Don Ottavio, Donna Anna und Donna Elvira treten ein)
Leporello:
Nur näher, schöne Masken!
Willkommen hier beim Feste!
Don Giovanni:
Seid meine lieben Gäste!
Hoch leb die Freiheit hier!

sie antworten (im Terzett), nehmen seine Gastfreundschaft an und erwidern seinen laut verkündeten Spruch: »Viva la libertà!« (Es lebe die Freiheit!) Ja, dieser Satz wird zum Thema eines kurzen Ensembles – und hat zu denken gegeben. Bezieht da Ponte sich hier auf Gastfreiheit, Maskenfreiheit, die nicht angetastetes Gut eines Edelmannes sind? Oder steckt in dieser laut hinausgesungenen »libertà« etwa mehr? Ein wohl um diese Zeit – 1787! – schon in weiten Teilen Europas unterirdisch schwelender Ruf nach politischer Freiheit?

Ähnliche Fragen und Bedenken sind ja bereits ein Jahr vorher zu »Figaros Hochzeit« aufgetaucht (und in dem dieser Oper gewidmeten Band der Reihe »Opern der Welt« untersucht worden). Wir glauben auch hier an keine politische Absicht: Warum sollten gerade die Edelleute, die in diesen Ruf ausbrechen, hier Hintergedanken haben? Die Bauern aber, die einzigen, bei denen eine solche Forderung Sinn haben könnte, stimmen nicht mit ein, bleiben bei diesem vielstimmigen Ausruf gleichgültig … Und gleich darauf ruft Giovanni zum wiederbeginnenden Tanz.

Was aber nun (musikalisch) geschieht, ist auf gedrängtem Raum kaum in seiner ganzen Größe und Bedeutung darzustellen. Eines der Bühnenorchester stimmt von neuem das Menuett an, das von Ottavio und Anna getanzt wird, während Giovanni sich um Zerlina bemüht und Leporello Masetto abzulenken sucht. Bald setzen auch die beiden anderen Orchester auf der Bühne ein: Dem gemessenen Dreivierteltakt des Menuetts stellt das zweite Orchester einen Kontertanz im Zweivierteltakt gegenüber (den Giovanni mit Zerlina zu tanzen beginnt), und das dritte Orchester spielt einen schnellen »Deutschen« (oder »deutschen Tanz«) im Dreivierteltakt, der bald in den rascheren Dreiachtel übergeht, zu dessen rustikalem Rhythmus Leporello den sich sträubenden Masetto zwingen will. Drei verschiedene Tänze – die zudem entgegengesetzte soziale »Ebenen« bedeuten – gleichzeitig: Man würde ein solches Kunststück (das Wort sollte in seinem ursprünglichen Sinn verstanden werden: ein Stück echter Kunst) im 18. Jahrhundert für völlig unmöglich, ja undenkbar halten, läge es hier nicht in einer Meisterpartitur für alle Zeiten vor

Anna, Elvira ed Ottavio:

Siam grati a tanti segni
di generosità.
*Anna, Elvira, Ottavio, Giovanni
e Leporello:*

Viva la libertà!
Giovanni:
Ricominciate il suono.
(a Leporello)
Tu accoppia i ballerini.

*Donna Anna, Donna Elvira und
Don Ottavio:*
Wir danken Eurer Großmut,
Die Freiheit uns gewährt!
*Donna Anna, Donna Elvira, Don
Ottavio, Don Giovanni und
Leporello:*
Hoch leb'die Freiheit hier!
Don Giovanni:
Laßt die Musik erschallen!
(zu Leporello)
Du stell' die Reihen wieder!

*(Don Ottavio balla il Minuetto con
Donn'Anna)*
Leporello:
Da bravi, via, ballate.

(Ballano)
Elvira (a Donn'Anna):
Quella è la contadina.
Anna (ad Ottavio):
Io moro!
Ottavio (a Donn'Anna):
Simulate.
Giovanni e Leporello:
Va bene in verità!
Masetto (con ironia):
Va bene, in verità!
Giovanni (a Leporello):
A bada tien Masetto.

*(Don Ottavio tanzt mit Donna An-
na das Menuett)*
Leporello:
Nur flink, tanzt auf und
nieder!
(Sie tanzen)
Donna Elvira (zu Donna Anna):
Das ist die junge Bäurin.
Donna Anna:
Ich wanke!
Don Ottavio (zu Donna Anna):
Fassung!
Don Giovanni und Leporello:
Nicht besser könnt' es gehn!
Masetto (ironisch):
Vortrefflich, muß gestehn!
Don Giovanni (zu Leporello):
Masetto schaff' beiseite!

uns (im 20. Jahrhundert spricht man von Polyrhythmik, die als Merkmal der »Moderne« gilt):

(Fortsetzung des Notenbeispiels S. 152)

Leporello:
Non balli, poveretto?
Giovanni (a Zerlina):
Il tuo compagno io sono,
Zerlina, vien pur qua …

*(Si mette a ballare una Contro-
danza con Zerlina)*
Leporello:
Vien qua, Masetto caro,
facciam quel ch'altri fa.
Masetto:
No, no, ballar non voglio.

Leporello:
Eh! balla, amico mio.

(Fa ballare a forza Masetto)

Masetto:
No!
Leporello:
Sì, caro Masetto, balla!

Leporello:
Will Dir kein Mädel passen?
Don Giovanni (zu Zerlina):
Reich' mir die Hand zum
Tanze,
Zerlina, komm mit mir!
*(beginnt mit Zerlina einen Konter-
tanz zu tanzen)*
Leporello:
Komm, Freund Masetto, tanze,
So wie's die andern tun!
Masetto:
Nein, nein, ich mag nicht
tanzen!
Leporello:
Ich muß Dich tanzen
sehen!
(nötigt ihn zum Tanzen)

Masetto:
Nein!
Leporello:
Ja, lieber Masetto, tanze!

(Fortsetzung des Notenbeispiels S. 154)

Anna (ad Elvira):
Resister non poss'io!

Masetto:
No, no, non voglio.

Elvira ed Ottavio (a Donn'
Anna):
Fingete, per pietà.

Leporello:
Eh balla, amico mio,
facciam quel ch'altri fa.

Giovanni:
Vieni con me,
mia vita …
(Ballando conduce via Zerlina)

Masetto:
Lasciami … Ah …
no … Zerlina!
(Entra sciogliendosi da Lepo-
rello)

Donna Anna (zu Donna Elvira):
Ich kann mich nicht mehr
fassen.

Masetto:
Nein, nein, ich mag nicht.

Donna Elvira und Don Ottavio
(zu Donna Anna):
Verstellung gilt es hier.

Leporello:
Komm tanze, Freund Masetto,
So wie's die andern tun.

Don Giovanni:
Komm nur mit mir, mein
Liebchen …
(führt tanzend Zerlina zu einer
Tür und zwingt sie, einzutreten)

Masetto:
Laß mich doch!
Hinweg! Zerlina! …
(macht sich von Leporello los und
folgt Zerlina)

153

(29)

Brüsk unterbrechen die verzweifelten Hilferufe Zerlinas die Tänze. Das Orchester vor der Bühne bringt mit einem harten, überraschenden und dissonierenden Akkord die Bühnenmusik zum Verstummen. Allgemeine Verwirrung entsteht. Die drei Masken singen zwar energisch von ihrem Entschluß, Zerlina zu retten, unternehmen aber (zumeist) sehr wenig. (Laut Textbuch sollen sie die Türe aufsprengen, hinter der man Giovanni und Zerlina vermuten muß …)

Zerlina:
Oh Numi! son tradita! …

Zerlina:
Ich Arme bin verloren!

Leporello:
Qui nasce una ruina.
(Sorte in fretta)
Anna, Elvira ed Ottavio:

L'iniquo da se stesso
nel laccio se ne va.

Leporello:
Jetzt wird es Händel setzen.
(Eilig ab)
*Donna Anna, Donna Elvira und
Don Ottavio:*
Nun fängt in eig'nen Netzen
Der Schändliche sich hier.

Zerlina (di dentro):
Gente! … aiuto! … aiuto!
gente!
Anna, Elvira ed Ottavio:

Soccorriamo l'innocente …

Zerlina (von draußen):
Hilfe, Hilfe! habt Erbarmen!

*Donna Anna, Donna Elvira und
Don Ottavio:*
Auf, entreißt sie seinen
Armen!

Masetto:
Ah! Zerlina! …
*Zerlina (di dentro, dalla parte
opposta):*
Scellerato!
Anna, Elvira ed Ottavio:

Ora grida da quel lato …

Masetto:
Ach, Zerlina!
*Zerlina (von außen, von der an-
deren Seite):*
Laß mich, Frevler!
*Donna Anna, Donna Elvira und
Don Ottavio:*
Ha, sie rief auf jener Seite!

Die vielen versäumten Sekunden haben dem geistesgegen-
wärtigen Giovanni die Gelegenheit gegeben, seine Schuld auf
Leporello abzuwälzen. Er schleift ihn auf die Bühne, wirft ihn zu
Boden und klagt ihn an:

(30)

Spielt Leporello mit, oder zittert er wirklich um sein Leben, das
Giovanni zu bedrohen vorgibt?

Ah! gettiamo giù la porta …

Zerlina:
Soccorretemi, o son
morta! …
Anna, Elvira, Ottavio e Masetto:

Siam qui noi per tua difesa.

*Giovanni (esce colla spada in
mano, conducendo per un
braccio Leporello, e finge di
non poterla sguainare per
ferirlo):*

Ecco il birbo che t'ha offesa,
ma da me la pena avrà.
Mori, iniquo!

Leporello:
Ah! cosa fate? …

Giovanni:
Mori, dico …

Sprengt die Türe, laßt uns
eilen!
Zerlina:
Kommt zu Hilfe mir!
Ich sterbe!
*Donna Anna, Donna Elvira, Don
Ottavio und Masetto:*
Wir sind da, Dich zu
verteid'gen!
*Don Giovanni (führt, den Degen
in der Hand, Leporello am Arme herein und tut, als wolle er
ihn erstechen, aber der Degen
will nicht aus der Scheide heraus):*

Frecher Bube! Sie beleid'gen!
Volle Strafe werde Dir!
Stirb, Verweg'ner!

Leporello:
Ach, habt Erbarmen!
Schont meines Lebens!
Don Giovanni:
Du mußt sterben!

157

Da beenden die drei Masken die unwürdige Komödie.

Sie nehmen die Masken vom Gesicht und treten Giovanni entgegen, Stimmen und Orchesterklänge werden dichter und erregter.

Zerlina führt gewissermaßen das Ensemble an: »Tutto, tutto *già si sa«. (*»Alles, alles wissen wir!«)*

Und dann bricht eines der typischen Mozart-Finale herein – die zugleich typisch für die Gattung der Barock-Rokoko-Opern sind –: Allegro, bewegt und dramatisch sowie gegen den Schluß hin noch strettaähnlich gesteigert (auch von Mozart dann »più stretto« *überschrieben, also: schneller, drängender). Die Personen in zwei Blöcke gegliedert: auf der einen Seite Giovanni und Leporello, auf der anderen Anna, Elvira, Zerlina, Ottavio und Masetto.*

Ottavio (cavando una pistola):

Nol sperate …
Ottavio, Elvira ed Anna:

L'empio crede con tal frode di
nasconder l'empietà.

(Si cavano la maschera)
Giovanni:
Donna Elvira!
Elvira:
Sì, malvaggio!
Giovanni:
Don Ottavio!
Ottavio:
Sì, signore!
Giovanni (a Donn'Anna):
Ah! credete …
Anna:
Traditore!
Anna, Zerlina, Elvira, Ottavio e
Masetto:

Traditore!

Tutti (fuorché Giovanni e Leporello):
Tutto, tutto già si sa.
Trema, trema scellerato,
saprà tosto il mondo intero
il misfatto orrendo e nero,
la tua fiera crudeltà.

Don Ottavio (richtet eine Pistole
auf Don Giovanni):
Ha, vergebens!
Don Ottavio, Donna Elvira und
Donna Anna:
Hoffe nimmer uns zu
täuschen,
Durch Dein schnödes Gaukel-
spiel!
(Sie nehmen die Masken ab)
Don Giovanni:
Wie, Elvira?
Donna Elvira:
Ja, Verräter!
Don Giovanni:
Don Ottavio?
Don Ottavio:
Ja, ich bin es!
Don Giovanni (zu Donna Anna):
Könnt Ihr glauben –!
Donna Anna:
Schweig, Vermeßner!
Donna Anna, Zerlina, Donna
Elvira, Don Ottavio und Ma-
setto:
Schweig', Vermeßner!
Schweig' und zittre!
Alle (bis auf Don Giovanni und
Leporello):
Alles, alles wissen wir!
Bebe, bebe, Unglücksel'ger!
Bald soll alle Welt mit Grauen
Dein verruchtes Herz durch-
schauen,
Deine grausam wilde Gier!

Die Wucht und Dramatik liegen fast ganz in der Musik; szenisch bleibt nicht viel zu tun – höchstens ein langsames, bedrohliches Näherrücken der »Rächer« gegen den entlarvten »Bösewicht«, vielleicht Ottavios Pistole gegen Giovannis Degen. Aber der Sturm, der die Stimmen und das Orchester durchfährt, durchtobt, ist gewaltig und führt den ersten Akt unter ungeheurer Spannung zu Ende. Die Stimmen nehmen zuletzt alle den gleichen Rhythmus an, nur textlich bleibt die Gegenüberstellung der feindlichen Gruppen bestehen. Und selbstverständlich szenisch: Hochaufgerichtet steht Giovanni – bereit, sein Leben teuer zu verkaufen; ängstlich drückt Leporello sich hinter ihn und möchte am liebsten davonlaufen. Erbittert die Gegengruppe, aber – o Gesetz der Oper! – untätig, vom »fulmine« (Blitz- oder Rachestrahl) singend, der den Verbrecher treffen wird …

Giovanni e Leporello:

E confusa la $\begin{Bmatrix} \text{mia} \\ \text{sua} \end{Bmatrix}$ testa,

Non $\begin{Bmatrix} \text{so} \\ \text{sa} \end{Bmatrix}$ più che quel ch'

$\begin{Bmatrix} \text{io mi} \\ \text{ei si} \end{Bmatrix}$ faccia,

e un orribile tempesta
minacciando, oh Dio, $\begin{Bmatrix} \text{mi} \\ \text{lo} \end{Bmatrix}$
va!

Tutti (fuorché Giovanni e Lepo-
rello):
Odi il tuon della vendetta
che ti fischia intorno, intorno;
sul tuo capo in questo giorno
il suo fulmine cadrà.

Giovanni e Leporello:
Ma non manca in $\begin{Bmatrix} \text{me} \\ \text{lui} \end{Bmatrix}$
coraggio,

non $\begin{Bmatrix} \text{mi perdo,} \\ \text{si perde,} \end{Bmatrix}$

o $\begin{Bmatrix} \text{mi confondo:} \\ \text{si confonde:} \end{Bmatrix}$
se cadesse ancora il mondo
nulla mai temer $\begin{Bmatrix} \text{mi} \\ \text{lo} \end{Bmatrix}$ fa.

Fine del primo Atto

Don Giovanni und Leporello:

Kaum vermag $\begin{Bmatrix} \text{ich} \\ \text{er} \end{Bmatrix}$ noch zu
sinnen,

Was $\begin{Bmatrix} \text{ich} \\ \text{er} \end{Bmatrix}$ tun soll, was
beginnen;
Wild erregte Stürme rasen,
Droh'n von allen Seiten hier.

Alle (bis auf Don Giovanni und
Leporello:
Hör' des Donners Rache-
stimme,
Vor dem Blitz des Himmels
zage!
Weh' Dir, noch an diesem
Tage
Treffe Dich sein Feuerstrahl!

Don Giovanni und Leporello:
Mag die Welt in Trümmer
gehen,

Wird $\begin{Bmatrix} \text{mich} \\ \text{ihn} \end{Bmatrix}$ nichts erbeben
machen;
Mag die Welt in Trümmer
gehen,
Trotz' ich
Trotzt er $\Big\}$ noch der Rache
Strahl!

Ende des ersten Akts

Ein leichtgewichtiges Duett zwischen Giovanni und seinem Diener leitet den zweiten Akt ein. Leporello will – wieder einmal – seinem Herrn den Dienst aufkündigen. Der hat das Vorgefallene bereits vergessen oder verdrängt, gutgelaunt befindet er sich offensichtlich auf dem Weg zu einem neuen Abenteuer. Hat er Leporellos Leben wirklich bedroht? Spaß war's, Scherz, nichts weiter. Leporello ist hartnäckiger als gewöhnlich, immer wieder setzt er sein Nein gegen Giovannis lachende Beteuerungen und will schließlich gehen.

(31)

ATTO SECONDO	ZWEITER AKT
Strada.	*Straße.*
SCENA PRIMA	ERSTE SZENE
Don Giovanni e Leporello	*Don Giovanni, Leporello*
Nr. 14 Duetto	Nr. 14 Duett

Giovanni:
 Eh via, buffone,
 non mi seccar.

Don Giovanni:
 Gib Dich zufrieden,
 Alberner Wicht!

Leporello:
 No, no, padrone,
 non vo' restar.

Leporello:
 Wir sind geschieden –
 Ich bleibe nicht!

Giovanni:
 Sentimi, amico …
Leporello:
 Vo' andar, vi dico.
Giovanni:
 Ma che ti ho fatto,
 che vuoi lasciarmi?

Don Giovanni:
 Laß Dich belehren!
Leporello:
 Mag nichts mehr hören!
Don Giovanni:
 Was hat's gegeben,
 Das Dir mißfiele?

163

Giovanni hält ihn zurück, die Musik geht ins Secco-Rezitativ über.

Mit einigen Goldstücken läßt Leporello sich abermals beschwichtigen.

Leporello:
  Oh, niente affatto,
  quasi ammazzarmi.
Giovanni:
  Va, che sei matto,
  fu per burlar.
Leporello:
  Ed io non burlo,
  ma voglio andar.

Recitativo

Giovanni:
  Leporello.
Leporello:
  Signore.
Giovanni:
  Vien qui, facciamo pace.
  Prendi …
Leporello:
  Cosa?
Giovanni (gli dà del danaro):
  Quattro doppie.
Leporello:
  Oh! sentite:
  per questa volta
  la cerimonia accetto;
  ma non vi ci avvezzate: non
  credete
  di sedurre i miei pari,
  come le donne, a forza di
  danari.

Giovanni:
  Non parliam più di ciò. Ti basta l'animo
  di far quel ch'io ti dico?

Leporello:
  Nichts! Nur mein Leben
  Stand auf dem Spiele!
Don Giovanni:
  Das waren Possen;
  Werde doch klug!
Leporello:
  Ich bin entschlossen;
  Hab' dieser Possen genug!

Rezitativ

Don Giovanni:
  Leporello!
Leporello:
  Euer Gnaden?
Don Giovanni:
  Komm her! Wir
  schließen Frieden. Da nimm!
Leporello:
  Und was?
Don Giovanni (gibt ihm Geld):
  Vier Dublonen.
Leporello:
  Nun gut denn!
  Für diesmal sei's,
  Ich will das Schmerzensgeld
  behalten;
  Doch merkt Euch, nur für
  diesmal! denn Ihr dürft nicht
  glauben,
  Daß Ihr mich verführen könnt,
  Wie die Weiber, durch Geld
  und schöne Worte.
Don Giovanni:
  Kein Wort mehr davon: Bist
  Du nun willig,
  Zu tun, was ich befehle?

165

Doch stellt er eine »Bedingung«: sein Herr möge doch endlich die Frauen lassen! Dummkopf, wisse er nicht, daß er das Unmöglichste verlange? Und Giovanni enthüllt an dieser Stelle den »Sinn« seines Lebens, die Erklärung seines Tuns: »Wisse, daß sie mir nötig sind wie das Brot, das ich esse, wie die Luft, die ich atme!«

(32)

Und setzt noch weitere kuriose »Erklärungen« hinzu, die ihm selbstverständlich sind, aber wenigen Menschen einleuchten dürften.

Leporello:
Purché lasciam le
donne.

Leporello:
Ja, ja – wenn Ihr die
Weiber laßt!

Giovanni:
Lasciar le donne?
Pazzo!
Sai ch'elle per me
son necessarie più del pan che
mangio,
più dell' aria che spiro!

Don Giovanni:
Die Weiber lassen!
Dummkopf!
Die Weiber lassen? – So wisse,
Daß sie mir nötig sind, wie das
Brot, das ich esse,
Wie die Luft, die ich atme!

Leporello:
E avete core
d'ingannarle poi tutte?
Giovanni:
È tutto amore.
Chi a una sola è fedele,
verso l'altre è crudele.
Io, che in me sento
sì esteso sentimento,
vo' bene a tutte quante.
Le donne poi, che calcolar non

Leporello:
Und dennoch strebt Ihr,
Sie alle zu betrügen?
Don Giovanni:
Doch nur aus Liebe.
Wer bloß einer getreu ist,
Begeht ein Unrecht an den
andern.
In meinem liebebedürftigen
Herzen
Ist Raum für alle:

167

Und dann kommt Giovannis Rede, wie immer, auf ein neues Abenteuer: Nun gilt es Elviras Kammerzofe. Doch er will sich ihr nicht in seiner Herrenkleidung nähern.

Schnell tauscht er Mantel und Hut mit dem sich ein wenig sträubenden Leporello.

sanno,
il mio buon natural chiamano
inganno.

Leporello:
No ho veduto mai naturale più
vasto e più benigno.
Orsù, cosa vorreste?

Giovanni:
Odi. Vedesti tu la cameriera
di Donna Elvira?

Leporello:
Io? No!
Giovanni:
Non hai veduto
qualche cosa di bello,
caro il mio Leporello!
Ora io con lei
vo'tentar la mia sorte, ed ho
pensato
giacchè siam verso sera,
per aguzzarle meglio
l'appetito,
di presentarmi a lei col tuo
vestito.

Leporello:
E perchè non potreste
presentarvi col vostro?
Giovanni:
Han poco credito
con gente di tal rango
gli abiti signorili.
    (Si cava il mantello)

Sbrigati, via.

Nur Mädchen, die das noch
nicht begreifen,
Erklären diese Liebe für
Betrug.
Leporello:
Von einer so reichen,
unversiegbaren Liebe
Hab ich gar keine Ahnung.
Nun wohl, was steht zu
Diensten?
Don Giovanni:
Höre! sahst Du noch nicht das
Kammerzöfchen der Donna
Elvira?
Leporello:
Ich? nein!
Don Giovanni:
Dann hast Du niemals
Etwas Schönes gesehen,
Mein guter Leporello!
Ich muß sie sprechen,
Mein Glück bei ihr versuchen;
und ich denke,
Da der Abend schon herein-
bricht,
Um mich bei ihr einzuschmei-
cheln,
Mich in Deinen Kleidern ihr
zu präsentieren.
Leporello:
Doch wär' es nicht besser,
Ihr behieltet die Euren?
Don Giovanni:
Bei Leuten nieder'n Stands
Haben vornehme Kleider
Selten viel Kredit.
*(nimmt seinen Mantel ab und zieht
    den Leporellos an)*
Vorwärts, eile Dich!

Auf dem Balkon ihrer Herberge ist Donna Elvira erschienen und vertraut ihre Gedanken der abendlichen Dunkelheit an. Die Melodie ist zärtlich, muß sie sich doch fast gewaltsam dazu zwingen, Giovanni nicht mehr zu lieben:

(33)

Die Melodie fließt weiter, leise beraten Giovanni und Leporello in einiger Entfernung.

Leporello:
    Signor, per più
    ragioni …
Giovanni (con collera):
    Finiscila; non soffro opposi-
    zioni.
(Fanno cambio del mantello e del
*   cappello)*

SCENA SECONDA
Don Giovanni, Leporello e Donna
Elvira alla finestra della locanda.
Si fa notte a poco a poco

Nr. 15 Terzetto

Elvira:
    Ah! taci, ingiusto core,
    non palpitarmi in seno;
    è un empio, è un traditore,
    è colpa aver pietà.

Leporello (sottovoce):
    Zitto … di Donna Elvira,
    signor, la voce io sento.
Giovanni:
    Cogliere io vo' il momento.

Leporello:
    Doch, gnäd'ger Herr …
    wenn Ihr bedächtet …
Don Giovanni (zornig):
    Kein Wort mehr! ich dulde
    keinen Widerspruch.
(Leporello zieht Don Giovannis
*   Mantel an)*

ZWEITE SZENE
Don Giovanni, Leporello, Donna
Elvira erscheint auf dem Balkon
Es wird allmählich dunkel. -

Nr. 15 Terzett

Donna Elvira:
    Mein Herz, was soll Dein
    Zagen?
    Hör auf, für ihn zu schlagen!
    Der Falsche hat mich verraten,
    Nicht darf ich ihm verzeih'n.

Leporello (leise):
    Das ist ja Frau Elvira,
    Wohl hab ich sie vernommen.
Don Giovanni:
    Das ist mir sehr willkommen.

Und dann übernimmt Giovanni vollends die liebeerfüllte, ein wenig klagende Weise und beginnt seine neue Schurkerei.

Tu fermati un po' là.
(Si mette dietro Leporello)

Elvira, idolo mio! …
Elvira:
Non è costui l'ingrato?
Giovanni:
Sì, vita mia son io,
e chiedo[1] carità.
Elvira:
Numi, che strano affetto
mi si risveglia in petto.

Leporello:
State a veder la pazza,
che ancor gli crederà!
Giovanni:
Discendi, o gioia bella!
Vedrai che tu sei quella
che adora l'alma mia:
pentito io sono già.

Elvira:
No, non ti credo, o barbaro.

*Giovanni (con trasporto e quasi
    piangendo):*
Ah, credimi, o m'uccido.

Leporello (sottovoce):
Se seguitate, io rido.

Giovanni:
Idolo mio, vien qua.
Elvira (a parte):
Dei, che cimento è questo!

Nimm meine Stelle ein!
*(Don Giovanni stellt sich hinter
Leporello und spricht hinauf zu
            Donna Elvira)*
Elvira, Du mein Leben …
Donna Elvira:
Ist das nicht seine Stimme?
Don Giovanni:
O laß von Deinem Grimme,
Erbarm Dich meiner Qual!
Donna Elvira:
Heiß fluten mir im Herzen
Sehnsücht'ger Liebe
Schmerzen.
Leporello:
Merk schon, die gute Närrin
Verzeiht ihm noch einmal.
Don Giovanni:
O komm zu mir, mein
Liebchen!
Ich schwöre Dir aufs neue
Für Tod und Leben Treue;
Bereuend steh ich hier.
Donna Elvira:
Dir glaub' ich nun und
nimmermehr!
*Don Giovanni (mit erheucheltem
    Schmerz):*
O glaub' mir, hab' Erbarmen!
Oder töte mich Armen!
Leporello (leise):
Wie ködert er die Schwache!
Ich kann nicht mehr, ich lache!
Don Giovanni:
Engel, o komm herab.
Donna Elvira (beiseite):
Nun schenke Gott mir Gnade!

---

[1] TV: Auch »chieggo«.

Giovannis Spiel ist schamlos und frech: Er lockt Elvira herab und überläßt sie seinem Diener, der ja des Herrn Kleider trägt.

Non sò s'io vado o resto …
Ah! protegge voi
la mia credulità.
   (Entra)
Giovanni (a parte):
 Spero che cada presto;
 che bel colpetto è questo!
 Più fertile talento
 del mio, no, non si dà.

Leporello (a parte):
 Già quel mendace labbro
 torna a sedur costei;
 deh, protegge, o Dei,
 la sua credulità.

   Recitativo

Giovanni (allegrissimo):
 Amico,
 che ti par?
Leporello:
 Mi par che abbiate
 un'anima di bronzo.
Giovanni:
 Va là che sei il gran
 gonzo. – Ascolta bene:
 quando costei quì viene,
 tu corri ad abbracciarla,
 falle quattro carezze,
 fingi la voce mia; poi con
 bell'arte
 cerca teco condurla in altra
 parte.
Leporello:
 Ma signore …
Giovanni:
 Non più repliche.

Ach, schütze meine Pfade!
Ich fühle Lieb und Mitleid!
Nicht kann ich widerstehn.
 (Sie verläßt das Fenster)
Don Giovanni (beiseite):
 Dank Dir, o Serenade!
 Hilf Du nun, Maskerade!
 Sie kommt herab, ich wette!
 Das scheint nach Wunsch zu
 gehn.
Leporello (beiseite):
 Sie glaubt der Maskerade!
 Nun schenke Gott ihr Gnade!
 Schützt er sie nicht vor Unheil,
 Dann ist's um sie geschehn!

   Rezitativ

Don Giovanni (sehr heiter):
 Nun, Freund, was sagst Du
 jetzt?
Leporello:
 Daß Euer Herz
 Noch härter ist als Erz.
Don Giovanni:
 Geh, sei nicht so albern!
 Nun gib wohl Achtung:
 Sobald sie hierher kommt,
 Umarme und liebkose sie
 Und ahme meine Stimme
 dabei nach;
 Dann suche sie so schnell
 Als möglich von hier zu ent-
 fernen.
Leporello:
 Doch, gnäd'ger Herr …
Don Giovanni:
 Nur kein Aber!

Die Täuschung gelingt. Elvira umarmt Leporello, der mühsam seine Stimme verstellt und schließlich mit Elvira flieht, als Giovanni sie mit unkenntlich gemachter Stimme und Lärm wie von Waffen erschrickt.

Leporello:
  Ma[1] se poi mi conosce?
Giovanni:
  Non ti conoscerà, se tu
  non vuoi.
  Zitto: ell'apre: ehi giudizio.

  (Va in disparte)

  SCENA TERZA
  Donna Elvira e detti

Elvira:
  Eccomi a voi.
Giovanni:
  Veggiamo che farà.
Leporello:
  Che bell'imbroglio.
Elvira:
  Dunque creder potrò che i
  pianti miei
  abbian vinto quel cor?
  Dunque pentito
  l'amato Don Giovanni al suo
  dovere
  e all'amor mio ritorna?
*Leporello (alterando sempre
  la voce):*
  Sì, carina!
Elvira:
  Crudele! se sapeste
  quante lagrime e quanti
  sospir voi mi costaste!

Leporello:
  Io? vita mia!

Leporello:
  Wenn sie mich nun erkennt?
Don Giovanni:
  Sie wird es nicht, wenn Du
  nicht willst.
  Stille, sie kommt schon! Nun
  gilt es.
  (Don Giovanni verbirgt sich)

  DRITTE SZENE
  Die Vorigen, Donna Elvira

Donna Elvira:
  Ich hab' Dich wieder!
Don Giovanni:
  Laß sehen, was er tut!
Leporello:
  Schöne Geschichte.
Donna Elvira:
  So darf ich glauben,
  daß endlich meine Klagen
  Dein Herz mit Mitleid erfüll-
  ten, daß voll Reue
  Mein innig Geliebter, treu
  seiner Pflicht,
  In meine Arme zurückkehrt?
*Leporello (seine Stimme verstel-
  lend):*
  Ja, Geliebte!
Donna Elvira:
  Du Böser! Wenn Du wüßtest,
  Wieviel Tränen
  Und Seufzer Du mich
  gekostet!
Leporello:
  Ich Dich gekostet?

---

[1] TV: Für »Ma« steht »E«.

Elvira:
Voi.
Leporello:
Poverina! quanto mi
dispiace!
Elvira:
Mi fuggirete più[1]?

Leporello:
No, muso bello.
Elvira:
Sarete sempre mio?
Leporello:
Sempre.
Elvira:
Carissimo!
Leporello:
Carissima!
(La burla mi dà gusto.)
Elvira:
Mio tesoro!
Leporello:
Mia Venere!
Elvira:
Son per voi tutta foco.

Leporello:
Io tutto cenere.
Giovanni:
Il birbo si riscalda.
Elvira:
E non m'ingannerete?

Leporello:
No, sicuro.

Donna Elvira:
Ja, Du!
Leporello:
Ach Du Arme! Das
tut mir sehr leid.
Donna Elvira:
Bleibst Du nun stets auch
mein?
Leporello:
Ja, Zuckermäulchen.
Donna Elvira:
Und wirst mich nie verlassen?
Leporello:
Niemals.
Donna Elvira:
Geliebtester!
Leporello:
Geliebteste!
(Der Spaß ist gar nicht übel.)
Donna Elvira:
Du mein Alles!
Leporello:
Meine Venus!
Donna Elvira:
Ja, für Dich bin ich ganz
Flamme.
Leporello:
Ich schon ganz Asche.
Don Giovanni:
Der Schlingel fängt Feuer.
Donna Elvira:
Und wirst Du stets mir treu
sein?
Leporello:
Das versteht sich.

---

[1] TV: Dieser Vers heißt auch »Non fuggirete più?«.

Kaum sieht Giovanni sich allein, als er unter den Balkon tritt und zum Klang seiner Mandoline das Ständchen anstimmt, das er Elviras Zofe widmet: ein liebenswürdiges, flüssig im Sechsachteltakt dahinströmendes melodiöses Musikstück im Serenadencharakter mit zwei (außer winzigen rhythmischen Verschiebungen) völlig gleichen Strophen (wir erinnern den Hörer, daß ein ähnliches Stück bereits in der »Entführung aus dem Serail« steht; aber dort wird die Begleitung, in Nachahmung eines Zupfinstruments, von den Streichern im »Pizzicato« gespielt).

(Fortsetzung des Notenbeispiels S. 182)

Elvira:
Giuratemi.[1]
Leporello:
Lo giuro a questa mano,
che bacio con trasporto,
a quei bei lumi …

*Giovanni (fingendo di uccidere
    qualcheduno):*
Ih! eh! ih! ah!
sei morto …
Elvira e Leporello:
Oh Numi!
    (Fuggon assieme)
Giovanni (ridendo):
Ih! eh! Purché la sorte
mi secondi. Veggiamo;
le finestre son queste. Ora
cantiamo.

Nr. 16 Canzonetta

Giovanni:
Deh! vieni alla finestra, o mio
tesoro.

Donna Elvira:
So schwöre.
Leporello:
Ich schwör's bei diesem
Händchen,
Das ich voll Inbrunst küsse,
Bei diesen Augen …
*Don Giovanni (tut so, als wollte
    er jemand töten):*
He! hollah!
Du mußt sterben!
Donna Elvira und Leporello:
O Himmel!
    (Sie entfliehen)
Don Giovanni (lachend):
He! hollah, he!
Die Sache geht ja ganz nach
Wunsche – laß sehen!
Dieses hier ist ihr Fenster;
nun frisch gesungen!

Nr. 16 Kanzonette

Don Giovanni:
Feinsliebchen, komm ans
Fenster; erhör mein Flehen!

[1] TV: Ebenfalls »Giuratelo«.

(34)

Kaum sind die letzten Mandolinenklänge verklungen – das Ständchen ist von Mozart tatsächlich für Mandoline komponiert (ein im Opern- oder Sinfonie-Orchester nahezu niemals auftauchendes Instrument) und wird nur von den Streichern gezupft (pizzicato) begleitet –, als Stimmen auf der Straße vernehmbar werden.

Deh, vieni a consolar il pianto mio.
Se neghi a me di dar qualche ristoro,
davanti agli occhi tuoi morir vogl'io.
Tu ch'hai la bocca dolce più del miele,
tu che il zucchero porti in mezzo il core[1],
non esser, gioia mia, con me crudele,
lasciati almen veder, mio bell' amore!

O eile, meinem Schmerz
Balsam zu spenden!
Kannst meine Liebe Du
grausam verschmähen,
Dann mag ein rascher Tod
mein Leben enden.
Dein honigsüßes Mündchen
hold mir lachte,
Lieblich strahlt mir Dein Auge
wie Maiensonne;
Ach, daß in Liebespein ich
nicht verschmachte,
Gönne mir einen Blick, Du
meine Wonne! –

SCENA QUARTA

Masetto, armato d'archibuso e pistola, Contadini e detto

Recitativo

Giovanni:
  V'è gente alla finestra:
  sarà dessa.[2]
  Zi zi …
Masetto (ai contadini armati di fucili e bastoni):

VIERTE SZENE

Don Giovanni; Masetto, der mit Degen und Gewehr bewaffnet ist, und Bauern

Rezitativ

Don Giovanni:
  Es regt sich was
  am Fenster; ja, sie ist es!
  Pst, pst!
Masetto (mit Bauern, mit Gewehr und Pistole bewaffnet):

[1] TV: Hier »in mezzo a core«.
[2] TV: Dieser Vers lautet »forse è dessa«.

183

Giovanni erkennt Masetto, an dessen ihm feindseligen Gefühlen nicht zu zweifeln ist, erkennt aber auch, daß dieser von einem ganzen Haufen Bauern begleitet ist. Zu seinem Glück trägt Giovanni Leporellos Kleider.

Als Leporello gibt er sich – in einem Secco-Rezitativ – zu erkennen ...

stimmt in die Schimpftiraden gegen den »Schurken« Giovanni ein, von dem sich getrennt zu haben er durchblicken läßt ...

Non ci stanchiamo. Il cor mi
dice che trovarlo dobbiam.
Giovanni:
  Qualcuno parla.
Masetto (ai contadini):
  Fermatevi; mi pare
  che alcuno quì si muova.
Giovanni:
  Se non fallo, è Masetto.
Masetto (forte):
  Chi va là? …
  non risponde.
  Animo, schioppo al muso:
  (più forte)
  chi va là?
Giovanni:
  Non è solo:
  ci vuol giudizio, Amici …

*(Cerca d'imitare la voce di Lepo-
  rello)*
  Non mi voglio scoprir.
  Sei tu, Masetto?
Masetto (in collera):
  Appunto quello. E tu?
Giovanni:
  Non mi conosci? Il
  servo son io di Don Giovanni.

Masetto:
  Leporello!
  Servo di quell'indegno
  cavaliere!
Giovanni:
  Certo, di quel briccone.
Masetto:
  Di quell'uom senza
  onore! Ah, dimmi un poco,
  dove possiam trovarlo?

Nur unverdrossen! Ihr werdet
sehen, wir finden ihn hier.
Don Giovanni:
  Ich höre sprechen.
Masetto (zu den Bauern):
  Haltet an! Mir scheint,
  Als ob dort sich etwas rege.
Don Giovanni (leise):
  Irr' ich nicht, ist's Masetto.
Masetto (laut):
  Wer ist da? –
  Keine Antwort!
  Das Gewehr an die Backen!
  (noch lauter)
  Wer ist da?
Don Giovanni:
  Er ist nicht allein;
  Da heißt es klug sein; Ihr
  Freunde …
  (ahmt Leporellos Stimme nach)

  Kennen darf man mich nicht.
  Bist Du nicht Masetto?
Masetto (zornig):
  Gerade der bin ich! Und Du?
Don Giovanni:
  Kennst Du mich
  nicht mehr? – Der Diener bin
  ich des Don Giovanni.
Masetto:
  Leporello!
  Der Bediente jenes sauber'n
  Kavaliers?
Don Giovanni:
  Freilich, jenes Schurken!
Masetto:
  Jenes ehrvergeßnen
  Buben! Kannst Du mir sagen,
  Wo wir ihn finden?

und den zu strafen, schwer zu strafen, er mit Masetto völlig einig zu gehen vorgibt.

Und nun, wieder völlig Herr seiner selbst, entwickelt er den rachelüsternen, aber ein wenig einfältigen Bauern seinen »Schlachtplan«. Er verteilt sie geschickt in mehrere Gruppen, um die von hier ausgehenden Straßen zu durchsuchen. Nur er selbst will mit Masetto an dieser Stelle Wache halten:

(35)

Lo cerco con costor per
trucidarlo.

Giovanni:

(Bagattelle!) Bravissimo,
Masetto,
anch'io con voi m'unisco,
per fargliela a quel birbo di
padrone.
Ma senti un po'[1] qual è la mia
intenzione.

Nr. 17 Aria

Giovanni:

Metà di voi quà vadano,
(accennando a destra)
e gli altri vadan là,
(accennando a sinistra)
e pian pianin lo cerchino,
lontan non fia di quà.
Se un uom e una ragazza
passeggian per la piazza,
se sotto a una finestra
fare all'amor sentite,
ferite pur, ferite,
il mio padron sarà!
In testa egli ha un cappello
con candidi pennacchi.
Addosso un gran mantello
e spada al fianco egli ha.

Wir suchen ihn und wollen ihn
ermorden.

Don Giovanni:

(Eine Kleinigkeit!) Ganz
recht, mein Masetto!
Ich schließe mich euch an,
Um dem schändlichen Patron
eins aufzupelzen;
Zuvor doch hört, was ich mir
ausgesonnen:

Nr. 17 Arie

Don Giovanni:

Ihr geht nach jener Seite hin,
(nach rechts deutend)
Durch diese Gassen ihr!
(nach links deutend)
Nur klug und still, dann fangt
ihr ihn,
Er ist nicht weit von hier.
Ich sah auf jenem Platze
Ihn eben erst noch stehen,
Allein mit seinem Schatze:
Er kann Euch nicht entgehen.
Und habt ihr ihn, dann
packt ihn,
Er schlaget und zerhackt ihn! –
Noch merke sich ein jeder:
Am Hut die weiße Feder,

---

[1] TV: Auch »or udite un po«.

Eine eher schauspielerisch als stimmlich interessante Arie, deren musikalischer Reiz in einer Streicherfigur liegt, die an ein leises Durch-die-nächtlichen-Gassen-Schleichen erinnern könnte. Auch sonst gibt es eine Reihe tonmalerischer Einzelheiten, die aus dieser Arie ein Kabinettstück für einen überlegenen Sänger-Darsteller machen können.

Dann löst sich die Szene, nachdem alle anderen gegangen sind, in ein Rezitativ zwischen Giovanni und Masetto auf. Mit List nimmt Giovanni dem Bauern alle mitgeführten Waffen aus der Hand und verprügelt ihn darauf weidlich. Zerschunden und verbeult bleibt Masetto auf dem Platz liegen, während Giovanni belustigt davongeht.

Den großen weiten Mantel,
Das Schwert am Bandelier;
Dran kennt ihr, glaubet mir,
Den saubern Kavalier.

(ai contadini)
Andate, fate presto!
(I contadini partono)
(a Masetto)
Tu sol verrai con me.
Noi far dobbiamo il resto
e già vedrai cos'è
(Prende seco Masetto e parte)

(zu den Bauern)
Nun hurtig, ohne Weilen …
(Die Bauern gehen ab)
(zu Masetto)
Nur Du, Du bleibst bei mir!
Glaub mir, o Freund Masetto,
Den Rest besorgen wir!
(Geht mit Masetto ab)

SCENA QUINTA
Don Giovanni, Masetto
Giovanni (essendosi assicurato
che i contadini sono già lontani)

FÜNFTE SZENE
Don Giovanni, Masetto
Don Giovanni (kommt zurück,
Masetto an der Hand führend)

Recitativo

Rezitativ

Giovanni:
    Zitto … Lascia ch'io senta …
    Ottimamente.
    Dunque dobbiam ucciderlo?
Masetto:
    Sicuro.
Giovanni:
    E non ti basteria rompergli
    l'ossa,
    fracassargli le spalle?

Masetto:
    No, no; voglio ammazzarlo,
    vo' farlo in cento brani.

Don Giovanni:
    Stille! laß mich erst horchen!
    Alles in Ordnung!
    Wir wollen ihn also töten?
Masetto:
    Versteht sich.
Don Giovanni:
    Doch wär's nicht auch genug,
    ihn tüchtig zu prügeln,
    Ihm ein paar Rippen zu
    brechen?
Masetto:
    Nein, nein! ich will ihn mor-
    den,
    In Stücke ihn zerreißen!

189

Giovanni:
Hai buon' arme?[1]
Masetto:
Cospetto!
Ho pria questo moschetto,
e poi questa pistola.
*(Dà moschetto e pistola a Don
Giovanni)*
Giovanni:
E poi?
Masetto:
Non basta?
Giovanni:
Oh! basta certo. Or prendi:

*(Batte Masetto col rovescio della
spada)*
Questa, per la pistola,
questa, per il moschetto …
Masetto:
Ahi, ahi! …soccorso![2]
Giovanni:
Taci, o sei morto! …[3]

Questa[4], per ammazzarlo,
questa, per farlo in brani.
Villano! mascalzon! ceffo da
cani!
*(Masetto cade e Don Giovanni
parte)*

Don Giovanni:
Hast Du auch Waffen?
Masetto:
Ei freilich!
Hier diese Muskete …
Und dann noch die Pistole.
*(händigt Don Giovanni beides
aus)*
Don Giovanni:
Was sonst noch?
Masetto:
Genügt's nicht?
Don Giovanni:
Ja, es genügt schon! So nimm
denn –
*(schlägt Masetto mit der flachen
Degenklinge)*
Dies für die Pistole …
Und dies für die Muskete!
Masetto:
Ach Hilfe! Weh mir!
Don Giovanni:
Schweig', oder stirb!
(bedroht ihn mit den Waffen)
Dies für das Ermorden,
Und dies für das Zerreißen!
Nun hast Du Deinen Lohn,
Du dummer Bauer!
(Geht ab)

1 TV: Hier auch »Hai buone armi?«.
2 TV: Masetto sagt auch »Ahi, ahi, la
   testa mia«.
3 TV: Dieser Vers lautet »Taci, o t'uccido«.
4 Hier und im folgenden Vers steht für
   »questa« auch »questi«.

Auf das Wehklagen Masettos eilt Zerlina herbei. Das Secco-Rezitativ läuft pausenlos weiter. Nach ihrem ersten Erschrecken faßt sie sich schnell und gewinnt die Überlegenheit zurück, die sie Masetto gegenüber stets besitzt.

Als sie ihn nach den schmerzenden Körperstellen fragt, wird ihr Ausdruck schon fast wieder schelmisch und ein klein wenig ironisch.

SCENA SESTA

*Masetto, indi Zerlina con lanter-
na*

Masetto:
Ahi! ahi! la testa mia!
Ahi! ahi! le spalle, e il petto!

Zerlina:
Di sentire mi parve
la voce di Masetto.

Masetto:
Oh Dio! Zerlina mia,
soccorso.
Zerlina:
Cosa è stato?
Masetto:
L'iniquo, il scellerato
mi ruppe l'ossa e i nervi.
Zerlina:
Oh poveretta me!
Chi?
Masetto:
Leporello,
o qualche diavol che somiglia
a lui.
Zerlina:
Crudel! non tel diss'io
che con questa tua pazza
gelosia
ti ridurresti a qualche brutto
passo?
Dove ti duole?

Masetto:
Qui.
Zerlina:
E poi?

SECHSTE SZENE

*Masetto, dann Zerlina mit einer
Laterne*

Masetto:
O weh, mein Schädel!
O weh, mein Rücken!
Zu Hilfe!
Zerlina:
Wenn mein Ohr mich
nicht täuschte,
So hört' ich Masetto rufen.
Masetto:
O weh, Zerlinchen!
O mein Zerlinchen, zu Hilfe!
Zerlina:
Was hat's gegeben?
Masetto:
Der Schurke, der Verbrecher –
Er schlug mich zum Krüppel.
Zerlina:
Weh mir Armen! –
Wer?
Masetto:
Leporello!
Wenn nicht der Teufel, in
seiner Gestalt.
Zerlina:
Da siehst Du! Sagt' ich's
nicht immer,
Daß Deine törichte, hirnlose
Eifersucht
Dich noch in schreckliche
Händel bringen würde.
Wo fühlst Du Schmerzen?
Masetto:
Hier.
Zerlina:
Wo noch?

Und so ist ihre darauffolgende Arie auch keine Wehklage und schon gar kein dramatisches Stück: »Grazioso« ist sie über-schrieben, und so soll sie auch klingen:

(36)

Masetto:
    Qui … e ancora … qui.
Zerlina:
    E poi non ti duol altro?

Masetto:
    Duolmi un poco questo pie',
    questo braccio e questa mano.

Zerlina:
    Via, via, non è gran mal,
    se il resto è sano.
    Vientene meco a casa:
    purché tu mi prometta
    d'essere men geloso,
    io, io ti guarirò, caro il mio
    sposo.

Nr. 18 Aria

Zerlina:
    Vedrai, carino,
    se sei buonino,
    che bel rimedio
    ti voglio dar.

Masetto:
    Hier … und hier … und da.
Zerlina:
    Sonst fühlst Du keine
    Schmerzen?
Masetto:
    Wie, Du fragst noch nach
    mehr?
    Ich hab' an denen schon
    genug!
Zerlina:
    Ei nun, das tut nicht viel, wenn
    Du sonst nur gesund bist.
    Komm schön mit mir nach
    Hause;
    Und wenn Du mir versprichst,
    Deine Eifersucht zu lassen,
    Dann will ich Dich schon
    heilen, mein Masetto.

Nr. 18 Arie

Zerlina:
    Ich weiß ein Mittel,
    Das Dir, mein Schätzchen,
    Wenn Du fein fromm bist,
    Heilung verspricht.

Zerlina spricht fast wie zu einem kleinen Jungen oder wie eben eine junge kokette Frau, die sich ihrer Reize sehr bewußt ist. So verspricht man einem Kinde eine Süßigkeit oder einem jungen Mann eine spielerische Liebesstunde. Wiederum eine fast volksliedhafte Melodie, ein sanft wiegender Dreiachteltakt, kleine Triller und andere Verzierungen, die Imitation des Herzklopfens, alles lächelnd, zärtlich: Der Schock, den Don Giovanni ihr zugefügt hat, kann nicht sehr tief gegangen sein, die gellenden Hilfeschreie sind vergessen, haben vielleicht Zerlinas Selbstbewußtsein sogar ein wenig gestärkt; denn wenn ein strahlender Kavalier sie so sehr begehrt, hat Masetto doch wohl allen Grund, zufrieden zu sein ...

Die kommende Szene wird wohl eher auf einer Straße gespielt, die – eher zufällig – nahe bei Donna Annas Haus liegt. Leporello kommt mit Elvira auf ihrem nächtlichen »Spaziergang« hierher. Er sucht fieberhaft nach einer Möglichkeit zu entkommen, da ihm in den Kleidern Giovannis alles eher als wohl und er des »Abenteuers« überdrüssig ist. Ein kurzes Rezitativ führt in ein langes Musikstück über, das von der im Augenblick allein zurückgebliebenen Donna Elvira angestimmt, von Leporello fortgesetzt wird und sich zuletzt zum Sextett weitet.

È naturale,
non dà disgusto,
e lo speziale
non lo sa far.
È un certo balsamo
che porto addosso,
dare te'l posso
se'l vuoi provar.
Saper vorresti
dove mi sta;
(Gli fa toccare il cuore)
sentilo battere
toccami qua.
(Parte con Masetto)

's ist so natürlich,
Mundet vortrefflich,
Die Apotheker
Kennen es nicht.
Ja, dieser Balsam
Wirkte schon Wunder;
Willst Du ihn proben,
Bin ich bereit.
Willst Du auch wissen,
Wo ich ihn berge?
(führt seine Hand an ihr Herz)
Fühlst Du es klopfen hier?
Das heilt Dein Leid!
(Geht ab mit Masetto)

Atrio oscuro con tre porte in casa di Donna Anna. Donna Elvira e Leporello, indi Donn'Anna, Don Ottavio e servi con lumi

Dunkle Vorhalle in dem Hause der Donna Anna. Leporello, Donna Elvira, später Donna Anna und Don Ottavio mit Fackelträgern.

SCENA SETTIMA

SIEBENTE SZENE

Leporello:
   Di molte faci il lume
   s'avvicina, o mio ben; stiamci
   qui ascosi[1]
   finchè da noi si scosta.
Elvira:
   Ma che temi,
   adorato mio sposo?
Leporello:
   Nulla, nulla …
   Certi riguardi … Io vo' veder
   se il lume

Leporello:
   Ich sehe Fackeln schimmern –
   Sie kommen hierher! Laß uns
   hier warten,
   Bis sie vorbeigegangen …
Donna Elvira:
   Was besorgst Du,
   Mein teurer Gatte?
Leporello:
   Nichts … o gar nichts!
   Gewisse Rücksichten; drum
   will ich sehn,

---

[1]   TV: Hier sagt Leporello: »Stiamo qui un poco«.

197

*Eine sehr lyrische Melodie Elviras schildert ihre widerspruchs-
vollen Gefühle – wie herrlich weiß Mozart in eine einzige
Phrase Innigkeit und Furcht, Hoffnung und Verzweiflung zu
bannen! –,*

*viel realistischer sucht Leporello, umhertappend, einen Aus-
gang, einen Fluchtweg aus der ihm aufgezwungenen Situation.*

*Mit einer starken Modulation (von B- nach D-Dur) treten Otta-
vio und Anna ein.*

Ottavio singt der Geliebten in einer breiten Kantilene Trost zu;

*Anna erwidert, doch ihre Melodie klingt, nach Moll gewendet,
ungleich trauriger, ergreifender, auch dramatischer.*

è già lontano. Ah, come
da costei liberarmi?
Rimanti, anima bella …

(*s'allontana*)
Elvira:
Ah! non lasciarmi.

Nr. 19 Sestetto

Elvira:
Sola, sola in buio loco,
palpitar il cor io[1] sento,
e m'assale un tal spavento
che mi sembra di morir.

Leporello (andando a tentone):
Più che cerco, men ritrovo
questa porta sciagurata …
Piano, piano, l'ho trovata:
ecco il tempo di fuggir.
(*Sbaglia l'uscita*)

*Donn'Anna, Don Ottavio, vestiti a
lutto. Servi con lumi*

Ottavio:
Tergi il ciglio, o vita mia!
e dà calma al tuo dolore;
l'ombra omai del genitore
pena avrà de'tuoi martir.

Anna:
Lascia alla mia pena

Ob die Lichter sich entfernen.
Ach hätt' ich
Diesen Schatz doch vom
Halse!
Oh bleib nur, holdes Wesen!
(*entfernt sich von ihr*)
Donna Elvira:
Ach, verlaß mich nicht! –

Nr. 19 Sextett

Donna Elvira:
Einsam hier an dunkler Stätte
Pocht mein Herz, erfüllt von
Bangen,
Und die Seele bebt befangen;
Neuer Jammer ahnet mir.
Leporello (geht tastend umher):
Ach vergebens! Wie ich suche –
Keine Türe ist zu finden.
Sachte, sachte – ja, da ist sie!
Jetzt verschwinde ich von hier.
(*verfehlt die Tür*)

*Don Ottavio und Donna Anna
kommen in Trauerkleidung mit
Fackelträgern*
Don Ottavio:
Heb' empor die feuchten
Augen,
Laß von diesem tiefen
Kummer!
Selbst deines Vaters tiefen
Schlummer
Stört im Grab der Tränen Flut.
Donna Anna:
Laß mich klagen,

---

[1] TV: Auch »il cor mi sento«.

Elvira und Leporello, die ungesehen fort wollen, stoßen auf Masetto und Zerlina,

die sofort Alarm geben:

Anna und Ottavio werden aufmerksam, und im Nu sind alle sechs auf der Bühne befindlichen Personen miteinander verbunden, die Duette weiten sich zum Sextett.

questo piccolo ristoro;
sol' la morte, o mio tesoro,
il mio pianto può finir.

laß mich weinen,
Gönne mir den Trost der
Tränen!
Erst im Grabe wird mein
Sehnen,
Wird mein Schmerz erloschen
sein.

Elvira (senza esser vista):

Ah! dov'è lo sposo mio?

Donna Elvira (ohne bemerkt zu
werden):
Ach, wo mag der Gatte
weilen?

Leporello (dalla porta, senza
esser visto):
Se mi trova, son
perduto.

Leporello (unbemerkt an der
Tür):
Trifft sie mich, bin ich
verloren!

Elvira e Leporello:
Una porta là vegg'io.

Donna Elvira und Leporello:
Hier die Tür! Nun will ich
eilen –

Chet $\left\{ \begin{matrix} a \\ o \end{matrix} \right\}$ chet $\left\{ \begin{matrix} a \\ o \end{matrix} \right\}$ vo'
partir.

Sachte, sachte fort von hier!

(Leporello, nell'uscire, s'incontra
con Masetto e Zerlina)

(Im Hinausgehen treffen sie auf
Masetto und Zerlina)

SCENA OTTAVA
Masetto con bastone, Zerlina e
detti

ACHTE SZENE
Die Vorigen, Zerlina, Masetto

Zerlina e Masetto:
Ferma, briccone!
Dove ten vai?
(Leporello s'asconde la faccia)
Anna ed Ottavio:
Ecco il fellone …
Com'era qua?
Anna, Zerlina, Ottavio e Masetto:

Ah, mora il perfido
che m'ha tradito.

Zerlina und Masetto:
Halt, Missetäter,
Nicht von der Stelle!
(Leporello verhüllt das Gesicht)
Donna Anna und Don Ottavio:
Wie, der Verräter
Läßt sich hier sehen?
Donna Anna, Zerlina, Don Otta-
vio und Masetto:
Tod diesem Schändlichen, der
mich verraten!

201

Die Verwirrung ist groß: Elvira, die plötzlich zugunsten Giovannis spricht und um sein Leben fleht!

Bis schließlich Leporello sich nicht länger halten kann, auf die Knie sinkt und sich zu erkennen gibt. Die Empörung über diesen neuen Schurkenstreich Giovannis ist grenzenlos.

Mozart geht aus dem erstaunten »Andante« in das wütende »Molto Allegro« über, Leporello steht den zornigen Rächern gegenüber, ein Ensemble von mitreißender Wucht jagt dahin, von Annas fast wilden Koloraturen angeführt:

(Notenbeispiel S. 204)

Elvira:
È mio marito …
Pietà! pietà …

Anna, Zerlina, Ottavio e Masetto:

È Donna Elvira
quella ch'io vedo?
Appena il credo …
No, no, morrà!
*(Mentre Don Ottavio sta per ucci-
derlo, Leporello si scopre e si mette in ginocchio)*
Leporello (quasi piangendo):
Perdon, perdono,
signori miei:
quello io non sono,
sbaglia costei …
Viver lasciatemi,
per carità!

Gli altri:
Dei! Leporello! …
Che inganno è questo?

Stupid $\left\{ \begin{matrix} a \\ o \end{matrix} \right\}$ resto!

che mai sarà?
Leporello:
Mille torbidi pensieri
mi s'aggiran per la testa;
se mi salvo in tal tempesta
è un prodigio in verità.

Donna Elvira:
Schont meines Gatten!
Erhört mein Fleh'n!
Erbarmen! Erbarmen!
*Donna Anna, Zerlina, Don Otta-
vio und Masetto:*
Was muß ich sehen!
Donna Elvira!
Kaum kann ich's verstehen.
Nein, nein, er stirbt!
*(Don Ottavio will ihn töten, Le-
porello enthüllt sein Gesicht und
fällt auf die Knie)*
Leporello (weinerlich):
Ach, habt Erbarmen!
*(wirft die Hülle ab und kniet vor
den anderen nieder)*
Und schont mich Armen!
Dies hier sind leider
Nur seine Kleider;
Der, den Ihr sucht, ist weit –
Barmherzigkeit!
Die Übrigen:
Wie? Leporello!
Welch neue Täuschung!
Staunen erfaßt mich –
Was ist hier zu tun?

Leporello:
Weh mir Armen! Was
beginnen?
Könnt' ich nur von hier
entrinnen!
Rett' ich mich aus den
Gefahren,
Hat's ein Wunder nur
vollbracht.

(37)

Gli altri:

    Mille torbidi pensieri
    mi s'aggiran per la testa …
    Che giornata, o stelle,
    è questa!

Che impensata novità! …

Die Übrigen:

    Welch ein frevelhaft'
    Beginnen!
    Wie soll Fassung ich
    gewinnen?
    Neue Frevel an jedem Tage,

Neues Unheil jede Nacht!

Donna Anna ist wutentbrannt, aber hoheitsvoll von der Bühne gegangen. Die verbleibenden Personen stürzen sich auf Leporello und beschuldigen ihn der Dinge, die er getan, und derer, die er nicht getan hat. Und jeder fordert für sich das Recht, ihn zu strafen. Ein heftiges und hastiges Secco-Rezitativ bringt Leporello an den Rand des Todes, da der verbeulte und zerschundene Masetto ihn kurzerhand umbringen will.

Da stimmt, in höchster Not, Leporello seine flehende Arie an, in deren Verlauf er seine Unschuld zu erweisen trachtet: nur seinem Herrn habe er gehorcht,

(Donn'Anna parte coi servi)

(Donna Anna ab mit den Dienern)

SCENA NONA
Elvira, Ottavio, Leporello, Zerlina, Masetto

NEUNTE SZENE
Donna Elvira, Don Ottavio, Leporello, Zerlina, Masetto

Recitativo

Rezitativ

Zerlina:
Dunque quello sei tu
che il mio Masetto poco fa
crudelmente maltrattasti.
Elvira:
Dunque tu m'ingannasti,
o scellerato, spacciandoti con
me da[1] Don Giovanni?
Ottavio:
Dunque tu in questi
panni venisti qui per qualche
tradimento.
Zerlina:
A me tocca punirlo.
Elvira:
Anzi a me.
Ottavio:
No, no, a me.
Masetto:
Accoppatelo meco tutti tre.

Zerlina:
Also Du bist der Schuft,
der meinen Masetto überfiel
und so grausam mißhandelte?
Donna Elvira:
Also Du hast so frech mich
betrogen, da Du für
meinen Gatten Dich ausgabst?
Don Ottavio:
Du also kamst verkleidet
in dies Haus zu neuen
Missetaten?
Zerlina:
An mir ist's, ihn zu strafen.
Donna Elvira:
Nein, an mir!
Don Ottavio:
Nein, nein, an mir!
Masetto:
So schlagen wir Viere ihn tot!

Nr. 20 Aria

Nr. 20 Arie

Leporello:
Ah! pietà, signori miei!
Ah pietà, pietà di me!
Do ragione a voi … e [2] lei …

Leporello:
Ach Erbarmen, meine Herrn!
Habt Erbarmen doch mit mir!
Ihr habt Recht und sie nicht
minder,

[1] TV: Hier auch »per Don Giovanni«.
[2] TV: Anstelle von »e« steht »a«.

Elvira müsse das verstehen, denn sie kenne ja dessen Schliche,

*von Masetto wisse er gar nichts, denn seit Stunden sei er mit
Elvira unterwegs ...*

*Und schließlich gegen die Anklage Ottavios wendet er – durch-
aus wahrheitsgemäß – ein, er habe keinen Eingang gesucht,
um sich etwa in ein Haus einzuschleichen, sondern ganz im
Gegenteil einen Ausgang ...*

*Und während er seinen Fluchtversuch ausmalt – ganz leise zu
einem Pianissimo-Orchester –, spielt er selbst sich geschickt
immer weiter zur Türe, die er nun – viel, viel zu spät nach
seinem Geschmack – offenstehen sieht ...*

Ma il delitto mio non è.
Il padron con prepotenza
l'innocenza mi rubò.

(piano a Donna Elvira)
Donna Elvira! compatite;
già capite come andò.

(a Zerlina)
Di Masetto non so nulla,

(accennando Donna Elvira)
vel dirà questa fanciulla;
è un'oretta circum circa
che con lei girando vo.

(a Don Ottavio, con confusione)
A voi, signore, non dico
niente …
Certo timore … certo accidente …
Di fuori chiaro …
di dentro oscuro …
Non c'è riparo …
la porta, il muro …

(additando la porta dov'erasi chiuso per errore)
lo … il … la … vo' da quel lato
Poi qui celato,
l'affar si sa …

Euch zu täuschen liegt
mir fern.
Er ist Herr, und Er gebot mir;
Ich bin schuldlos, das ist klar.
(zu Donna Elvira)
Helft, o Donna, aus der
Not mir!
Wißt ja selber, wie es war! –
(zu Zerlina)
Deinen Mann hätt' ich
geschlagen?
(auf Donna Elvira weisend)
Diese Dame wird Dir sagen,
Daß wir zwei seit einer Stunde
Ganz allein und ungeseh'n
Stillvergnügt spazieren
geh'n. –
(zu Don Ottavio, verwirrt)

Euch, lieber Herre,
Sag' ich kein Wörtlein;
Ich fand durch Zufall
Hier dieses Pförtlein.
Da draußen Lichtschein,
Doch hier kein Lichtlein.
Ich fühlte Schauer –
Die Pforte, die Mauer,
Dies Eck hier
(auf die Türe zeigend, die er irrtümlich geschlossen glaubte)
Schien ein Versteck mir –
So wider Willen
Bald da, bald dort.

Mozart geht nun aus dem eben noch drohenden Drama mit unnachahmlichem Witz – nur Rossini hatte außer ihm soviel musikalischen Humor – in den wahrhaft köstlichen Abgang Leporellos über. Es ist förmlich auskomponiert, wie Leporello sich vorsichtig dem Fluchtweg nähert, wie er die musikalische Phrase beendet, aber sofort weiterführt, da er noch nicht nahe genug der Türe ist, wieder beendet, nochmals verlängert, bis er schließlich beim letzten Ton am Ziel ist und davonrennt ...

(38)

Schnell ist die Szene von dem überaus komischen Abgang Leporellos wieder zum Ernst zurückgeführt: ein Secco-Rezitativ – bei dem es zwei verschiedene Fassungen gibt: ohne oder mit Zerlina und Masetto, was im Grunde keinen wesentlichen Unterschied macht – leitet mit Ottavios Überlegungen zu dessen Arie über,

Ma s'io sapeva,
fuggia per qua! …

Dacht' ich im Stillen:
O wär' ich fort!

(Fugge precipitosamente)

(Läuft fort)

SCENA DECIMA
Don Ottavio, Donna Elvira, Zerlina e Masetto

ZEHNTE SZENE
Donna Elvira, Zerlina, Masetto, Don Ottavio

Recitativo

Rezitativ

Elvira:
Ferma, perfido; ferma …

Donna Elvira:
Halte, Schändlicher, halte!

*die wiederum eines der schönsten lyrischen Stücke der Partitur
darstellt.*

*(Dieses Stück wurde bei der Uraufführung in Prag gesungen, in
Wien später aber weggelassen, da der Tenor es nicht singen
wollte oder konnte und Mozart ihm dafür eine neue Arie, Nr. 10,
komponierte. Heute singen die Tenöre beide Arien.)*
*Eine mozartisch edle Melodie, unpathetisch (»Andante grazio-
so« lautet die Tempobezeichnung, die zugleich eine Vortragsan-
weisung ist), sehr lyrisch und ausdrucksvoll. Doch mit einer
recht ungewöhnlichen Besonderheit: Sie ist nicht achttaktig, wie
es die Regel der »Klassik« will (zwei Phrasen zu vier Takten),
sondern nur siebentaktig (eine erste Phrase zu vier, eine zweite
hingegen zu nur drei Takten beim Orchestervorspiel, während
für die Gesangsmelodie eher die Gliederung zwei und fünf Takte
– also ebenfalls sieben – gilt):*

(Notenbeispiel S. 214)

Masetto:

Il birbo ha l'ali ai piedi …

Zerlina:

Con qual arte si sottrasse
l'iniquo!

Ottavio:

Amici miei!
Dopo eccessi sì enormi,
dubitar non possiam che Don
Giovanni
non sia l'empio uccisore
del padre di Donn'Anna; in
questa casa
per poche ore fermatevi: un
ricorso
vo' far a chi si deve, e in pochi
istanti
vendicarvi prometto;
così vuole dover, pietade,
affetto.

Nr. 21 Aria

Masetto:

Der läuft, als hätt' er Flügel!

Zerlina:

Wie der Schurke uns zu
entkommen wußte!

Don Ottavio:

Hört mich, ihr Freunde!
Nach so schweren Verbrechen
Vermag ich nicht länger zu
zweifeln, daß Don Giovanni
Der gottlose Mörder
Von Donna Annas Vater; in
diesem Hause
Verweilt nur wen'ge Stun-
den …
Dem Gesetze soll er nicht
entrinnen! In kurzer Zeit
Wird der Frevel bestraft sein;
So will's die Ehre, das Mit-
leid, die Liebe. –

Nr. 21 Arie

(39)

Die folgenden Szenen (10a, 10b, 10c, 10d) wurden für die Wiener Premiere von Mozart nachkomponiert. Sie werden bei vielen Aufführungen fortgelassen.

Mozart knüpft hier an den humoristischen Abgang Leporellos nach seiner Arie Nr. 20 an und zerrt ihn mit derselben Gesangsphrase wieder auf die Bühne zurück, der er endlich entrinnen konnte; dazu wiederholt auch das Continuo-Instrument (zumeist ein Violoncello, das den Baß des Cembalos verstärkt) die scheinbar endende, aber ein paarmal weitergeführte Phrase – also

Ottavio:
Il mio tesoro intanto
andate a consolar:
e del bel ciglio il pianto
cercate di asciugar.
Ditele che i suoi torti
a vendicar io vado;
che sol di stragi e morti
nunzio vogl'io tornar.
(Partono)

Don Ottavio:
Folget der Heißgeliebten
Und nehmt euch ihrer an;
Saget der Tiefbetrübten,
Was Trost ihr bringen kann.
Sagt ihr, daß bald der Freche
Blutigen Lohn empfange,
Daß bald ein Richter räche,
Was er an uns getan.
(Alle ab)

SCENA DECIMA (A)

Zerlina, con coltello alla mano, conduce fuori Leporello per i capelli

Recitativo

Zerlina:
Restati qua.
Leporello:
Per carità, Zerlina!

ZEHNTE SZENE (A)

Zerlina, mit einem Messer in der Hand, zerrt Leporello herein

Rezitativ

Zerlina:
Du bleibst schön da!
Leporello:
So sei doch gut, Zerlina!

*eine Zwischenform zwischen Secco-Rezitativ und »geschlosse-
ner« Nummer.*

Zerlina:
    Eh! non c'è carità per[1]
    pari tuoi.
Leporello:
    Dunque cavar mi
    vuoi …
Zerlina:
    I capelli, la testa, il core e
    gli occhi!
Leporello:
    Senti, carina mia!

    (Vuol farle alcune smorfie)
Zerlina (lo respinge):
    Guai se mi tocchi!
    Vedrai, schiuma de' birbi,
    qual premio n'ha chi le ra-
    gazze ingiuria.

Leporello:
    Liberatemi, o Dei, da
    questa furia!
Zerlina:
    Masetto, olà, Masetto!
    Dove diavolo è ito … servi,
    gente!
    Nessun vien … nessun sente.

*(Si trascina dietro Leporello per
    tutta la scena)*
Leporello:
    Fa piano, per pietà,
    non strascinarmi
    a coda di cavallo.

Zerlina:
    Vedrai, vedrai come

Zerlina:
    Was? Für solche wie
    dich gibt es kein Mitleid!
Leporello:
    So willst du mich
    zerfleischen?
Zerlina:
    Ja, die Haare, den Schädel,
    das Herz, die Augen …
Leporello:
    Hör' doch, du liebes
    Mädchen!
(will sich bei ihr einschmeicheln)
Zerlina (stößt ihn zurück):
    Rühr' mich nicht an, du!
    Und schau nun selbst,
    du Schuft du, was dem
    geschieht,
    der ein Mädchen beleidigt!
Leporello:
    O Götter, befreit
    mich nur von dieser Furie!
Zerlina:
    Masetto! Hör' mich! Masetto!
    Wohin lief er, zum Teufel?
    Hört mich, Leute!
    Keiner da? … Keiner hört
    mich?
*(Sie schleift Leporello über die
    ganze Bühne hinter sich her)*
Leporello:
    Mach doch nicht solchen
    Krach!
    Und hör doch auf, mich hin
    und her zu zerren!
Zerlina:
    O nein, o nein, das ist ja

---

[1]   TV: Anstelle von »per« steht »pei«.

217

finisce il ballo!
Presto qua quella sedia.
Leporello:
Eccola!
Zerlina:
Siedi!
Leporello:
Stanco non son.
*Zerlina (tira fuori dalla saccoc-
cia un rasoio):*
Siedi, o con queste mani
ti strappo il cor e poi lo
getto ai cani.
Leporello:
Siedo, ma tu, di
grazia,
metti giù quel rasoio:
mi vuoi forse sbarbar?
Zerlina:
Sì, mascalzone!
Io sbarbare ti vo' senza
sapone.
Leporello:
Eterni Dei!
Zerlina:
Dammi la man!
Leporello (esita):
La mano?
Zerlina (minacciando):
L'altra.
Leporello:
Ma che vuoi farmi?
Zerlina:
Voglio far … voglio far
quello che parmi!
*(Lega le mani a Leporello con un
fazzoletto)*

nur der Anfang!
Bring' hierher diesen Sessel!
Leporello:
Da hast du!
Zerlina:
Setz dich!
Leporello:
Ich bin nicht müd.
*Zerlina (zieht ein Rasiermesser
aus ihrer Tasche):*
Setz dich, oder ich zerreiß dir
dein falsches Herz
und gebe es den Hunden!
Leporello:
Ja doch!
Doch bitte tu doch dieses
Messer endlich weg:
willst du mich rasieren?
Zerlina:
O ja, das will ich, will
rasieren dich,
du Schuft, ganz ohne Seife!
Leporello:
Um Himmelswillen!
Zerlina:
Her deine Hand!
Leporello (zögernd):
Da hast du!
Zerlina (drohend):
Beide!
Leporello:
Was willst du machen?
Zerlina:
Was ich will, was ich will?
Das sollst du sehen!
*(Bindet Leporello die Hände mit
einem Taschentuch zusammen)*

Nachkomponiertes Duett, zumeist gestrichen.

Nr. 21 a Duetto

Leporello:

Per queste tue manine
candide e tenerelle,
per questa fresca pelle,
abbi pietà di me!

Zerlina:

Non v'è pietà, briccone;
son una tigre irata,
un aspide, un leone,
no, no, pietà non v'è.

Leporello:

Ah! di fuggir si provi …

Zerlina:

Sei morto se ti movi.

Leporello:

Barbari, ingiusti Dei!
In mano di costei
chi capitar mi fe'?

Zerlina:

Barbaro traditore!
*(lo lega con una corda sulla
sedia)*
Del tuo padrone il core
avessi qui con te.

Leporello:

Deh! non mi stringer tanto,
l'anima mia sen va.

Zerlina:

Sen vada o resti, intanto
non partirai di qua!

Leporello:

Che strette, o Dei, che botte!
È giorno, ovvero è notte?
Che scosse di tremuoto!

Nr. 21 a Duett

Leporello:

Bei deinen kleinen Händ-
chen –
unschuldig, zärtlich sind sie –,
bei deinen Rosenwangen
fleh ich dein Mitleid an.

Zerlina:

Nein, kein Erbarmen gibt es,
ein wilder Tiger bin ich,
ein Löwe, eine Schlange,
nein, nein, und Mitleid kenn'
ich nicht, o nein!

Leporello:

Ach, könnt' ich nur entfliehen!

Zerlina:

Nicht rühren, willst du leben!

Leporello:

Ach, wie werd ich geschun-
den!
Ich bin in ihren Händen,
wie hat sie das gemacht!

Zerlina:

Ach, was hast du begangen!
(bindet ihn am Stuhl fest)

Hätt ich das Herz von jenem,
von deinem Herren hier!

Leporello:

Ach, bitte nicht so enge,
hab keinen Atem mehr!

Zerlina:

An dir ist nichts gelegen,
doch jetzt darfst du noch nicht
weg von hier!

Leporello:

So eng ist's, ein Faß,
ist's Tag, ist's Nacht, ich weiß
nicht?

Che buia oscurità!

Zerlina:
Di gioia e di diletto
sento brillarmi il petto.
Così, così, cogl'uomini,
così, così si fa.

(*Parte*)

SCENA DECIMA (B)
*Leporello seduto e legato ed un
contadino*

Secco-Recitativo

Leporello (ad un contadino):
Amico, per pietà, un poco
d'acqua fresca o ch'io
mi moro!
Guarda un po' come stretto mi
legò l'assassina!

(*Il contadino parte*)
Se potessi liberarmi coi
denti … Oh, venga il diavolo
a disfar questi gruppi! Io vo'
vedere di rompere la corda …
Come è forte!
Paura della morte!
E tu, Mercurio, protettor
de' ladri, proteggi un galan-
tuom. Coraggio! Bravo!

(*Fa sforzi per sciogliersi, cade la
finestra ove sta legato il capo della corda*)

Wie hart ist's hier, nun bebt es
so finster um mich her.
Zerlina:
Von Freude und Vergnügen
fühl ich das Herz mir
schlagen!
So macht man's mit den
Männern,
ja, gewiß, gewiß, gewiß.
(*Zerlina geht ab*)

ZEHNTE SZENE (B)
*Leporello, gefesselt sitzend, und
ein Bauer*

Secco-Rezitativ

Leporello (zu dem Bauern):
Um Himmelswillen, Freund,
gib mir ein wenig Wasser,
sonst muß ich sterben.
Schau doch nur, wie die
Verbrecherin mich hier hat
gefesselt;
(*Der Bauer geht ab*)
wenn ich wenigstens befreien
mich könnte … Käm nur der
Teufel, diese Stricke zu
lösen … ich will doch trachten, diese Fesseln zu spren-
gen … wie fest sie sind …
Ich fürchte zu ersticken … O
großer Merkur, Schützer aller
Diebe, dich ruft ein Ehrenmann! Doch mutig … bravo!
(*zieht heftig, der Fensterrahmen,
an den Zerlina ihn gefesselt hat,
bricht, doch bleiben große Stücke
an Leporellos Stricken hängen*)

Auch diese Szene wird zumeist – wie die vorige – weggelassen.

Ciel che veggio … non serve;
pria che costei ritorni bisogna
dar di sprone alla calcagna
e strascinar, se occorre, una
montagna.

*(Corre via trascinando seco sedia
e finestra)*

SCENA DECIMA (C)
*Zerlina, Donna Elvira, por Ma-
setto e due contadini*

Secco-Recitativo

Zerlina:
Andiam, signora[1].
Vedrete in qual maniera ho
concio il scellerato.

Elvira:
Ah! sopra lui si sfoghi il
mio furor.
Zerlina:
Stelle! in qual modo si
salvò quel briccon?
Masetto:
No, non si trova un'anima
più nera.
Zerlina:
Ah Masetto, Masetto,
dove fosti finor?
Masetto:
Un'infelice volle il ciel
ch'io salvassi. Eva io sol

Gott, was seh' ich! so geht's
nicht … doch ehe sie zurückkehrt, muß schleunigst ich
verschwunden sein für immer,
und wenn es sein muß, ganze
Berge tragen!
*(Er läuft davon, wobei er den
Stuhl und Teile des Fensterrah-
mens mitschleppt)*

ZEHNTE SZENE (C)
*Zerlina, Donna Elvira, dann Ma-
setto mit zwei Bauern*

Secco-Rezitativ

Zerlina:
O kommen Sie schnell
hierher, und schaun Sie, wie
ich den Schurken habe festge-
nagelt!
Donna Elvira:
Ja, gern will ich
das, er fühle meinen Zorn!
Zerlina:
Himmel! Wie nur konnte
dieser Spitzbube fort?
Masetto:
Nein, einen Bösewicht
wie diesen gibt's nicht wieder!
Zerlina:
Ach, Masetto, Masetto,
wo nur bliebst du so lang?
Masetto:
Ein Unglück konnte gerade
noch ich verhüten. Ich war

---

[1] TV: Auch »Signora, andiam …«.

225

Dieses Accompagnato-Rezitativ mit folgender Arie (Nr. 21b) wurde von Mozart für die Sängerin der Elvira in der Wiener Premiere (Caterina Cavalieri), am 30. April 1788, nachkomponiert. Im Gegensatz zu den anderen später hinzugefügten Szenen (10a, 10b, 10c) wird dieses Stück zumeist gesungen. Es gehört auch zu den stärksten der Partitur. Schon die Orchestereinleitung zeigt es:

(Fortsetzung des Notenbeispiels S. 228)

pochi passi lontan da te,
quando gridare io sento nell'
opposto sentiero: con lor
v'accorro; veggio una donna
che piange, ed un'uomo che
fugge: vo inseguirlo,
mi sparisce dagli occhi,
ma da quel che mi disse la
fanciulla, ai tratti, alle sembi-
anze alle maniere lo credo
quel briccon del cavaliere.

Zerlina:
È desso senza fallo:
anche di questo informiam
Don Ottavio: a lui si aspetta
far
per noi tutti, o domandar
vendetta.
(Zerlina e Masetto partano)

SCENA DECIMA (D)
Donna Elvira sola

Nr. 21 b Recitativo ed Aria

wenige Schritte von dir
entfernt, als plötzlich schrein
ich hörte auf dem Wege dort
drüben … wir laufen hin, ich
sehe eine Dame in Tränen,
einen Mann, der entflieht, ich
verfolg ihn, aber er ist verschwunden, doch nach allem,
was jenes Mädchen sagte,
Benehmen und auch das Aussehen und die Haltung, sie
weisen auf den Schurken, den
wir kennen.

Zerlina:
Er war es ohne Zweifel,
und Don Ottavio soll's von
uns gleich erfahren. Muß er
doch alles, alles für uns tun
und für uns Rache nehmen.

(Zerlina und Masetto ab)

ZEHNTE SZENE (D)
Donna Elvira (allein)

Nr. 21b Rezitativ und Arie

(40)

Die Singstimme ist ebenfalls von höchster Ausdruckskraft, so daß Elvira hier dramatische Töne anschlägt, die wir sonst eigentlich nur in der Rolle Annas finden. Inmitten dieses Rezitativs hat Mozart eine Möglichkeit geschaffen, dessen Ende und die folgende Arie um einen Halbton tiefer zu legen (nach D-Dur statt in Es-Dur, wie wir sie hier originalgetreu wiedergeben).

Dramatisch bedeutet diese Arie nur eine nochmalige Bestätigung von Elviras trotz aller bitterer Erfahrungen immer noch latenten Gefühlen für Giovanni: Zwischen Rache- und Liebessehnsucht wird sie beinahe zerrissen:

(41)

Recitativa	Rezitativ
Elvira:	*Donna Elvira:*

Elvira:

In quali eccessi, o Numi,
in quai misfatti orribili,
tremendi, è avvolto il sciagurato!
Ah no, non puote tardar l'ira
del cielo, la giustizia tardar.
Sentir già parmi la fatale saet-
ta, che gli piomba sul capo!
Aperto veggio il baratro mor-
tal.
Misera Elvira! Che contrasto
d'affetti in sen ti nasce!
Perchè questi sospiri e queste
ambasce?

Donna Elvira:

Welche Verbrechen,
o Himmel, und welche
Missetaten, so gräßlich furchtbar beging der Unglückselige!
Nein, nein, nicht lang mehr
kann der Zorn Gottes warten,
die Gerechtigkeit kommt!
Schon seh' den Flammenblitz
ich fallen aufs Haupt ihm, ihn
zu Boden zu schmettern, der
Hölle Rachen verschlingen
seh' ich ihn … Ach, wie so
elend fühlt mein Herz sich zur
Stunde, von Schmerz zerrissen! Was soll noch dieses
Seufzen, was diese Sehnsucht?

Aria	Arie

Mi tradì quell'alma ingrata,
infelice, oh Dio! mi fa.
Ma tradita e abbandonata,
provo ancor per lui pietà.
Quando sento il mio tormento
di vendetta il cor favella,
ma se guardo il suo cimento
palpitando il cor mi va.

Mich betrog der Undankbare,
der Undankbare.
Gott, er stieß mich in tiefsten
Schmerz,
Doch betrogen und dann
verlassen
fühl ich Mitleid noch für ihn,
All' die Leiden, die ich fühle,
ach, wann werden sie gesühnt
sein?
Doch sein Anblick, er macht

Die Friedhofszene – für viele Beobachter Kernstück des Werkes und schlagendster Beweis für Mozarts Genialität, aber auch »Modernität« – setzt, wie hundert andere auch, mit einem Secco-Rezitativ ein.

Giovanni, übermütig und zu neuen Abenteuern aufgelegt, hat die Mauer übersprungen, um sich vor seinen Verfolgern in Sicherheit zu bringen.

Da Ponte läßt ihn auf die Uhr sehen: Das ist 1787 denkbar, nicht ganz so sicher aber zweihundert Jahre vorher beim »historischen« Don Juan – so wird diese Stelle zumeist weggelassen, zumal eine genaue Zeitangabe hier überflüssig ist. Ein Don Juan, der nicht nur den Degen, sondern auch eine Uhr zieht (von Armbanduhren kann ohnedies keine Rede sein), mutet uns ein klein wenig seltsam an; oder sollte es eine Kirchenuhr sein, die er betrachtet? Reicht der Mondschein dafür aus?
Da kommt Leporello; auch er überklettert die Mauer, auch er ist – mit viel mehr Gefährdung – den Verfolgern entkommen. Ein

(Parte)

Luogo chiuso in forma di sepol-
creto, con diverse statue equestri,
tra le quali quella del Commen-
datore

SCENA UNDICESIMA
Don Giovanni, poi Leporello

Recitativo

Giovanni (ridendo, entra pel mu-
retto):
Ah! ah! ah! questa è buona!
Or lasciala cercar. Che bella
notte!
È più chiara del giorno;
sembra fatta
per gir a zonzo a caccia di
ragazze.
È tardi?
(guardando l'orologio)
Oh, ancor non sono
due della notte. Avrei
voglia un po' di saper com'è
finito
l'affar tra Leporello e
Donna Elvira,
s'egli ha avuto giudizio …
Leporello (si affaccia al muretto):

mich wanken,
und für ihn schlägt noch mein
Herz!
(Geht ab)

Geschlossene   Kirchhofshalle.
Verschiedene Reiterstatuen; die
Statue des Komturs

ELFTE SZENE
Don Giovanni, dann Leporello

Rezitativ

Don Giovanni (steigt lachend
über die Mauer):
Ha ha ha! Ganz vortrefflich!
Nun mögen Sie mich suchen.
Welch schöne Nacht!
Fast so hell wie am Tage; wie
geschaffen
Für Abenteuer auf der Jagd
nach hübschen Mädchen.
Wie spät ist's?
(sieht auf die Uhr)
Zwei volle Stunden noch bis
Mitternacht.
Ich möchte wohl erfahren,
Wie Leporello die Sache mit
Elvira beendigt;
Wenn der Schlingel gescheit
war …
Leporello (zeigt sich auf der
Mauer):

amüsanter, unbeschwerter Dialog entspinnt sich, dramatisch sehr geschickt gemacht als Kontrast zur Feierlichkeit, ja Düsterkeit des nächtlichen Kirchhofs, der im Sternenlicht daliegt. Da Ponte breitet die Szene weidlich aus, steigert sie durch die wachsende Belustigung Giovannis, der sich über alle Welt und nicht zuletzt über seinen Diener erheitert.

Alfin vuole ch'io faccia un
precipizio.
Giovanni:
È desso, oh, Leporello!
Leporello (dal muretto):
Chi mi chiama?
Giovanni:
Non conosci il padron!
Leporello:
Così nol conoscessi!
Giovanni:
Come, birbo?
Leporello:
Ah, siete voi? Scusate!
Giovanni:
Cosa è stato?
Leporello:
Per cagion vostra io
fui quasi accoppato.
Giovanni:
Ebben, non era questo
un onore per te?
Leporello:
Signor, vel dono.
Giovanni:
Via, via, vien qua. Che
belle cose ti deggio dir!

Leporello:
Ma cosa fate qua?[1]

Giovanni:
Vien dentro e lo saprai.
Diverse istorielle
che accadute mi son da che
partisti,
ti dirò un'altra volta; or la più

Gott sei Dank! Das
lief noch ziemlich gut ab.
Don Giovanni:
Da kommt er; he, Leporello!
Leporello (von der Mauer):
Wer ruft hier?
Don Giovanni:
Kennst Du nicht Deinen Herrn?
Leporello:
Ich wollte, ich kennt ihn nicht!
Don Giovanni:
Wie, Du Schurke?
Leporello:
Ah, seid Ihr's! Verzeiht mir!
Don Giovanni:
Nun, wie ging es?
Leporello:
An Eurer Statt wurde
ich beinah' erschlagen.
Don Giovanni:
Nun, diese große Ehre wuß-
test Du doch zu schätzen?
Leporello:
Nein, Herr, ich danke!
Don Giovanni:
Schon gut! schon gut!
Komm her! Die schönsten
Sachen erzähl ich Dir.
Leporello:
Doch was bracht' Euch hier-
her?
Don Giovanni:
Komm herein, dann sollst
Du's wissen.
Verschiedene Abenteuer,
Die mir begegnet, seit wir
schieden,

---

[1] TV: Hier auch »Ma cosa fate qui?«.

bella
ti vo' solo narrar.
Leporello:
    Donnesca al certo.
*(Rende il cappello e il mantello
al padrone, e riprende quelli che
    aveva cambiati con lui)*
Giovanni:
    C'è dubbio? una fanciulla
    bella, giovin, galante,
    per la strada incontrai; le vado
    appresso,
    la prendo per la man; fuggir
    mi vuole;
    dico poche parole; ella mi
    piglia
    sai per chi?
Leporello:
    Non lo so.
Giovanni:
    Per Leporello.
Leporello:
    Per me?
Giovanni:
    Per te.
Leporello:
    Va bene.
Giovanni:
    Per la mano essa allora mi
    prende.
Leporello:
    Ancora meglio.
Giovanni:
    M'accarezza, m'abbraccia.
    Caro il mio Leporello!
    Leporello mio caro! ... Allor
    m'accorsi
    ch'era qualche tua bella.

Sollst Du später erfahren;
Für jetzt nur das Schönste!
Leporello:
    Liebesgeschichten?
*(gibt seinem Herrn die Kleidung
zurück und nimmt dafür seine in
    Empfang)*
Don Giovanni:
    Ganz natürlich! Ein Mädchen,
    Jung und schön,
    Traf ich auf der Straße; ich
    folg ihr eilig
    Und fasse ihre Hand; sie will
    entfliehen.
    Ich sag ihr ein paar Worte,
    und sie hält mich –
    Weißt Du für wen?
Leporello:
    Wie sollt' ich's wissen!
Don Giovanni:
    Für Leporello.
Leporello:
    Für mich?
Don Giovanni:
    Für Dich!
Leporello:
    Vortrefflich!
Don Giovanni:
    Und nun drückt sie mir zärt-
    lich die Hände.
Leporello:
    Immer besser!
Don Giovanni:
    Sie umarmt mich, sie küßt
    mich ...
    Mein lieber Leporello ...
    Leporello, Du mein Alles ...!
    Es war kein Zweifel,

In diesem Augenblick erfolgt, einem Blitze gleich, der Um-
schwung: Giovannis lautes Lachen wird durch eine Grabes-
stimme voll ernster Würde unterbrochen. Entsetzt fährt Lepo-
rello zusammen, Giovanni horcht aufmerksam. Es ist keine
Stimme von dieser Welt. Um dies zu unterstreichen, setzt Mozart
ein kleines Instrumentalensemble ein, das zumeist hinter der
Bühne spielt und in dem – neben Oboen, Klarinetten, Fagotten
und tiefen Streichern in beschränkter Zahl – die Posaunen (drei
an der Zahl) die klangliche Führung haben.
Ein ähnlicher, schon fast romantisch zu nennender Effekt wurde
von Mozart nur einmal angewendet – in der Orakelszene des
»Idomeneo« (1781) – und muß als für die damalige Zeit sehr
neuartige Wirkung angesehen werden, zumal die Verwendung
von Posaunen im Orchester noch keineswegs üblich war:

(Notenbeispiel S. 238)

Leporello:
Oh maledetto!

Giovanni:
Dell'inganno approfitto; non so come
mi riconosce: grida: sento gente,
a fuggire mi metto,
e, pronto pronto,
per quel muretto
in questo loco io monto.

Leporello:
E mi dite la cosa con tale indifferenza?[1]

Giovanni:
Perchè no?

Leporello:
Ma se fosse costei stata mia moglie?

Ich küßte eins Deiner Schätzchen.

Leporello:
Alle Teufel!

Don Giovanni:
Ich benütze den Irrtum; doch als sie endlich,
Ich weiß nicht woran, mich erkannte, schrie sie.
Es kamen Leute;
Drum begab ich mich eilig auf den Rückzug;
Über die Mauer gelangt' ich hierher.

Leporello:
Und das alles erzählt
Ihr mir mit solchem Gleichmut?

Don Giovanni:
Warum nicht?

Leporello:
Doch gesetzt, meine Frau wär' es gewesen?

---

[1] TV: »con tanta indifferenza«.

(42)

Giovanni (ridendo forte):
Meglio ancora!
Commendatore (La statua):
Di rider finirai pria dell'
aurora.

Giovanni:
Chi ha parlato?
Leporello (estremamente impau-
rito):
Ah! qualche anima
sarà dell'altro mondo,
che vi conosce a fondo.
Giovanni (mette mano alla
spada):
Taci, sciocco!
Chi va là? chi va là?
Commendatore (La statua):
Ribaldo! audace!
Lascia a' morti la pace.

Leporello (tremando):
Ve l'ho detto? …

Don Giovanni (lacht laut auf):
Das wär' zum Totlachen!
Der Komtur (Die Statue):
Dein Lachen wird vergehn,
ehe der Tag graut.

Don Giovanni:
Wer sprach hier?
Leporello (äußerst furchtsam):

Ach, gewiß eine arme Seele
Aus der andern Welt,
Die Euch ganz genau kennt.
Don Giovanni (umfaßt mit der
Hand den Degen):
Schweige, Dummkopf!
Wer da? Ich will Antwort!
Der Komtur (Die Statue):
Verwegner entweiche,
Gönne Ruhe den Toten!

Leporello (zitternd):
Sagt' ich's nicht?

Nun nimmt das Rezitativ, zu dem die Szene jeweils nach den kurzen, aber beklemmend wirkenden Einwürfen der Statue stets wieder zurückkehrt, einen völlig anderen Charakter an. Etwas Unheimliches ist jetzt da ...

so sehr Giovanni die Geistesgegenwart beibehält und nun auch den toten Komtur in seinen Spott einbezieht. Eine glänzende Idee schießt ihm durch den Kopf (sie stammt nicht von da Ponte, sondern ist anscheinend sehr alten Ursprungs): den Toten zum Mahle in seinen Palast zu laden. Leporello soll diese Einladung an die Statue übermitteln.

Giovanni:

Sarà qualcun di fuori
che si burla di noi …

(con indifferenza e sprezzo)

Ehi! del Commendatore non è
questa la statua?
Leggi un poco quella iscrizion.

Leporello:

Scusate …
Non ho imparato a leggere
a' raggi della luna.

Giovanni:

Leggi, dico.

Leporello *(leggendo)*:

Dell'empio che mi trasse al
passo estremo
Qui attendo la vendetta …
Udiste? … Io tremo!

Giovanni:

Oh, vecchio buffonissimo!
Digli che questa sera
l'attendo a cena meco.

Leporello:

Che pazzia! Ma vi par? …
Oh Dei! mirate
che terribili occhiate –
egli ci dà …
Par vivo … par che senta …
E che voglia parlar …

Giovanni:

Orsù, va là.

Don Giovanni:

Auf unsre Kosten macht
draußen ein Tollkopf sich
lustig …
(mit Gleichgültigkeit und Verachtung)
Ei, ist das nicht das Standbild
unsres wackern Komturs? –
Geh hin und lies mir die
Inschrift!

Leporello:

Entschuldigt …
Beim schwachen Licht des
Mondes
Hab ich nicht lesen gelernt.

Don Giovanni:

Gehorche!

Leporello *(liest)*:

Ich warte hier der Rache an
jenem Buben,
Der das Leben mir raubte.
Vernahmt Ihr's? Ich bebe.

Don Giovanni:

Der alte Possenreißer!
Sag ihm, daß ich diesen
Abend
Zur Tafel ihn erwarte!

Leporello:

Unerhört! Welch ein Wahnsinn … Ich bitt Euch,
o seht nur,
Wie so drohend er auf uns
beide blickt!
Er scheint zu leben, scheint zu
fühlen,
Scheint sprechen zu
wollen …

Don Giovanni:

Wohlan, mach vorwärts!

241

Nur angesichts des drohend entblößten Degens seines Herrn entschließt Leporello sich zitternd, der Statue diese Einladung auszurichten:

(43)

O qui t'ammazzo e poi ti
seppellisco.
Leporello:
  Piano … piano …,
  signore … ora ubbidisco.

Nr. 22 Duetto

Leporello:
  O statua gentilissima
  del gran Commendatore …

  (a Giovanni)
  Padron … mi trema
  il core …
  Non posso terminar …

Giovanni:
  Finiscila, o nel petto
  ti metto –
  questo acciar.
  Che gusto! che spassetto!
  Lo voglio far tremar.
Leporello (a Giovanni):
  Che impiccio! –
  che capriccio!
  Io sentomi gelar!
  O statua gentilissima,

Sonst bring ich Dich um und
begrabe Dich gleich hier.
Leporello:
  Nur sachte, gnäd'ger Herr, ich
  will gehorchen. –

Nr. 22 Duett

Leporello:
  O hochgeschätzte Statue
  Des großen Herrn Komtu-
  ren …
  (zu Don Giovanni)
  Weh mir! Die Kniee
  schlottern.
  Ich kann nicht, o Herr,
  verschonet mich!

Don Giovanni:
  Gehorche mir, vollende,
  Sonst lehrt's mein Degen
  Dich!
  Der Spaß kommt mir gelegen;
  Ich kenne Deinen Mut.
Leporello (zu Don Giovanni):
  Wie gottlos,
  wie verwegen!
  Zu Eis erstarrt mein Blut.
  O hochgeschätzte Statue,

Die Szene hat trotz des durchaus ernsten Inhalts und der an sich schaurigen Stimmung noch einen Anflug von grotesker Komik, von »dramma giocoso«: so daß das Nicken der Statue von Mozart sowohl harmonisch (durch eine starke Modulation) wie rhythmisch (durch Synkopen) und durch einen verstärkten Orchestereinsatz (Violoncelli und Kontrabässe, Tremolo der ersten und zweiten Geigen) zum starken Kontrast gestaltet werden kann. Wo mit den Mitteln so sparsam und gezielt umgegangen wird wie in einer Mozartschen Partitur, gewinnen selbst an sich kleine Nuancen an Wirkung.

Dann wird auch Giovanni ernst und wendet sich selbst an die Statue, die zu einem langen Hornton ein einfaches, aber machtvolles »Ja!« (»Sì«) als Annahme der Einladung bekundet:

(Fortsetzung des Notenbeispiels S. 246)

benchè di marmo siate …
Ah! padron mio …
mirate …
che seguita … a guardar …

Giovanni:

Mori …

Leporello:

No, no … attendete …
        (alla statua)
Signor, il padron mio …
badate ben … non io …
vorria con voi cenar …

  (La statua china la testa)
Ah! ah;
che scena è questa! …
Oh ciel, chinò la testa!

Giovanni:

Va là, che se' un buffone.

Leporello:

Guardate ancor … padrone …

Giovanni:

E che degg'io guardar?

Leporello:

Colla marmorea testa
    (imitando la statua)
ei fa … così … così …

Obschon in Stein gehauen …
Gnäd'ger Herr, o Entsetzen
und Grauen!
Wie finster schaut er drein!

Don Giovanni:

Stirb denn …

Leporello:

Nein, nein, ach wartet …
        (zur Statue)
Mein Herr, den dort Ihr
sehet …
Nicht ich, daß Ihr's verstehet,
Lädt Euch zur Tafel ein.

  (Die Statue senkt das Haupt)
Weh' mir, weh'!
Was muß ich sehen!
O Gott, ich sah ihn nicken!

Don Giovanni:

Welch albernes Gebaren denn;
Du bist ein rechter Narr!

Leporello:

O seht nur, seht nur selber!

Don Giovanni:

Was ist denn da zu sehn?

Leporello:

Mit seinem Marmorkopfe
    (ahmt die Statue nach)
Verneigte er sich so.

(Fortsetzung des Notenbeispiels S. 248)

Giovanni:

Colla marmorea testa ei fa
così … così!

Don Giovanni:

Mit seinem Marmorkopfe
verneigte er sich so.

(verso la statua)
Parlate, se potete:

verrete a cena?

(zur Statue)
Wohlan denn, gib mir
Antwort:
Kommst Du zur Tafel?

*In einfachem Zwiegesang geht die seltsame Szene zu Ende –
Giovanni erstaunt, Leporello verwirrt. Der zweite Teil des Dramas hat eingesetzt: Der »steinerne Gast« hat sein Erscheinen
angekündigt.*

*Doch nicht unmittelbar nach dieser Friedhofszene führt da Ponte das Drama zu Ende. Eine große Donna-Anna-Szene folgt –
wollen da Ponte und Mozart damit das vielleicht ein wenig
verschobene Gleichgewicht nun von der jüngst stärker hervorgetretenen Elvira wieder zu Anna zurückleiten? Wieder sucht
– wie oft schon war dies der Fall? – Ottavio seine Braut zu*

Commendatore (La statua):
  Sì.

Der Komtur (Die Statue):
  Ja.

Leporello:
  Mover mi posso appena …
  Mi manca, o Dei! la lena …
  Per carità …
  partiamo …
  Andiamo –
  via di qui[1].
Giovanni:
  Bizzarra è inver la scena!
  Verrà il buon vecchio a cena!
  A prepararla andiamo:
  partiamo –
  via di qui[1].
    (Partono)

*Camera tetra in casa di Donn'
      Anna.*

SCENA DODICESIMA
Don Ottavio e Donn'Anna

Recitativo
Ottavio:
  Calmatevi, idol mio; di

Leporello:
  Weh, mir ist nicht geheuer …
  Der Geist kommt selbst zur
  Tafel!
  Ach, gnäd'ger Herr,
  Erbarmen,
  Laßt uns nach Hause gehn!
Don Giovanni:
  Welch tolles Abenteuer:
  Der gute Alte kommt selbst
  zur Tafel!
  Daß wir sie gut bereiten,
  Laß uns nach Hause gehn!
    (Beide ab)

Dunkles Zimmer.

ZWÖLFTE SZENE
Donna Anna, Don Ottavio

Rezitativ
Don Ottavio:
  Auf, tröste Dich, o Teure!

---

[1] TV: In beiden Versen anstelle von »qui«
auch »qua«.

trösten und auf die »baldige« Rache hinzuweisen (warum geht
er nicht einfach zu Giovanni und fordert ihn, nach Brauch ihrer
beider Kaste, zum Zweikampf?), wieder weiht er ihr wortreich
alles nur Mögliche, doch wieder weist Anna ihre Tröstung durch
seine Liebe zurück bis zum Augenblick der gekühlten Rache.

Und da Ottavio auf diese Weise seine Liebeshoffnungen aber-
mals verschoben sieht, versteigt er sich zum Ausruf »Grau-
same!« (»Crudele!«) Es ist der Moment, in dem Mozart das
Secco- in ein vielgestaltig dramatisches Accompagnato-Rezi-
tativ überführt.
In dem nur von Streichern begleiteten Accompagnato-Rezita-
tiv nimmt das Orchester nach einigen heftigen Akkorden (Anna
wehrt sich gegen den Vorwurf der Grausamkeit) die weiche,
liebeserfüllte Melodie der kommenden Arie zweimal voraus,
während Anna Ottavio ihrer Zuneigung und Treue versichert.

quel ribaldo
vedrem puniti in breve i gravi
eccessi:
vendicati sarem.

Anna:

Ma il padre, o Dio! …

Ottavio:

Convien chinare il ciglio
ai voleri[1] del ciel. Respira, o
cara!
Di tua perdita amara
fia domani, se vuoi, dolce
compenso
questo cor, questa mano,
che[2] il mio tenero amor …

Anna:

Oh Dei! che dite!
In sì tristi momenti …

Ottavio:

E che! vorresti,
con indugi novelli,
accrescer le mie pene?
Crudele!

Nr. 23 Recitativo ed Aria

Anna:

Crudele?
Ah no! mio bene!
Troppo mi spiace
allontanarti un ben che
lungamente
la nostr' alma desìa … Ma il
mondo, oh Dio!
Non sedur la costanza

Bald wird die Strafe den
Verbrecher ereilen.
Wir alle werden endlich
gerächt.

Donna Anna:

Mein Vater! O Himmel!

Don Ottavio:

O beuge Dich in Demut
Dem Willen des Herrn, sei
standhaft, Geliebte!
Alles, was Du verloren,
Kann schon morgen ich treu
Dir ersetzen,
Dieses Herz, diese Hand,
Meine zärtliche Liebe …

Donna Anna:

O Gott, was verlangst Du
In so trauriger Stunde …

Don Ottavio:

Weh mir! vermöchtest Du
Durch neue Verzögerung
Mein Leiden zu mehren?
Grausame!

Nr. 23 Rezitativ und Arie

Donna Anna:

Ich grausam?
O nein, Geliebter!
Schwer wird's auch mir,
Zu verzögern ein Glück, das
schon so lange
Unsre Herzen ersehnen …
doch denke, die Sitte,
Teurer! Ehre das Empfinden

---

[1] TV: Auch »al volere«.
[2] Anstelle von »che« steht »e«.

Klarinette und Fagott (jeweils nur die ersten dieser Bläser) stimmen mit den ersten Geigen die (für Anna auffallend) zärtliche Melodie an, die nach vier Takten Vorspiel Annas Stimme lyrisch gefühlvoll übernimmt:

(45)

Doch die Stimmung bleibt nicht so ruhig und trostreich. Mozart gibt der Arie einen zweiten, bewegteren Teil (der zwar auch nur

252

del sensibil mio core: abbastanza per te mi parla amore.	Meines todwunden Herzens! Immerdar bleibt mein Herz treu Dir ergeben.
Aria	Arie
Non mi dir, bell'idol mio, che son io crudel con te:	Sag' mir nicht, o Treugeliebter, Mein Verzögern sei Grausam- keit!
tu ben sai quant'io t'amai, tu conosci la mia fe'. Calma, calma il tuo tormento, se di duol non vuoi ch'io mora!	Ja, Du weißt es, daß ich Dich liebe, Daß mein Leben Dir geweiht. Teurer, laß Dein zärtlich Drängen, Daß vor Leid ich nicht vergehe!

»Allegretto moderato« überschrieben ist, aber durch bewegtere Rhythmen und starke innere Erregung ausdrückende Koloraturen dem temperamentvollen Charakter Annas entspricht):

(46)

Ein ganz kurzes Secco-Rezitativ Ottavios, musikalisch wie dramatisch wirkungslos, bleibt zumeist fort.

Festmusik mit Hörnern, Trompeten und Pauken, strahlendes D-Dur (stets von freudigem Charakter bei Mozart) zu einem lichterglänzenden Saal, in dem Diener hin und her eilen, Musiker sich in einer Ecke zum Ensemble formen, Giovanni strahlender Laune Anweisungen gibt und Leporello sich davonzumachen sucht:
(Notenbeispiel S. 256)

Forse un giorno il cielo ancora
sentirà pietà di me.

(Parte)

Recitativo

Ottavio:
Ah, si segua il suo passo; io
vo' con lei
dividere i martiri.
Saran meco men gravi i suoi
sospiri.
(Parte)

*Sala in casa di Don Giovanni con
una mensa preparata
Una mensa imbandita*

SCENA TREDICESIMA
*Don Giovanni e Leporello. Servi,
alcuni suonatori*

Nr. 24 Finale

Laß uns hoffen, daß dem
Sturme
Folge klarer Sonnenschein!
(Sie geht)

Rezitativ

Don Ottavio:
Ach, ich folg ihren Schritten;
ich will getreulich
Die Leiden mit ihr teilen;
Schneller wird dann die Zeit
den Schmerz ihr heilen.
(Er geht)

*Ein Speisesaal in Don Giovannis
Hause
Ein für die Mahlzeit vorbereiteter
Tisch*

DREIZEHNTE SZENE
*Don Giovanni, Leporello, einige
Spielleute*

Nr. 24 Finale

(47)

Der Musiker auf der Bühne (je zwei Oboen, Klarinetten, Fagotte, Hörner sowie ein oder zwei Violoncelli) beginnen zu spielen: Ihre erste Melodie ist ein Zitat aus der Oper »Una cosa rara« von Vicente Martín y Soler, die im Jahre zuvor, 1786, in Wien einen ungeheuren Publikumserfolg aufzuweisen und Mozarts »Figaro« vollends vom Spielplan verdrängt hatte. Leporello kommentiert ihr Auftauchen mit einem ironischen Ausruf:

(Fortsetzung des Notenbeispiels S. 258)

Giovanni:
Già la mensa è preparata:

voi suonate, amici cari;
giacché spendo i miei danari
io mi voglio divertir.
Leporello, presto in tavola.

Leporello:
Son prontissimo a servir.
(I suonatori cominciano)

Don Giovanni:
Ha, das Mahl ist schon berei-
tet!
Macht Musik, ihr lieben
Leute!
Fürstlich will ich Euch
belohnen,
Frohe Weisen spielet mir. –
Leporello, trag' die Speisen
auf!
Leporello:
Euch zu dienen bin ich hier.
(Die Musik beginnt zu spielen)

(48)

Die Tafelmusik nimmt ihren Fortgang, während der hungrige Leporello, der sich nicht rechtzeitig entfernen konnte, neidvoll Giovannis Appetit betrachtet

und dieser das sehr wohl und ironisch bemerkt.

Die Musiker haben eine neue Melodie angestimmt: Sie stammt aus der Oper »Fra i due litiganti il terzo gode« (»Wenn zwei sich streiten, freut sich der Dritte«) des italienischen Komponisten Giuseppe Sarti und war 1779 in Rom (unter anderem, später geändertem Titel) uraufgeführt worden.

Leporello kommentiert sie wiederum ironisch (»Hoch die Streitenden!«), während die deutsche Übersetzung der Stelle (»Wie heißt doch die alte Oper?«) angesichts der vor knapp acht Jahren erfolgten Uraufführung unsinnig ist:

(Notenbeispiel S. 260)

Bravi! bravi! Cosa rara.
(alludendo ad un pezzo di musica
  nell'opera »Una cosa rara«)
Giovanni:
  Che ti par del bel concerto?
Leporello:
  È conforme al vostro
  merto.
Giovanni (mangiando):
  Ah, che piatto saporito!
Leporello (a parte):
  Ah, che barbaro appetito!
  Che bocconi da gigante!
  Mi par proprio di svenir.

Giovanni:
  Nel veder i miei bocconi
  gli par proprio di svenir.

  Piatto.
Leporello (muta il piatto):
  Servo.
(I suonatori cangiano la musica)

Bravo! »Cosa rara«!
(Spielt auf ein Musikstück aus der
  Oper »Una Cosa rara« an)
Don Giovanni:
  Wie behagt Dir diese Weise?
Leporello:
  Wie gemacht zu
  Eurem Preise.
Don Giovanni (essend):
  Diese Schüssel ist vortrefflich!
Leporello (beiseite):
  Er ist gut bei Appetite!
  Was sind das für Riesenbissen,
  Und vor Hunger sterb' ich
  schier!
Don Giovanni:
  Wie er mich voll Neid
  betrachtet!
  Er vergeht noch vor Begier.
  Teller!
Leporello (setzt die Teller hin):
  Zu dienen!
(Die Musik wechselt die Melodie)

(49)

Die Pantomime zwischen Giovanni und seinem Diener geht weiter: Leporello will endlich ein saftiges Stück Fleisch für sich selbst in Sicherheit bringen, Giovanni stellt sich belustigt so, als sähe er es nicht.

Und wieder wechselt die Tafelmusik das Thema: Nun erklingt die damals populärste Melodie aus »Figaros Hochzeit«: Figaros Marschlied »Non più andrai«, was sicherlich bei den Prager, vielleicht auch bei den Wiener Aufführungen Schmunzeln oder sogar einen Ausbruch des Jubels ausgelöst haben dürfte.

(Fortsetzung des Notenbeispiels S. 262)

Evvivano i litiganti.

Giovanni:

Versa il vino.

(Leporello versa il vino nel bicchiere)

Eccellente marzimino!

Leporello (mangiando e bevendo di nascosto):

Questo pezzo di fagiano
piano, piano – vo'inghiottir.

Giovanni:

Sta mangiando quel marrano;
fingerò di non capir.

Wie heißt doch die alte Oper?

Don Giovanni:

Schenk mir Wein ein!

(Leporello schenkt ein)

Exzellenter Marzimino!

Leporello (wechselt Don Giovanni den Teller und ißt selbst in Eile):

Vom Fasan hier diesen
Schlegel
Bring ich sachte außer Sicht.

Don Giovanni:

Ei, wie mästet sich der Flegel,
Und er glaubt, ich merk es
nicht!

(50)

Nochmals ein lustiges pantomimisches Spiel auf der Bühne, während das kleine Orchester die Mozartsche Melodie zu Ende spielt.

Leporello:
Questa poi la conosco pur
troppo!

Leporello:
Die Musik kommt mir äußerst
bekannt vor …

Giovanni (senza guardarlo):

Leporello!
Leporello (col boccone in gola):
Padron mio.
Giovanni:
Parla schietto, mascalzone.

Leporello:
Non mi lascia una flussione
le parole proferir.

Giovanni:
Mentre mangio fischia un
poco.
Leporello:
Non so far.
*Giovanni (accorgendosi che
mangia):*
Cos'è?
Leporello (mangiando):
Scusate.

*Don Giovanni (ruft, ohne ihn an-
zusehn):*
Leporello!
Leporello (mit vollem Munde):
Zu Befehle …
Don Giovanni:
Kerl, was steckt Dir in der
Kehle?
Leporello:
Habe Schnupfen, habe Husten,
Mit dem Sprechen will's nicht
gehn.
Don Giovanni:
Nun, so pfeife!
Kürz die Zeit mir!
Leporello:
Kann es nicht!
*Don Giovanni (sieht ihn an und
bemerkt, daß er ißt):*
Warum?
Leporello (essend):
Verzeiht mir!

263

Mit dem letzten Ton aus »Figaros Hochzeit« fällt erregt das große Orchester ein. Elvira stürzt in den Saal, fleht Giovanni auf den Knien an, sein Leben zu ändern, um der ewigen Strafe zu entgehen.

Doch er hat nichts als Hohn für sie.

Sì eccellente è il vostro cuoco
che lo volli anch'io provar.

Euer Koch sucht seinesgleichen,
Der Versuchung mußt ich
weichen,
Konnte nimmer widerstehn.

Giovanni:
Sì eccellente è il cuoco
mio
che lo volle anch'ei provar.

Don Giovanni:
Ja, mein Koch
sucht seinesgleichen,
Ihm kann keiner widerstehn.

SCENA QUATTRODICESIMA
Donna Elvira e detti

VIERZEHNTE SZENE
Die Vorigen und Donna Elvira

Elvira (entrando disperata):

L'ultima prova
dell'amor mio
ancor vogl'io
fare con te.
Più non rammento
gl'inganni tuoi;
pietade io sento …
Giovanni e Leporello:
Cos'è, cos'è?
Elvira (s'inginocchia):
Da te non chiede
quest'alma oppressa
della tua fede[1]
qualche merce'.
Giovanni:
Mi maraviglio!
Cosa volete?
(per beffarla s'inginocchia)
Se non sorgete
non resto in pie'.

*Donna Elvira (kommt in höchster
Aufregung):*
Sieh mich noch einmal
Bittend Dir nahen,
Höre der Liebe
Warnendes Wort!
Alles vergaß ich,
Was Du verbrochen,
Erbarmen fühl' ich …
Don Giovanni und Leporello:
Wieso? Sag' an!
Donna Elvira (niederknieend):
Nicht mehr verlanget
Die Tiefgebeugte
Für ihre Treue
Zärtlichen Lohn.
Don Giovanni:
Staunen erfaßt mich!
Sag, was begehrst Du?
(kniet ebenfalls nieder)
Doch wenn Du knieest,
Knie auch ich!

---

[1] TV: Auch »della sua fede«.

Zuletzt vereint Mozart die drei Stimmen in einer Art fast grotesken Terzetts: Elvira, die Giovanni weinend beschwört; Giovanni in einer Hymne an Wein und Frauen; Leporello, der ob der Eiseskälte seines Herrn erschaudert:

(Notenbeispiel S. 268)

Elvira:
　　Ah, non deridere
　　gli affanni miei.
Leporello:
　　Quasi da piangere
　　mi fa costei.
Giovanni (alzandosi e facendo
　　alzare Donna Elvira):
　　Io te deridere!
　　Cieli, perchè?[1]
　　　(con affettata tenerezza)
　　Che vuoi, mio bene!
Elvira:
　　Che vita cangi.
Giovanni:
　　Brava!
Elvira e Leporello:
　　Cor perfido!
Giovanni:
　　Lascia ch'io mangi;
　　E, se ti piace,
　　mangia con me.
Elvira:
　　Restati, barbaro!
　　nel lezzo immondo,
Leporello:
　　Se non si muove
　　nel suo dolore,[2]
Giovanni:
　　Vivan le femmine!
　　Viva il buon vino!

Donna Elvira:
　　Ach, Du verspottest mich,
　　Kannst mich noch höhnen!
Leporello:
　　Ach, sie erpreßt mir noch
　　Bittere Tränen!
Don Giovanni (erhebt sich und
　　hilft Donna Elvira auf):
　　Wie, ich verhöhnte Dich?
　　Nein, wahrlich nein!
　　(mit affektierter Zärtlichkeit)
　　Was soll ich, Teure?
Donna Elvira:
　　Entsag der Sünde!
Don Giovanni:
　　Bravo!
Donna Elvira und Leporello:
　　Ha, Schändlicher!
Don Giovanni:
　　Jetzt laß mich essen!
　　Wenn's Dir beliebet,
　　Speise mit mir!
Donna Elvira:
　　Fröne dem Laster denn,
　　Bleibe sein Sklave!
Leporello:
　　Wer ihre Klage
　　Hört ohne Rührung,
Don Giovanni:
　　Mädchen und Reben
　　Würzen das Leben!

[1]　TV: Hier »Cielo! e perchè?«.
[2]　TV: Auch »al suo dolore«.

(51)

268

Elvira:
    esempio orribile
    d' iniquità.
Giovanni:
    Sostegno e gloria
    d'umanità!
Leporello:
    di sasso ha il core,
    o cor non ha.

Donna Elvira:
    Bald bricht die Strafe
    Des Himmels herein!
Don Giovanni:
    Sie sind das Herrlichste
    Auf dieser Welt!
Leporello:
    Hat ohne Frage
    Ein Herz von Stein.

Elvira:
    Ah!
(Di dentro: poi rientra, traversa la scena fuggendo, esce da un'altra parte)

Donna Elvira:
    Ah!
(Donna Elvira, beim Fortgehen, stößt an der Tür einen entsetzlichen Schrei aus und entflieht nach der andern Seite)

Giovanni e Leporello:
    Che grido è questo mai?

Don Giovanni und Leporello:
    Was war das für ein Schreien?

Elvira ist fortgestürzt, aber mit einem Schrei ist sie an der Tür zurückgeprallt und nach der anderen Seite davongelaufen. Giovanni und Leporello fragen sich, was ihr wohl widerfahren sein könnte.

Leporello soll den Grund ihres plötzlichen Erschreckens erkunden. Auf eine chromatische Aufwärtsbewegung des Orchesters, in der die angstvolle Stimmung immer wieder durch plötzliche Forte-Schläge zerrissen wird (siehe Beispiel Nr. 51, Takt 5ff.), eilt nun auch er zur Tür und stößt einen erschreckten Schrei aus.

Immer noch in der gleichen vorwärtstreibenden Bewegung, die seit Elviras Eintritt das Geschehen untermalt und die immer dichter und drängender wird, verlangt Giovanni Auskunft von seinem Diener. Nun, bei dessen angstvollem Stammeln, ändert sich der Rhythmus, eine starke – damals wohl ungemein »moderne« – Chromatik bemächtigt sich des musikalischen Geschehens (starker Dissonanzen voll durch die eiserne Beibehaltung eines F in den tiefen Streichern).

Leporello versucht zu berichten, was er sah: den Mann von Stein.

Er hat seine schweren Schritte vernommen: Ta, ta, ta, ta (deutsch zumeist: Tap, tap, tap, tap), die das Orchester, schwer lastend betont, nachahmt.

Dann ist es soweit: Schwere Schläge werden am Tor vernehmbar:

(Notenbeispiel S. 272)

Giovanni:
   Va a veder che cosa è
   stato.

Leporello (di dentro):
   Ah!
Giovanni:
   Che grido indiavolato!
   Leporello, che cos'è?
Leporello (entra spaventato e
   chiude l'uscio):
   Ah! … signor … per carità …
   Non andate fuor di qua …
   L'uom … di … sasso …
   l'uo … mo … bianco …
   Ah … padrone … io gelo …
   io manco …
   Se vedeste che figura …
   Se sentiste come fa …

   Ta ta ta ta ta ta ta.
   (imitando i passi del Commenda-
                          tore)
Giovanni:
   Non capisco niente affatto:
   tu sei matto in verità.

   (Si batte alla porta)

Don Giovanni:
   Geh hinaus und sieh nach,
   was es wohl sein mag.

Leporello (von draußen):
   Ah!
Don Giovanni:
   Auch der schreit wie besessen!
   Leporello sag', was gibt's?
Leporello (kommt entsetzt zurück
   und schließt den Ausgang):
   Gnäd'ger Herr … O Schreck
   und Graus! …
   Gehet ja nicht dort hinaus …
   's ist … der weiße … Mann …
   von Steine
   O … wie schlottern … mir
   Arme … und Beine!
   Hättet Ihr ihn nur gesehen …
   Seinen schweren Tritt gehört:
   Ta, ta, ta, ta.
   (ahmt die Schritte des Komturs
                          nach)
Don Giovanni:
   Wer kann dies Gewäsch ver-
   stehen!
   Furcht und Wein hat Dich
   betört.
   (Man hört an die Tür klopfen)

(52)

Und da Leporello um nichts in der Welt dazu zu bringen ist,
das Tor zu öffnen, erhebt Giovanni sich selbst, um es zu tun.

Leporello:
Ah! sentite!
Giovanni:
Qualcun batte. Apri.

Leporello:
Hört Ihr's klopfen?
Don Giovanni:
Nun, man klopfet. Öffne!

Leporello (tremando):
Io tremo …

Leporello (zitternd):
Ich bebe.

Giovanni:
Apri, dico.

Leporello:
Ah!
Giovanni:
Matto. Per togliermi d'intrico
ad aprir io stesso andrò.

Leporello:
Non vo' più veder l'amico;
pian pianin m'asconderò.

(Si cela sotto la tavola)

Don Giovanni:
Öffne, sag' ich!

Leporello:
Ach …
Don Giovanni:
Memme! Dies Gaukelspiel zu
enden,
Will ich selbst zu öffnen
geh'n.
Leporello:
Nun mach' ich mich
still beiseite,
Will den Herrn nicht mehr
seh'n.
(Verkriecht sich unter den Tisch)

*Während er aufrecht und furchtlos in den Hintergrund schreitet,
beeilt sich Leporello, unter der Tafel ein Versteck zu finden.*

*Da steht der steinerne Gast im Raum. Der schneidende Akkord,
der seinen Eintritt begleitet – mit vollem Orchester, einschließ-
lich der sieben »fortissimo« geblasenen Blechbläser (zwei Hörner, zwei Trompeten, drei Posaunen) und einem ebensolchen
Paukenwirbel –, ist dem Hörer wohl noch aus der Ouvertüre in
Erinnerung; es ist auch der gleiche (»verminderte«) Dreiklang,
zu dem der Komtur nach dem Zweikampf mit Giovanni tödlich
verletzt zu Boden sank. Alle diese Beziehungen sind von Mozart
in voller Absicht geknüpft. Es ist – um in späterer Terminologie
zu sprechen – ein »Schicksalsakkord«:*

(Fortsetzung des Notenbeispiels S. 276)

274

(Don Giovanni prende il lume e la spada sguainata e va ad aprire)

(Don Giovanni nimmt ein Licht und schickt sich an, die Tür zu öffnen)

SCENA QUINDICESIMA
Il Commendatore e detti

FÜNFZEHNTE SZENE
Die Vorigen, der Komtur

Commendatore:
Don Giovanni, a cenar
teco
m'invitasti, e son venuto.

Der Komtur:
Don Giovanni, Du hast gebeten,
Ich versprach es und bin
erschienen.

Giovanni:
Non l'avrei giammai
creduto:
ma farò quel che potrò.

Don Giovanni:
Nimmer hätt' ich
Euch erwartet;
Dennoch seid willkommen
mir!

(53)

Es ist interessant zu beobachten, wie nun die ganze folgende
Szene – das Ende des »Frevlers« durch die Hand überirdischer
Mächte – recht genau mit der düsteren Einleitung der Ouvertüre
übereinstimmt; rhythmisch durch die punktierten Viertelnoten,
die dem Ganzen etwas Lastendes, Übermächtiges aufzwingen
und die sich mehrmals in schwebende, unirdisch wirkende Synkopen auflösen (siehe Beispiel Nr. 53, Takt 11ff.), sowie durch
die d-Moll-Tonart, die von dunkler Tragik umschattet scheint.
Nun nimmt das Werk die schicksalhafte Größe an, die so oft
schon gestreift, aber immer wieder durch den gewollten Ein-
schub von Buffa-Szenen zunichte gemacht oder aufgeschoben
wurde.

Und immer wieder der klopfende, punktierte Rhythmus zu den
Worten des steinernen Gastes,
die herausfordernde Rede Giovannis (mit dem herrischen Anstieg in die Septime: »Parla, parla«), die unheimlichen auf- und
absteigenden Skalen in den Violinen, die schon in der Ouvertüre

276

Leporello, un'altra cena
fa che subito si porti.

Leporello (facendo capolino di
    sotto alla tavola):
    Ah! padron … siam tutti
    morti …
Giovanni:
    Vanne, dico.
Commendatore (a Leporello, che
    è in atto di partire):
    Ferma un po'.
    Non si pasce di cibo mortale
    chi si pasce di cibo celeste;
    altre cure più gravi di queste,
    altra brama quaggiù mi guidò.

Leporello:
    La terzana d'avere mi
    sembra …
    E le membra –
    fermar più non so.
Giovanni:
    Parla dunque: che chiedi? che
    vuoi?
Commendatore:
    Parlo, ascolta: più tempo non
    ho.
Giovanni:
    Parla, parla: ascoltando ti sto.

Leporello! Schnelle, schnelle
Rüste mir die Tafel wieder!

Leporello (steckt den Kopf unter
    dem Tisch hervor):
    Ach, die Angst lähmt mir die
    Glieder!
Don Giovanni:
    Schnelle, sag' ich …
Der Komtur (zu Leporello, der
    im Begriff ist fortzulaufen):
    Nein, bleibe hier!
    Leicht des irdischen Mahles
    entbehret,
    Wer von himmlischen Speisen
    sich nähret.
    Andere Wünsche und höhere
    Sorgen
    Riefen heute herab mich zu
    Dir!
Leporello:
    Wie vom Fieber, so
    werd' ich geschüttelt,
    Alle Glieder
    erzittern an mir.
Don Giovanni:
    Nun so rede! was willst Du?

Der Komtur:
    Hör meine Worte, nur kurz ist
    die Zeit!
Don Giovanni:
    Rede, Du siehst mich bereit!

überaus einprägsam waren: eine Szene von niederwerfender Dramatik, wie sie eigentlich erst viel spätere Zeiten — der Romantik im 19. Jahrhundert — dann mit viel größeren und differenzierteren Klangmitteln wieder annähernd erreichen konnten.

Die Einladung, die der Komtur an Giovanni richtet — nun seinerseits zum Mahle bei ihm zu erscheinen —, ist ein Rest von Texten alter spanischer Quellen, die erst bei dieser zweiten Begegnung Giovannis Tod herbeiführten.
Ängstlich mischt Leporello sich in das Geschehen; für einen Augenblick wird die Handlung aus höchsten Höhen noch einmal herabgeholt: sein Herr möge sagen, er habe keine Zeit, dieser Einladung zu folgen, möge »nein« sagen.
Doch Giovanni ist entschlossen: niemals habe ihn jemand feig gesehen (und die Flucht aus Annas Schlafgemach? Die Flucht vor Elvira? Spielregeln seines »Liebeslebens«?). Und dann reicht er zum Versprechen dem steinernen Gast die Hand:

(Fortsetzung des Notenbeispiels S. 280)

Commendatore:
Tu m'invitasti a cena:
il tuo dover or sai.

Rispondimi: verrai
tu a cenar meco?

Leporello (da lontano, sempre tremando):
Oibò!
Tempo non ha, scusate.
Giovanni:
A torto di viltate
tacciato mai sarò.

Commendatore:
Risolvi.
Giovanni:
Ho già risolto.
Commendatore:
Verrai?

Der Komtur:
Du ludest mich zum Mahle.
Weißt Du nun, was Dir
ziemet?

Gib Antwort mir:
Wirst mein Mahl auch Du
wohl teilen?

Leporello (von ferne, zitternd):
Entschuldigt Euch!
Sagt, daß Ihr keine Zeit habt!
Don Giovanni:
Wer hätte wohl im Leben
Jemals mich feig gesehn!

Der Komtur:
Entschließ Dich!
Don Giovanni:
Ich bin entschlossen!
Der Komtur:
So kommst Du?

(Fortsetzung des Notenbeispiels S. 282)

Leporello (a Don Giovanni):
  Dite di no.

Leporello (zu Don Giovanni):
  O saget nein!

Giovanni:
  Ho fermo il core in petto:
  non ho timor, verrò.

Don Giovanni:
  Noch nie hab' ich gezittert;
  Ich fürchte nichts, drum sei's!

Commendatore:
  Dammi la mano in pegno.

Giovanni (porgendogli la mano):

  Eccola … Oimè! …

Der Komtur:
  Reich' mir die Hand zum
  Pfande!
*Don Giovanni (ihm die Hand ge-
  bend):*
  Nimm sie denn! … O weh!

(54)

So stehen sie, ringen fast miteinander, Hand in Hand, Hand gegen Hand: die irdische des Frevlers, die eisige, steinerne der Statue: »Pentiti! No! Pentiti! No!« (Bereue! Nein! Bereue! Nein!)

Es ist in gewissem Sinne noch einmal ein Zweikampf, und interessanterweise vollführen die tiefen Streicher nochmals die gleichen rasenden Tonleitern aufwärts wie bei dem Duell der beiden Männer zu Beginn der Oper. Das Orchester rast mit plötzlichen Forte-Schlägen, mit starken harmonischen Kühnheiten, mit heftigen Paukenschlägen, dichtem Streichertremolo:

(Fortsetzung des Notenbeispiels S. 284)

Commendatore:
Cos'hai?
Giovanni:
Che gelo è questo mai!

Der Komtur:
Wohlan?
Don Giovanni:
Wie kalt faßt sie mich an!

Commendatore:
Pentiti, cangia vita:
è l'ultimo momento.
Giovanni (vuole sciogliersi, ma invano):
No, no, ch'io non mi pento;
vanne lontan da me.
Commendatore:
Pentiti, scellerato.

Der Komtur:
Öffne Dein Herz der Reue;
Dir schlug die letzte Stunde!
Don Giovanni (versucht vergeblich, sich loszumachen):
Nicht kenn' ich Buß und Reue;
Hebe Dich weg von hier!
Der Komtur:
Beug' Deinen Sinn,
Verruchter!

Giovanni:
No, vecchio infatuato.
Commendatore:
Pentiti.
Giovanni:
No.

Don Giovanni:
Nein, nein, Du tör'ger Alter!
Der Komtur:
Bereue.
Don Giovanni:
Nein!

(55)

Auf Giovannis letztes »Nein« wird es plötzlich beinahe still. Der Komtur wendet sich zum Gehen. Drückt er Giovannis Hand ein letztes, stärkstes Mal? Braucht es dessen überhaupt noch? Die Erde tut sich auf, Blitze zucken, Flammen schlagen aus der Unterwelt empor.

Commendatore e Leporello:
  Sì.
Giovanni:
  No.

Der Komtur und Leporello:
  Ja …
Don Giovanni:
  Nein!

Commendatore:
  Ah! tempo più non v'è.

Der Komtur:
  Jetzt naht Dein Strafgericht!

(Fuoco da diverse parti, il Commendatore sparisce, e s'apre una voragine)
Giovanni:
  Da qual tremore insolito …

(Er versinkt. Feuersglut von verschiedenen Seiten und Donnerrollen)
Don Giovanni:
  Welch ungewohntes

Ein Geisterchor ertönt:

(56)

Sento assalir gli spiriti …
Dond' escono quei vortici
di foco pien d'orror! …

Angstgefühl
Fesselt und lähmt die Sinne
mir?
Gewittersturm umbrauset
mich
Und wilden Feuers Glut.

Coro (di sotterra, con voci cupe):

Chor (aus der Tiefe hervor, mit dumpfer Stimme):

Tutto a tue colpe è poco:
vieni; c'è un mal peggior.

Furchtbar sind Deine Sünden,
Schlimmres noch harret Dein!

Giovanni:

Chi l'anima mi lacera! …
Chi m'agita le viscere! …
Che strazio! ohimè! che
smania!
Che inferno! …
che terror …

Don Giovanni:

Was foltert so die Seele mir?
Was tobt in allen Adern mir?
Ich fühle Höllenqualen –
O grauenvolle Pein!

Leporello:

Che ceffo disperato! …
Che gesti da dannato![1] …
Che gridi! che lamenti! …
Come mi fa terror!

Leporello:

Wie beben ihm die Glieder!
Verzweifelnd sinkt er nieder!
Sein angsterfüllter Jammer
Flößt mir Entsetzen ein.

---

[1] Hier »Che gesti d'un dannato!«.

287

Die Flammen züngeln höher und höher, erfassen den Bühnen-
raum, Giovanni bricht – in einem der eindrucksvollsten Bühnen-
tode – zusammen.
Das Orchester beruhigt sich, manchmal scheinen noch Blitze
über ferne Himmel zu zucken, das düstere d-Moll hat sich in das
hellere D-Dur gewandelt, ein großes Crescendo schließt das
Bild ab wie in einer Art Verklärung.

Doch die Oper geht weiter. Muß sie weitergehen? Das war eine
jahrhundertlange Streitfrage, an der Mozart selbst (vielleicht
auch Da Ponte) Schuld trugen. Denn die erste Wiener Auffüh-
rung (1788) ließ das Werk mit Giovannis Untergang enden, und
das bald anbrechende Zeitalter der Romantik hatte bestimmt
keinen Grund, den originalen Schluß (der Prager Uraufführung)
wiederherzustellen, der eher ins Barock paßte.
Heute spielen wir ausnahmslos die Urfassung: Alle überleben-
den Personen versammeln sich, kommentieren die so verdiente
Höllenfahrt des Frevlers. Dessen irgendwie überlebensgroße
Statur – und sei sie auch nur die eines Schuftes, eines Wahnsin-
nigen, eines Mythos – kommt nun gerade in diesem letzten
Zusammensein aller ihn im Leben Umgebenden besonders zum
Ausdruck. Umstehen Kleinbürger so den tot aus unbekannten
Höhen herabgestürzten Adler?
Die Musik ist nun gänzlich anders als in der vorausgegangenen
Szene, deren beklemmende Stimmung dem Hörer noch in den
Gliedern steckt. Mutet ihn dieses abschließende Sextett zuerst
nicht fast alltäglich an?

(Notenbeispiel S. 290)

288

Coro:

    Tutto a tue colpe è poco:
    vieni; c'è un mal peggior.

Giovanni:

    Ah!

(Cresce il fuoco, compariscono diverse furie, s'impossessano di Don Giovanni, e seco lui sprofondano)

Leporello:

    Ah!

Chor:

    Furchtbar sind Deine Sünden,
    Schlimmres noch harret Dein!

Don Giovanni:

    Ach!

    (Die Flammen nehmen zu)

(Don Giovanni wird von den Flammen verschlungen)

Leporello:

    Ach!

SCENA ULTIMA

Leporello, Donn'Anna, Donn'Elvira, Don Ottavio, Zerlina, Masetto, con ministri di giustizia

LETZTE SZENE

Leporello, Donna Anna, Donna Elvira, Don Ottavio, Zerlina, Masetto mit Gerichtsdienern

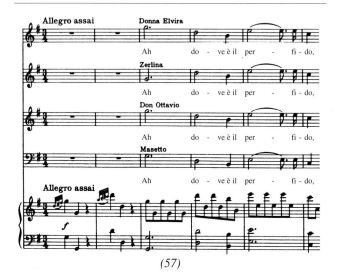

(57)

*Die drei Frauen, Ottavio und Masetto schreien immer noch nach
Rache; Elvira will gar nur ihrer »ganzen Verachtung Ausdruck
geben« – und ist wahrscheinlich abermals bereit, beim ersten
Zeichen seiner Liebe alles Vorgefallene zu vergessen –, nur
Zerlina, die zwar Elviras Text mitsingt, würde ihm wohl die
Augen auskratzen – außer er heiratete sie auf der Stelle;*

*Donna Anna will ihn »fest in Ketten sehen« – also nicht tot,
was, besonders im 17., aber auch noch im 18. Jahrhundert zu
denken gibt!*

Tutti (meno Donn'Anna e Leporello):
   Ah! dove è il perfido?

Alle bis auf Donna Anna und Leporello:
   Wo ist der Schändliche,

Dov'è l'indegno?
Tutto il mio sdegno
sfogar io vo'.

Wo der Verbrecher?
Hier stehn die Rächer
Für ihn bereit.

Anna:
   Solo mirandolo
   stretto in catene
   alle mie pene
   calma darò.
Leporello:
   Più non sperate
   di ritrovarlo …
   Più non cercate …
   Lontano andò.
Tutti (meno Leporello):
   Cos'è? favella –
   Via, presto, sbrigati!

Donna Anna:
   Ja, wenn gefesselt er
   Vor mir sich windet,
   Dann erst entschwindet
   Mein tiefstes Leid.
Leporello:
   Ach, den Ihr suchet,
   Findet Ihr nimmer –
   Ihr seid auf immer
   Von ihm befreit!
Die Übrigen (außer Leporello):
   Wieso? Erzähle!
   Rede, erzähle doch!

*Aber das alles ist nun unmöglich geworden: Giovanni weilt
nicht mehr unter den Lebenden. Der immer noch vor Angst
bebende, aber doch wie befreite und nun als Chronist überaus
»wichtige« Leporello berichtet vom Untergang seines Herrn,
was alle schaudernd und kopfnickend zur Kenntnis nehmen.*

*Vielleicht glauben sie es nur, weil ja auch Elvira die Statue
hat herankommen sehen – sonst wäre das Ganze womöglich
wieder eine Finte des überlegenen Frevlers …*

*Das Drama ist zu Ende, und nun muß jeder der Überlebenden in
seinen Alltag zurückkehren. Da Ponte ist ein wahrer Meister im
Konstruieren von Finale, die nach »happy end« aussehen, aber
im Grunde gar keins sind. Das wird sowohl im »Figaro« wie gar
in »Così fan tutte« sehr deutlich. Hier, im »Don Giovanni«, begnügt sich der Autor mit Lösungen, die immerhin die Probleme
andeuten.*
*Der erste, der sich faßt, ist Ottavio (vielleicht war er persönlich
am wenigsten mitgenommen): Nun soll die Wartezeit beendet,
die Hochzeit mit Anna bereitet werden. Um sie zu überzeugen,
singt er eine edle, prächtige, kunstvolle Melodie. Kommt sie
aus tiefstem Herzen, oder zeigt sie (man zweifelt fast, ob das
Mozarts Absicht gewesen sein kann) nur den Edelmann, der eine
standesgemäße Ehe eingehen will und – wer weiß – vielleicht
dadurch Komtur werden oder andere Vorteile erlangen könnte?*

Leporello:
Venne un colosso …
ma se non posso …
Tra fumo e foco …
badate un poco …
L'uomo di sasso …
fermate il passo …
Giusto là sotto …
diede il gran botto …
Giusto là il diavolo …
sel trangugiò.

Tutti (meno Leporello):
Stelle! che sento!
Leporello:
Vero è l'evento.
Elvira:
Ah certo è l'ombra
che m'incontrò …
Tutti (meno Elvira e Leporello):

Ah, certo è l'ombra –
che l'incontrò.

Ottavio:
Or che tutti, o mio tesoro,
vendicati siam dal cielo,
porgi, porgi a me un ristoro,
non mi far languire ancor.

Leporello:
Da stand ein Riese,
Schrecklich zu schauen! …
Wenn nur das Grauen,
Mich erst verließe!
Hier schlugen Flammen …
Wartet, ich bitte …
Prasselnd zusammen …
Der Mann von Steine …
Hier ohne Gnade …
Packt' er ihn grade …
Hier ward der Frevler
Vom Teufel geholt!
Die Übrigen:
Was muß ich hören!
Leporello:
Ich kann's beschwören.
Donna Elvira:
Das war der Schatten,
den ich erblickt.
Die Übrigen (außer Donna Elvira und Leporello):
Das war der Schatten,
Den sie erblickt.

Don Ottavio:
Da der Himmel, o Du mein
Leben,
Unsre Drangsal selber rächte,
End auch Du dein Wider-
streben
Und erhör' mein heißes Flehn!

Anna übernimmt seine Melodie teilweise, aber lehnt seinen An-
trag – zumindest mit der Bitte um ein Jahr Aufschub – ab.
Und auch das gibt ein wenig zu denken ...

Elvira hingegen sagt allem Irdischen ab: Sie hat diesen Mann
geliebt, wirklich geliebt. Kann man nach Don Giovanni einen
anderen Mann lieben? Elvira verkündet ihren Entschluß, ins
Kloster zu gehen ...

Keine solchen Probleme kennt das Bauernpaar. Masetto und
Zerlina wollen heim, in lustiger Gesellschaft unter ihresgleichen
schmausen, lachen, tanzen. Masetto ist diesen Kerl los, der seine
Zerlina begehrte und gegen den sie sich kaum wehren konnte,
die Arme ... Und sie? So schöne Worte wird ihr so bald kein
anderer mehr sagen, vielleicht überhaupt nie mehr, keiner sie
mit einer Melodie wie »Là ci darem la mano ...« zu umgarnen
suchen ...
Am wenigsten Fragen wirft Giovannis Tod für Leporello auf. Er
war fast ein Held – zumindest wird er die gruselige Geschichte
seinen Enkeln so darstellen –, und nun muß er nur ins Wirts-
haus, wo die Börse für Anstellungen ist. Einen besseren Patron
wird er sich dieses Mal bestimmt aussuchen, nun da der vorhe-
rige »bei Pluto und Proserpina« weilt. Was weiß Leporello von
denen? Er plappert's wohl nur den anderen nach, aber die es
vorplappern, das sind Masetto und Zerlina – waren Bauern
damals so gebildet? Ach nein, es reimte sich für da Ponte, als
er – fast am Ende angelangt – sicherlich aufatmete, einfach
»Pluton« auf »birbon«, den Spitzbuben, den Schuft. Das war
Giovanni für ihn, für Masetto und wohl auch für Zerlina (da er
sie ja nicht wirklich heiraten wollte).

Niemand sei vor seinem Kammerdiener »groß«, sagte – nicht
lange nach dieser Oper – Napoleon.

Anna:

Lascia, o caro, un anno ancora
allo sfogo del mio cor.

Anna ed Ottavio:

Al desìo di chi $\left\{\begin{matrix} t' \\ m' \end{matrix}\right\}$ adora

ceder deve un fido amor.

Elvira:

Io men vado in un ritiro
a finir la vita mia!

Zerlina e Masetto:

Noi, $\left\{\begin{matrix} \text{Masetto,} \\ \text{Zerlina,} \end{matrix}\right\}$ a casa

andiamo
a cenar in compagnia.

Leporello:

Ed io vado all'osteria
a trovar padron miglior.

Zerlina, Masetto e Leporello:

Resti dunque quel birbon
con Proserpina e Pluton;
e noi tutti o buona gente,
ripetiam allegramente
l'antichissima canzon:

Donna Anna:

Gönne Ruh noch meinen
Schmerzen,
Laß ein Jahr vorübergeh'n!

Don Ottavio und Donna Anna:

Du nur lebst in meinem
Herzen,
Meine Treue wird bestehn.

Donna Elvira:

In des Klosters heil'gen
Mauern
Hoff' mein Leid ich zu
vergessen.

Zerlina und Masetto:

Wir, mein Schatz, gehn Arm
in Arm
Froh nach Haus zum Abend-
essen.

Leporello:

Einen bessern Herrn zu
suchen,
Will ich jetzt ins Wirtshaus
geh'n.

Zerlina, Masetto und Leporello:

In der Hölle tiefstem Schlund
Quält den Frevler Feuers Pein:
Doch wir andern stimmen
freudig
In die alte Weise ein:

Alle stimmen gemeinsam einen Schlußgesang an, nach guter alter Barockart. Und nach Barockart stellt dieser auch eine Art Fuge dar: Anna und Elvira führen sie an, Zerlina bringt den zweiten Einsatz – in der Quinte oder Dominante, wie die Fugenregel es will –, Masetto und Leporello den dritten wiederum in der Tonika, auf der »ersten Stufe«:

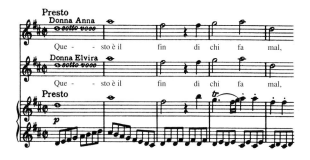

(58)

Froh klingt es – sogar bei Elvira, Anna und Ottavio – so wie »die Moral von der Geschicht'« im Kindermärchen früherer Zeiten: »So endet ein Bösewicht: Wie er gelebt, so stirbt er ...« So einfach ist die Sache.

Tutti:

Alle:

Questo è il fin di chi fa mal!
E de' perfidi la morte
alla vita è sempre ugual.

Also stirbt, wer Böses tat:
Jedem Sünder wird Vergel-
tung,
Wenn die letzte Stunde
naht! –

FINE

ENDE

Inhalt

ERSTER AKT

1. Szene: Vor einem Palast in einer dunklen Straße von Sevilla geht Leporello, Don Giovannis Diener, mißmutig auf und ab. Wieder einmal muß er Wache stehen, während sein Herr ein Liebesabenteuer sucht. Er läßt seiner schlechten Laune in einer sprichwörtlich gewordenen kleinen Arie freien Lauf: *Notte e giorno faticar* (in der fast seit der frühesten Übersetzung eingebürgerten Fassung: »Keine Ruh bei Tag und Nacht ...«). Er beschließt, den Dingen nicht weiter ihren – offenkundig ungerechten – Lauf zu lassen: Warum muß immer er den Diener machen, kann er nicht selbst einmal »Herr« sein? Doch seine Reflexionen werden jäh unterbrochen: Aus dem Haus stürzt sein Herr, der eine Maske vor dem Gesicht trägt (oder dieses in seiner Capa, dem weiten spanischen Mantel der adligen Männer, verbirgt); ihm folgt auf dem Fuße eine ungeheuer erregte Frau, die ihn zu stellen und zu erkennen sucht. Eigentlich erhält unser Don-Juan-Image hier seinen ersten Stoß, knappe zwei Minuten nach Aufgehen des Vorhanges. Der berühmte, unwiderstehliche Verführer, der einer Frau unerkannt entfliehen möchte! Sie greift nach ihm, hält ihn zurück, heftig tobt der Kampf zwischen ihnen. Angstvoll beobachtet Leporello die wüste Szene, deren bösen Ausgang er ahnt. Auf Annas lautes Schreien naht ihr Vater, der Komtur[1], einer der hochangesehenen Granden des Reiches. Er stellt den Eindringling und fordert ihn zum Zweikampf heraus. Bevor der Zuhörer sich noch Gedanken darüber machen kann, was eigentlich im Gemach Donna Annas vorgefallen sein mag, stehen die beiden Männer einander mit dem Degen in der Hand gegenüber. Der Komtur zwingt Don Giovanni diesen Kampf förmlich auf, um die Ehre seiner Tochter zu rächen. Soviel steht fest: Don Giovanni ist in deren Schlafgemach eingedrungen. Hat er es unter der Maske ihres Verlobten, Don Ottavios, getan, um sie so für eine Liebesstunde zu gewinnen, oder hat er eine solche mit Gewalt herbeizuzwingen gesucht? In

---

[1] Amtsträger eines Ritterordens

welchem Augenblick mußte er den Versuch abbrechen und fliehen, bevor oder nachdem er sein Ziel erreicht hatte? Auf keinen Fall – Täuschung oder Vergewaltigung – entspricht seine Handlungsweise dem Bild eines »echten« Don Juan, dem die Frauen, gerade um seiner selbst willen, widerstandslos, ja freudig, erwartungsvoll erliegen. Auf diese Schandtat häuft Giovanni eine neue: Der alternde Komtur kann seiner Jugendkraft, seiner Behendigkeit und Geschmeidigkeit nicht gewachsen sein: Giovanni begnügt sich aber nicht damit, durch eine vielleicht nur leichte Verwundung des Komturs sich freie Fluchtbahn zu schaffen – er tötet Annas Vater und sucht, vom angstschlotternden Leporello schnell gefolgt, das Weite.

2. Szene: Ein sehr rasches, wie atemloses Rezitativ bringt Herrn und Diener wieder zusammen. Bebend fragt Leporello, wer tot sei, »Giovanni oder der Alte?« Giovanni fährt ihn an: »Natürlich der Alte, du Rindvieh (*bestia*)!« Leporello will seinem Herrn Vorhaltungen machen, doch der bedroht ihn mit Prügeln (schlägt ein spanischer Edelmann seinen Diener?), und beide flüchten schnell, da Schritte laut werden.

3. Szene: Anna kehrt an den Ort zurück, an dem sie vergeblich versuchte, den Eindringling zu entlarven. Ihr Bräutigam, Don Ottavio, begleitet sie; Diener folgen mit Fackeln, die den Platz des dramatischen und schaurigen Vorfalls gespenstisch erleuchten. Doch der Missetäter ist längst fort, als Anna den Leichnam ihres Vaters entdeckt. Sie bricht zusammen, langsam kommt sie wieder zu sich und ruft den ängstlich um sie bemühten Freund zur Rache auf.

4. Szene: Ein längeres Rezitativ, das die (von den Autoren vorgenommene) Einstufung des Werkes als »dramma giocoso« (heiteres Drama) rechtfertigt; das Zwiegespräch zwischen Herrn und Diener trägt komische Züge. Leporello wirft, nachdem er Giovannis Versprechen erhält, sich nicht zu erzürnen, diesem vor, er führe das Leben eines Schurken (*briccone*), aber schnell schließen sie wieder Frieden. Giovanni fragt seinen Kumpan – denn das ist Leporello viel eher als Diener –, ob er wisse, warum sie sich an diesem Orte, einer nächtlichen Straße in

Don Giovanni nähert sich einer »unbekannten Schönen« und entdeckt zu spät, daß es die von ihm verlassene Donna Elvira ist. Im Hintergrund Leporello (Salzburger Festspiele 1970)

einem anderen Stadtteil, befänden? Leporello hat keine große Schwierigkeit, es zu erraten – ein neues Abenteuer ist der Grund. Giovanni schwärmt: er habe sie gesehen, gesprochen, sie sei bereit, noch diese Nacht ihm in sein Schloß zu folgen. Schade, daß alle derartigen »normalen« Verführungen in Da Pontes Textbuch lediglich erzählt, aber niemals auf die Bühne gebracht werden. Giovannis feine Nase zieht die Luft ein: Der Duft einer Frau liegt darin. Leporello staunt ironisch: welcher feine Geruchssinn! Da erblickt sein Herr die Frau bereits. Sie scheint ihm, aus der Ferne, schön zu sein, und damit natürlich begehrenswert – die andere, von der er eben schwärmte, ist vergessen. Der unermüdliche Frauenjäger pirscht sich heran.

5. *Szene:* Es ist Donna Elvira, eine Edeldame aus Burgos, die soeben aus ihrer Stadt angereist kommt, um – wie wir aus ihrer Arie erfahren – den »Barbaren« zu finden, der sie zu seiner Geliebten gemacht und dann verlassen hat. Sie fühlt sich sogar als seine Ehefrau (wie aus dem folgenden Rezitativ dann hervorgeht), aber es dürfte sich eher um eine fingierte Heirat gehandelt haben. Giovanni hört dem wilden Zornesausbruch der Dame aus einiger Entfernung zu; er beschließt, sie zu »trösten«. Leporello nickt mit dem Kopf: Solche »Tröstungen« hat er von seinem Herrn schon viele mitangesehen. Giovanni geht auf die Unglückliche zu, sie dreht sich um, die Überraschung ist für alle drei groß. Don Giovanni zu suchen, das »Ungeheuer« (*mostro*), den Erzbetrüger, ist Elvira von Burgos nach Sevilla gereist – keine kleine Wegstrecke! –, und so findet sie ihn, der im ersten Augenblick kaum eines Wortes mächtig ist und am liebsten im Erdboden versinken möchte, während sie ihm seine Schandtat sehr deutlich vor Augen hält. Selbst Leporello bestätigt, daß sie »wie ein gedrucktes Buch« zu reden verstehe. Inzwischen faßt Giovanni sich mühsam – wenn sie die zwingenden Gründe ahnte, die ihn zu seiner plötzlichen Abreise veranlaßten! »Leporello weiß sie«, wendet er sich an diesen, der verdutzt dasteht, aber sofort das Spiel seines Herrn mitzuspielen bereit ist. Doch so leicht beruhigt sich Elvira nicht. Nun, wenn sie ihm nicht mehr glauben wolle, den Worten dieses Ehrenmannes (oder sogar »Kavaliers« – *galantuomo* –, zu dem Giovanni seinen

Leporello »tröstet« Donna Elvira mit der »Registerarie«,
die alle Eroberungen seines Herren Giovanni verzeichnet.
(Benno Kusche und Wendy Fine in der
Staatsoper München, 1973)

Diener oder Kumpan schnell ernennt) müsse sie vertrauen. Der sammelt sich aus begreiflicher Verlegenheit, während Giovanni in einem unbewachten Augenblick schleunigst das Weite sucht.

Und nun beginnt einer der beschämendsten, allerdings auch genialsten Augenblicke der Oper – nach außen komisch, im tiefsten aber tragisch. Leporello verteidigt seinen Herrn nicht; er weiß, es ist unmöglich. Sie solle ihn laufen lassen, er verdiene es nicht, daß sie seiner überhaupt noch denke. Denn sie ist – und mit irgendwie doch genüßlicher Geste holt er ein umfängliches Buch oder Register hervor, das er vor der Leidenden, Erschütterten ausbreitet und vorzulesen beginnt – weder die erste noch die letzte, mit der Giovanni seine grausamen Spiele spielt. Die »Registerarie« ist ein schamloses Stück Musik, in dem Leporello Giovannis Verführungsopfer verliest, zum »Troste« der fassungslos an den Ort gebannten Elvira und in Mozarts Meisterinstrumentation immer wieder vom höhnischen Kichern des Orchesters begleitet. In Italien waren es bis jetzt 640 Frauen, die ihm verfielen, 231 in Deutschland, 100 in Frankreich, 91 in der Türkei, aber in Spanien – in Spanien sind es schon 1 003! Jawohl, sie hat recht verstanden: 1 003! Ist Leporello stolz auf dieses Register? Fast klingt es so, auch wenn er im Verlaufe des Werkes manchmal Bedenken zu haben scheint. Sind die Frauen Opfer von Verkleidung, Verstellung, Gewalt inbegriffen? Leporello kommt immer mehr in Fahrt: Bäuerinnen sind darunter, Dienstmädchen, Bürgerinnen, Gräfinnen, Baronessen, Frauen jedes Standes, jedes Aussehens, jedes Alters … Da Ponte (oder Bertati?) hat ein wahres Kabinettstück geschaffen, voll Witz und Geist, und Mozart es kongenial vertont – aber es bleibt dem empfindsamen Hörer ein sehr bitterer Nachgeschmack ob dieser Verhöhnung der Liebe und Treue, des Schmerzes und der namenlosen Enttäuschung eines edlen und empfindsamen Menschens.

6. Szene: Elvira ist nach dem schnellen Abgang Leporellos (»Nun, Sie wissen ja selbst, wie er es macht …«) allein und verbittert zurückgeblieben. Das Rezitativ formuliert ihren Wunsch nach Rache, ihre ohnmächtige Wut, ihre Verachtung (*vendetta, rabbia, dispetto*).

304

7. Szene: Der Schauplatz wandelt sich in eine helle Natur-
szenerie, im Sonnenschein spielen, tanzen und singen Bäuerinnen und Bauern, unter ihnen das junge Brautpaar Masetto
und Zerlina. (Die Verwandlungen werden von den Bühnen
keineswegs einheitlich gehandhabt, sie sind auch in Da Pontes
Textbuch nicht sehr genau angegeben. Wenn die vierte Szene bei
Nacht spielt, müßte dies bei dem unmittelbar anschließenden
Auftritt Elviras und dann logischerweise auch bei der Registerarie Leporellos ebenso der Fall sein. Dann müßte vor der 7. Szene ein Einschnitt erfolgen, wie wir es hier andeuten; aber es gibt
auch andere Lösungen. Erwähnt sei noch, daß manche Aufführungen die 6. Szene weglassen.)

8. Szene: Giovanni und Leporello kommen des Weges und beobachten das fröhliche Treiben. Giovanni bemerkt sofort die hübschen Mädchen, und auch Leporello hofft, da es viele sind, daß
etwas für ihn übrigbleiben könnte. Leutselig begrüßt Giovanni
die Bauern: ob es eine Hochzeit gebe? Ja, und sie sei die Braut,
knickst Zerlina. Der Bräutigam? Masetto stellt sich vor: »Ich,
Ihnen zu dienen!« Giovanni lächelt, von oben herab: O, ihm zu
dienen, das ist ja die Ausdrucksweise eines Kavaliers! (Der bald
sehen soll, wie Giovanni auf seine Dienste rechnet ...) Mit
großer Geste lädt Giovanni alle in sein Schloß. Leporello möge
sie schleunigst dorthin führen, sie bestens bewirten und unterhalten! Er selbst folge mit Zerlina bald nach. Masetto begehrt
auf: Zerlina müsse bei ihm bleiben. Leporello will ihn beschwichtigen: Seine Exzellenz wird ihn gewiß würdig vertreten.
Und Zerlina selbst unterstreicht Giovannis Worte, sie verbleibe
in der Obhut eines Edelmannes. Masetto aber will ihrem Bleiben
nicht zustimmen; da zieht Giovanni seinen Degen. Versteht
Masetto nun? Seine Arie zeigt, daß er nur zu genau versteht:
Sehr ironisch erklärt er sich beruhigt, aber insgeheim schimpft er
Zerlina falsch, treulos (*bricconaccia, malandrina*), da sie offensichtlich nichts gegen den schmählichen Handel einzuwenden
hat.

9. Szene: Weiß sie, was sie erwartet? Geht ein Bauernmädchen
so leicht in die Falle? Schmeichelt es ihr, daß ein hoher Herr sie
begehrt? Sie verteidigt zuerst ihren Masetto und die Verlobung

Das Duett Giovanni – Zerlina:
»Reich' mir die Hand, mein Leben …«
(Salzburger Festspiele, 1960)

mit ihm. Don Giovanni kehrt den welterfahrenen Edelmann hervor: nie könne er es dulden, daß ein so entzückendes Mädchen einem Bauerntölpel angehöre! Ihr Wort, das sie ihm verpfändet zu haben behauptet, ist null und nichtig! Sie sei zu Höherem,

Schönerem geboren ... Zerlina zögert: man wisse ja, wie selten es die hohen Herren ehrlich mit den Bauernmädchen meinten. Verleumdung! braust Giovanni auf. Auf der Stelle werde er selbst sie heiraten! Das Duett, das sich anschließt, gehört zu den schönsten Stücken der reichhaltigen Partitur; es zerstreut Zerlinas letzte Bedenken. Arm in Arm und Zärtlichkeiten tauschend, machen sich Giovanni und sie auf den Weg, dessen Ende leicht vorauszusehen ist.

10. Szene: Da tritt ihnen Elvira entgegen, gerade noch rechtzeitig, um die »arme Unschuldige« den »furchtbaren Künsten« des »Verbrechers« zu entreißen, wie sie sagt. Giovanni versucht ein Doppelspiel: Elvira gewissermaßen ein mehr oder weniger harmloses Vergnügen vorzutäuschen, Zerlina gegenüber aber Elvira als rettungslos Verliebte hinzustellen, auf die er seinem »guten Herzen« zuliebe einzugehen vortäuscht. Elviras energische Arie (*Ah fuggi*) sucht Zerlina die Augen zu öffnen; an ihrem Ende gehen die beiden Frauen miteinander ab.

11. Szene: Der sein Pech verwünschende Giovanni, dem an diesem Tage alles zu mißlingen scheint, trifft auf Donna Anna und Ottavio. Sein Erschrecken weicht schnell seiner üblichen Kaltblütigkeit, als Donna Anna ihn auf seine alte Freundschaft anspricht. Sie ahnt also nichts, hat ihn bei dem bösen nächtlichen Abenteuer nicht erkannt. Mit großartiger Geste bietet er alles an, was er ihrem Dienste widmen möchte: seine Hand, seinen Degen, sein Gut, ja sein Blut. Wer mag es nur gewagt haben, sie zu kränken?

12. Szene: Doch seine Komödie wird durchkreuzt durch die Rückkehr Elviras, die nun Anna eindringlichst vor Giovanni warnt. Schnell versucht dieser, Anna und Ottavio davon zu überzeugen, daß Elvira – die ihnen in ihrem edlen Anblick und dem tiefen Schmerz, der sie zu erfüllen scheint, einen tiefen Eindruck macht – wahnsinnig sei. Immer heftiger werden Elviras Anklagen, immer verzweifelter Giovannis Versuche, Anna und Ottavio zu entfernen. Doch diese wohnen der bewegten Szene mit steigender Anteilnahme bei. Längst zweifeln sie an Giovannis so betonter Sorge um die »Wahnsinnige«, vielleicht steigt auch schon ein erster Verdacht in Anna auf, in diesem vermeintlichen Freunde den Eindringling wiederzuerkennen, der sie besitzen wollte und ihren Vater mordete. Mit der Drohung, aller Welt seinen wahren Charakter und ihr eigenes trauriges Schicksal zu enthüllen, geht Elvira schnell ab. Giovanni, mühsam den Schein aufrechterhaltend und Anna, die er um ihrer Schönheit willen offenkundig auch weiter begehrt, seine Hilfe nochmals anbietend, verabschiedet sich schnell und eilt Elvira nach.

13. Szene: Nun enthüllt Anna ihrem Bräutigam die tiefe Gemütsbewegung, die sich ihrer während der vorigen Szene bemächtigte. Plötzlich ist ihr klar geworden: Kein anderer als Giovanni kann der Mörder ihres Vaters sein. Dem Zusammenbruch nahe beginnt sie Ottavio die nächtliche Szene zu schildern: das lautlose Eindringen des vermummten Fremden, den sie zuerst für den Bräutigam gehalten, dann dessen Überfall auf sie, ihr verzweifeltes Ringen, seine Flucht und ihre Verfolgung: den Ablauf des furchtbaren Abends, dessen Ausgang den Beginn der Oper bildet. Und nun fordert Anna, ihrer Sache immer sicherer, Ottavio zur Rache auf (*Or sai chi l'onore*).

14. Szene: In einem kurzen Rezitativ drückt Ottavio nach Annas Abgehen seinen Entschluß aus, Klarheit zu gewinnen und, wenn die Zweifel sich bewahrheiten sollten, Giovanni zur Rechenschaft zu ziehen. Darauf folgt die Arie Ottavios (*Dalla sua pace*), die heute kaum in einer Aufführung fehlt, die aber in der Prager Uraufführung noch nicht vorhanden war; Mozart komponierte sie am 24. April 1788 für den Tenor Francesco Morella nach, der die Rolle in der bevorstehenden Wiener Premiere singen sollte und der sie anstelle der heute ebenfalls von allen Darstellern der Partie gesungenen Arie *Il mio tesoro* einlegte, da diese ihm offenbar zu koloraturenreich und schwierig erschien. Es ist keine Kampfansage, im Gegenteil: eine Bitte um den Frieden der Geliebten, der auch der seine sei.

15. Szene: Leporello ist in Nachdenken versunken, wie er seinen Herrn endlich verlassen könne. Da kommt Giovanni, Leporello staunt: »So als wäre nichts geschehen!« Er erzählt seinem Herrn, daß er alles getreulich so ausgeführt, wie Giovanni befohlen: die

Bauern hierher ins Schloß geführt, sie mit Speise und Trank bewirtet, sie mit Späßen unterhalten, bis plötzlich Zerlina erschien und mit ihr ... Elvira, weiß Giovanni sehr genau. Wie diese alles nur erdenklich Böse über Giovanni laut allen mitgeteilt, bis es ihm endlich gelungen sei, sie aus dem Hause zu drängen. Giovanni kann sich kaum halten vor Übermut, vor Freude über den gelungenen Streich. Doch nun schnell zu den hübschen Bauernmädchen; die hat er trotz der unangenehmen Situationen, in denen er seither steckte, nicht vergessen. Er greift zu einem vollen Glas, und in tollem Lebensgefühl jagt das berühmte Trinklied, seine »Champagner-Arie« (*Fin ch'han dal vino*) vorüber, sein einziges Glaubensbekenntnis: das zum unbegrenzten Lebensgenuß.

16. Szene: In einem Garten mit Pforten und Lauben ruhen oder schlafen die vom Fest ermüdeten Bauern. Zwischen Masetto und Zerlina erhebt sich ein Disput; Masetto ist wütend und tief gekränkt vom Verhalten seiner Braut: ihn am Tage der Hochzeit so schmählich zu verlassen! Fürchtete er nicht den Skandal im Dorf, er hätte gute Lust, sie zu verprügeln. Zerlina verteidigt sich mit auffallender Unverfrorenheit: was wolle er denn, der Herr habe nicht einmal die Spitze ihrer Finger berührt ... Darüber kann man zwar verschiedener Meinung sein, und wäre Elvira nicht im richtigen, letzten Augenblick gekommen ... Aber Zerlina kennt ihren Masetto und singt für ihn sehr klug ihre reizende Arie *Batti, batti, o bel Masetto* ... Möge er sie doch schlagen – sie nennt ihn sogar schön, um ihn zu versöhnen –, aber danach sei wieder Friede und alles wie zuvor. Wie gut kannte Da Ponte die Menschen ... Ihre Rechnung geht auf, Masetto ist besänftigt. Da hört man Giovannis Stimme in der Nähe, Zerlina sucht sich vor ihm zu verstecken, und in Masetto erwachen die Zweifel wieder. Er will alles wissen und von einem Versteck aus das Zusammentreffen Zerlinas mit Giovanni genau beobachten; sie aber will das unter allen Umständen verhüten.

17. Szene: Doch da tritt Giovanni auf und lädt, festlich gekleidet, alle nochmals zu Tafel und Tanz in das Innere seines Palastes.

18. Szene: Zerlina kann ihm nicht mehr entfliehen, schon nimmt er ihre Hand und läßt seine süßesten Worte erklingen, seine Verführungskünste spielen, um sie in die nahe Laube zu führen. Und wieder sieht es aus, als gelinge ihm das Spiel, da tritt ihm aus der gleichen Laube der dort versteckte Masetto entgegen. Schnell gefaßt wendet Giovanni es so, als habe er Zerlina auf ihren Wunsch zu ihm bringen wollen. Dann setzt die Bühnenmusik ein, Giovanni fordert zum Tanze auf, schnell stimmen Zerlina und Masetto ein und eilen an ihm vorbei in den Lichterglanz, der aus dem Saal dringt.

19. Szene: Drei Masken tauchen vor dem Schlosse auf; aber der Zweck ihres Kommens sind nicht Spiel und Fest. Hinter ihnen verbergen sich Ottavio, Anna und Elvira. Sie wollen den Verbrecher entlarven und glauben die beste Gelegenheit hierfür gekommen. Leporello erscheint auf dem Balkon oder an einem offenen Fenster; das berühmte Menuett, vom Bühnenorchester gespielt, dringt heraus und untermalt seine einladenden Worte. Ottavio nimmt im Namen der drei Masken an. Ein letzter glühender Racheschwur, dann betreten sie das Schloß.

20. Szene: Der große Ballsaal glänzt von Lichtern, ein Tanz geht eben zu Ende, Erfrischungen machen die Runde unter den Gästen, die vor allem aus den von Giovanni geladenen Bauern und Bäuerinnen bestehen. Immer wieder sucht Giovanni, sich in Zerlinas Nähe zu schieben, ihr einige verführerische Worte zuzuflüstern. Wütend beobachtet Masetto sie.

21. Szene: Leporello komplimentiert die drei Masken herein, Giovanni begrüßt sie mit einem Toast auf die Freiheit (gemeint sein dürfte die Maskenfreiheit, aber es wäre darüber nachzudenken, ob dieses Wort im Jahre 1787 nicht doch einen bezeichnenden Doppelsinn gehabt haben kann), den alle vollstimmig erwidern. Der Tanz beginnt wiederum; Mozart steigert ihn so, daß eine der glänzendsten Ballszenen der Opern-, ja der Musikliteratur daraus wird: Drei Orchester spielen drei Rhythmen, drei Tänze gleichzeitig, die trotz ihrer völligen Verschiedenheit nahtlos ineinandergefügt sind. Zum grundlegenden Menuett kontrapunktiert Mozart einen Kontertanz (den Giovanni mit Zerlina tanzt) und einen »Deutschen« (eine Art Ländler, mit dem Leporello Masetto davon abzulenken sucht, daß Giovanni Zerlina aus dem Saal fortlocken und schließlich drängen will). Die drei Masken beobachten aufmerksam dieses Spiel, Anna ist immer wieder einem Zusammenbruch nahe und muß von den beiden anderen zu Ruhe und Verstellung ermahnt werden. Masetto eilt Zerlina nach, als diese schließlich widerstrebend von Giovanni entfernt wurde, auch Leporello folgt ihnen. Plötzlich ertönen gellende Hilferufe Zerlinas hinter der Bühne. Panik bemächtigt sich aller im Saale, die Musik bricht ab, die Masken wollen zu Hilfe eilen und brechen eine Tür auf. Da naht Giovanni, der Leporello hereinschleift, als habe er ihn bei einer Missetat ertappt; er bedroht ihn mit dem Degen und spielt den wütend Empörten. Da tritt ihm Ottavio entgegen, mit der Pistole in der Hand: Er und die beiden Damen nehmen die Masken vom Gesicht, stehen Giovanni drohend gegenüber: der Betrug (*frode*) ist zu Ende, der Verräter und Schurke entlarvt. Aber da wir in der Oper sind – und dazu in der italienischen des 18. Jahrhunderts –, entweicht Giovanni nicht sofort, wie es als einzige dramatische Lösung möglich erscheint – sondern erst nach einem langen, statischen, vollstimmigen und dramatischen Ensemble, einem kunstvollen Septett, über dessen wilden Stretta-Schlägen der Vorhang fällt.

ZWEITER AKT

1. Szene: Auf einer Straße diskutieren – wieder einmal – Herr und Diener, Giovanni und sein Kumpan Leporello. Der will endgültig gehen, da Giovanni jetzt sogar sein Leben bedrohte. Das sei ja nicht ernst gemeint gewesen, erwidert dieser, nur eine Finte, um den Verdacht der versuchten Vergewaltigung Zerlinas von sich abzulenken. Er wirft Leporello einige Goldmünzen zu, was dessen Zorn ein wenig besänftigt. Nun gut, er gebe noch einmal nach; aber Giovanni solle die Frauen lassen. Die Frauen lassen? Giovanni fährt auf, als habe er das Unsinnigste vernommen. »Weißt du denn nicht, daß ich sie brauche wie das Brot, das ich esse, wie die Luft, die ich atme?« – »Und doch könnt ihr sie alle betrügen?« – »Nur aus Liebe! Wer einer Frau treu bleibt,

Giovanni begrüßt die drei Masken auf seinem Fest.
(Staatsoper München, 1973)

begeht eine Grausamkeit gegen alle anderen …« Eine seltsame Lebensphilosophie, aber doch das einzige Mal, daß Giovanni eine solche überhaupt versucht. Um dann gleich von der Theorie in die Praxis überzugehen: Heute abend gilt sein Streben der schönen Zofe Donna Elviras, unter deren Fenster sie sich befinden. Doch nicht in eigener Gestalt will er sie verführen; er meint, sie habe zu einem Manne ihres Standes mehr Vertrauen als zu einem Edelmann. Und schon wirft er seinen Mantel ab und zieht den Leporellos an, vertauscht seinen Hut mit dem des Dieners. Es dunkelt allmählich.

2. *Szene:* Auf dem Balkon erscheint Elvira und singt ihren Schmerz in die Nacht. Das kommt Giovanni gelegen; er schiebt Leporello ein wenig ins Licht und beginnt, hinter diesen geduckt, Liebesklagen zu Elvira hinaufzusenden. So überzeugend sind seine Worte, so verführerisch seine Stimme, daß die tief Enttäuschte ihm noch einmal glaubt und ihm verfällt. Während sie zu ihm auf die Straße eilt, instruiert Giovanni seinen Diener, nun mehr Kumpan denn je: In Giovannis Kleidern soll er sie umarmen, fort, irgendwo ins Dunkel führen, mit Giovannis Stimme ihr Liebesworte zuflüstern … (Erreicht dessen Gemeinheit hier ihren Höhepunkt, nachdem schon die Zerlina-Szene des Festes jeden vielleicht noch vorhandenen Glauben an den Edelmann in ihm zerstören mußte? Doch auch an seine Unwiderstehlichkeit: Zwei Abenteuer behandelt das Textbuch, und beide enden mit verzweifelten Hilferufen der Frauen! Ist die Gestalt nicht doch verzeichnet? Nicht der Niedrigkeit, der Gemeinheit wegen – die ihr schon zu Beginn ihrer literarischen Laufbahn anhaftete –, sondern wegen ihrer völligen Erfolglosigkeit bei den Frauen?)

3. *Szene:* Wieder eine groteske, eine Lustspielszene, die im Grunde traurig, ja ergreifend genannt werden müßte. Elvira wirft sich in des vermeintlichen Giovanni Arme, bedeckt ihn mit tränenvollen Küssen, überschüttet ihn mit Worten der Liebe, mit Fragen, die er mit knappen Silben beantworten kann: ob er zu ihr zurückkehre, ob er wisse, wieviel Kummer er ihr bereitet, ob er sie nie wieder verlassen, immer bei ihr bleiben werde … Der Spaß beginnt Leporello zu gefallen. Da verjagt Giovanni die

beiden, indem er im nahen Dunkel einen Kampf vortäuscht. Und amüsiert sich köstlich über seine Schurkerei, die einstige Geliebte seinem Diener hingeworfen zu haben. Dann aber: frisch ans Werk. Es gilt, Elviras Kammerzofe ans Fenster zu bringen. Giovanni stimmt hierzu seine Mandolinenserenade an: *Deh vieni alla finestra* …

4. Szene: Doch auch dieses Abenteuer mißlingt. Noch bevor sich am Fenster etwas zeigt, tauchen in der einsamen Straße Bauern unter Masettos Führung auf. Sie sind bewaffnet und ziehen mit wilden, drohenden Mienen einher. Giovanni ahnt, daß ihre Suche ihm gilt, aber entsinnt sich, daß er ja Leporellos Gewänder trägt. Trotzdem muß er, da es ihrer viele sind, vorsichtig vorgehen. Er begrüßt sie, beschimpft mit ihnen seinen Herrn, den Schurken, gegen den er sich freudig mit ihnen verbünden will. Er hat auch einen Schlachtplan: Er verteilt den Haufen in die verschiedensten Richtungen, um seinen Herrn aufzuspüren (Arie *Metà di voi quà vadano* …). Schließlich hat er nur noch Masetto neben sich; mit dem geht er einige Schritte die Straße hinab, wo sie niemand sieht und hört.

5. Szene: Er fragt Masetto nach seinen Waffen, und dieser überreicht ihm eine nach der andern. Dann fällt Giovanni über den Ahnungslosen her und verprügelt ihn erbarmungslos.

6. Szene: Giovanni hat das Weite gesucht, Zerlina eilt auf Masettos Wehklagen herbei. Er erzählt ihr, Leporello, oder vielleicht auch der Teufel in seiner Gestalt, habe ihn so zugerichtet. Das käme von seiner dummen Eifersucht, meint Zerlina, und wo es ihm denn weh tue? Hier, und hier, und hier und hier … Nun, wenn er sonst heil sei, dann wäre es nicht so schlimm, meint Zerlina, und wir sind wieder im »dramma giocoso«. Wenn er ihr verspreche, nicht mehr eifersüchtig zu sein, wolle sie ihn gern heilen, mit Zärtlichkeiten und Liebesspielen … (Arie Zerlinas *Vedrai, carino*).

7. Szene: Nahe einem Palast – es ist der Donna Annas – und nur wenig später in derselben Nacht treten Elvira und Leporello, dieser in Giovannis Kleidern, auf. Leporello ist längst des

Szene Zerlina – Masetto: *Vedrai, carino*
(»Ich weiß ein Mittel« oder »Wenn Du fein fromm bist«)
mit Lucia Popp und Enrico Fissore,
Staatsoper München 1973

»Abenteuers« müde und möchte entkommen, aber die zärtliche Elvira läßt ihn nicht fort.

8. Szene: Anna und Ottavio nähern sich, vergeblich sucht dieser, ihren Kummer zu besänftigen. Ungesehen wollen Elvira und Leporello fort, da stoßen sie auf Zerlina, die den arg mitgenommenen Masetto schleppt. Sie schreit beim Anblick des vermeintlichen Giovanni auf, Anna und Ottavio werden aufmerksam, eilen herbei, umringen den zu Tode Erschrockenen. Da legt sich, zur ungeheuren Überraschung aller, Elvira für den Bedrohten ins Mittel: er sei ihr Gatte, Mitleid, Mitleid mit ihm! Die Verwirrung ist groß, Elvira fleht, aber alle sind entschlossen, nun mit dem Verbrecher abzurechnen. Da reißt Leporello sich den Hut vom Kopf, den Mantel von den Schultern und wirft sich flehend auf die Knie. Nun ist das Erstaunen noch größer, aber auch die Empörung, in die jetzt auch Elvira einstimmt. Die gestammelten Phrasen Leporellos, die jagenden Koloraturen Annas, die feste Entschlossenheit der Stimmen zu den Seufzermotiven des Orchesters: ein langes, großartiges Ensemble, bei dem sich das Gewicht – wie stets in solchen Fällen – vom Dramatischen zum Musikalischen verlagert.

9. Szene: Dann geht es im Rezitativ weiter. Zerlina beschuldigt Leporello, der armselig vor seinen Feinden auf dem Boden hockt, er habe Masetto verprügelt – Elvira, sie so schamlos betrogen zu haben, indem er sich für Giovanni ausgab – Ottavio, verkleidet Annas Haus umschlichen zu haben, um neue Missetaten auszukundschaften. Jeder von ihnen nimmt das Recht für sich in Anspruch, ihn zu strafen. Masetto entscheidet schließlich beinahe salomonisch: Schlagen wir ihn alle vier tot! In einer Arie (*Ah, pietà*) gelingt es Leporello, die meisten Vorwürfe zu entkräften. Von Masettos Prügeln weiß er wirklich nichts, zu Annas Haus ist er auf langem ziellosen Spaziergang mit Elvira gelangt, und zur Komödie, die er dieser vorspielte, hat Giovanni ihn gezwungen … Er entdeckt eine kleine geöffnete Tür und ist im Nu davongelaufen.

10. Szene: Ein wenig ratlos stehen alle da und schauen Leporello nach. Ottavio faßt die Lage zusammen. Nun unterliegt es keinem Zweifel mehr, daß Giovanni der gesuchte Mörder des Komturs ist. Er lädt die Freunde ins Haus, um noch wenige Stunden zu ruhen, bevor am nächsten Tage die Rache über dem Verbrecher sich entladen soll. Die meisten Bühnen bringen hier die Tenorarie Ottavios (*Il mio tesoro*), die in der Prager Premiere gesungen, in der Wiener Aufführung von 1788 hingegen weggelassen wurde.

Szene 10 a: Hier folgten in der Wiener Aufführung vier Szenen, die Mozart erst nach der Prager Premiere komponierte. Mit Ausnahme der Szene 10 d (Elviras Arie *Mi tradi*, der Wiener Sopranistin Caterina Cavalieri zuliebe geschrieben) werden sie zumeist weggelassen. Szene 10 a spielt zwischen der wütenden Zerlina und dem völlig eingeschüchterten Leporello, den sie mit einem Messer bedroht und dem sie die ärgsten Strafen androht.

Schließlich fesselt sie ihn, wobei ihr (manchmal) ein des Weges kommender Bauer hilft. Schließlich, nach einem ziemlich ausgedehnten Duett, geht Zerlina ab, nachdem sie Leporello an einem niedrigen Fensterrahmen angebunden hat.

Szene 10 b: Leporello fleht den Bauern um Wasser an, doch dieser geht fort. Panik ergreift den Gefangenen; er zieht heftig an seinen Stricken, der Fensterrahmen bricht, und Leporello flieht.

Szene 10 c: Zerlina kehrt mit Elvira an diesen Ort zurück, um den gefesselten Leporello vorzuführen. Auch Elvira hat Lust, mit ihm abzurechnen. Aber Leporello ist entkommen. Masetto kommt, und Zerlina will wissen, wo er so lange war. Er erzählt, daß er auf Hilferufe einer Frauenstimme vom Wege fortgeeilt sei und so einen Mann zur Flucht veranlassen konnte, der die in Tränen aufgelöste Fremde bedrängte. Alle stimmen überein: Das kann nur eine neuerliche Missetat Giovannis gewesen sein! Zerlina und Masetto gehen, um sofort Don Ottavio davon zu verständigen.

Szene 10 d: Hier hat Mozart die Rolle Donna Elviras um ein ausdrucksvolles Rezitativ und die bedeutende Arie *Mi tradi* erweitert, die aber dramatisch kaum zu rechtfertigen sind.

11. Szene: Von hier an folgen alle Aufführungen dem ursprünglichen Plan, wie Da Ponte und Mozart ihn in der Originalfassung des Werkes durchgeführt hatten. Don Giovanni überspringt eine Friedhofsmauer. Er will seinen Verfolgern entgehen (ob dies nun im Anschluß an seine Verprügelung Masettos oder an das in den eingeschobenen Szenen erwähnte »Abenteuer« geschieht, ist gleichgültig). Er weiß, daß die Jagd auf ihn begonnen hat, aber er ist übermütig und glänzend gelaunt, der helle Mondschein stimmt ihn zu jedem beliebigen neuen Unternehmen ein. Auch Leporello übersteigt nun die Mauer und trifft seinen Herrn, dem er am liebsten nicht mehr begegnen möchte. Giovanni erzählt seinem Kumpan, was er in den abgelaufenen Stunden erlebt; am meisten amüsiert ihn ein Abenteuer, bei dem ein Mädchen ihn … für Leporello gehalten habe!

Sein lautes Lachen, in das der Diener nicht einzustimmen vermag, wird durch eine feierliche Stimme abgeschnitten, zu der düstere Bläserakkorde erklingen: »Dein Lachen wird vergehen …« Giovanni zieht seinen Degen, sucht, woher die Stimme gekommen sein möge, sieht sich, was er vorher kaum bemerkte, mit Gräbern und Standbildern konfrontiert. Der schlotternde Leporello ahnt früher als sein Herr, daß dieser hier keinem Irdischen gegenübersteht, sondern einer Stimme aus dem Jenseits. Unwillig verweist ihn Giovanni und fordert laut und herrisch: »Wer ist da?« (*Chi va la?*) Und abermals die dunkle, ruhige Stimme aus fernen, unbekannten Welten: »Verwegner, entweiche! Gönne Ruhe den Toten!« (*Ribaldo, audace, lascia a'morti la pace!*) Giovanni, der immer noch am überirdischen Ursprung der Stimme zweifelt, entdeckt nun, ohne jede innere Bewegung, die Statue des von ihm getöteten Komturs. Leporello soll ihm die Inschrift darauf vorlesen. Dieser versucht, sich der unangenehmen, vielleicht gefährlichen Aufgabe zu entziehen, aber seines Herrn Degen zwingt ihn dazu: »Den Frevler, der das Leben grausam mir geraubt, erwartet hier die Strafe« (*Dell'empio, che mi trasse al passo estremo, qui attendo la vendetta*). Verächtlich nimmt Giovanni die Drohung zur Kenntnis. Die Strafe, die Rache? Gut, er will ihr entgegengehen, sie herausfordern – weil er nicht an sie glaubt, oder weil er an sie glaubt? Leporello soll eine Einladung Giovannis an die Statue übermitteln; aber in seiner Todesangst kann er Gedanken und Sätze kaum aneinanderreihen; die Statue nickt, und Leporellos Furcht vervielfacht sich. Giovanni selbst muß näher treten und die Frage an den toten Komtur richten, ob er seine Einladung zum Abendessen annehmen wolle. Ein klares »Ja!« schallt über den nächtlichen Friedhof. Befriedigt der eine, zu Tode erschrocken der andere, machen Giovanni und Leporello sich auf den Heimweg.

12. Szene: In einem »düsteren Gemach« besprechen Anna und Ottavio die Lage. Seinen Trostesworten setzt Anna immer wieder ihre Sehnsucht nach Rache an Giovanni entgegen. Ottavio möchte ihre Hochzeit beschleunigen, um die Geliebte dann mit seiner ständigen Gegenwart aufrichten zu können, aber Anna will, bevor der Tod ihres Vaters nicht gesühnt sei, von Glück nichts wissen. Eine sehr bedeutende Arie (*Non mi dir*) drückt ihre Gefühle aus: Eines Tages wird der Himmel vielleicht sich ihrer erbarmen.

Friedhofsszene (Deutsche Oper Berlin)

13. Szene: Das gewaltige Finale setzt ein, eines der großartigsten der Operngeschichte. In Giovannis Saal ist der Tisch zum Mahle gedeckt. In einer Ecke spielt sein Hausorchester, Leporello steht dienstbereit. Der Hausherr zeigt sich in strahlender Laune, feuert die Musikanten an, genießt Speise und Trank. Das kleine Bühnenorchester stimmt nun drei bekannte – damals bekannte – Melodien an: zuerst eine aus der Oper *Una cosa rara* des Spaniers Vicente Martín y Soler, die im Vorjahr (1786) sich als viel erfolgreicher erwies als Mozarts *Figaro* und von den Wienern geradezu gestürmt wurde. Leporello kommentiert deren Erklingen entweder mit dem Originaltext: *Bravi! Cosa rara!* oder mit einem »Extempore«[1], etwa »Wie heißt denn diese Oper?« oder »Sollte ich das nicht kennen?« usw. Die zweite Melodie ist ebenfalls einer heute vergessenen damaligen Oper entnommen: *Fra i due litiganti il terzo gode* (»Wenn zwei sich streiten, freut sich der Dritte«) des Italieners Giuseppe Sarti, die ebenfalls im Vorjahr in Wien herausgekommen war. Auch dieses Bruchstück wird von Leporello mit einem Witzwort begrüßt (im Original: *Evvivano »I litiganti!«*) (»Hoch leben mögen *I litiganti!«*), manchmal mit der Aufforderung: »Lieber etwas von Mozart!« Die dritte Melodie ist Mozarts *Figaro* entnommen, und Leporello meint schmunzelnd: *Questa poi la conosco purtroppo!* (»Das kenne ich allerdings gut!« oder ähnlich). Während dieser Tafelszene spricht Giovanni, wie sein Diener neidisch beobachtet, mit glänzendem Appetit dem Essen und den Getränken zu: eine Lustspielszene, wie sie im Buche steht, und anscheinend fern jeder dramatischen Verwicklung. Um so stärker ist die Wirkung, als nun die entscheidenden Ereignisse Schlag auf Schlag plötzlich hereinbrechen.

14. Szene: Elvira betritt den Saal, stürzt Giovanni zu Füßen, bereit, alle Kränkung und Erniedrigung zu vergessen, die er ihr zugefügt; und nun nicht mehr um eines neuen Liebesfrühlings willen – zu dem er, der nie zu einer Frau zurückkehren kann, die er einmal verließ, nicht imstande wäre –, sondern für die Rettung seines Seelenheils: *Che vita cangi!*, erwartet, verlangt sie von ihm, daß er sein Leben ändere. Aber ebenso könnte sie

---

[1] im Theater übliche Improvisation oder Stegreifstelle

Ruggero Raimondi als Giovanni (Staatsoper München, 1973)

von der Nacht verlangen, sie solle nicht mehr dunkel sein. Ironisch zollt Giovanni dieser Forderung Beifall: »Bravo!«, dann setzt er sich wieder zur Tafel und lädt Elvira an seine Seite. Sie erkennt, wie sinnlos ihr Wunsch diesem Manne gegenüber ist und stürzt verzweifelt davon. Doch kaum hat sie die Tür im Hintergrund erreicht, als sie mit lautem Aufschrei zurückprallt und in anderer Richtung davonläuft. Leporello, den Giovanni schickt, die Ursache dieser Schreie festzustellen, kommt nicht weiter: Auch er kehrt in furchtbarem Schrecken um, duckt sich, an allen Gliedern zitternd, in einen Winkel. Giovanni befragt ihn, nur mühsam entnimmt er dessen Stammeln, daß *l'uom di sasso*, der Mann aus Stein, die Statue nahe, der »Steinerne Gast«, wie die Erscheinung in zahllosen Buch- und Dramentiteln heißt. Dann schlägt die steinerne Faust an die Pforte. Leporello ist nicht mehr imstande, die Tür zu öffnen. Giovanni erhebt sich selbst. Und während die Musiker eilends flüchten und Leporello sich unter den Tisch verkriecht, steht er dem Komtur gegenüber, dem Standbild, das er zum Abendessen eingeladen hat.

Die Erscheinung des Steinernen Gastes im Schloß Giovannis
(Scala Mailand 1955/56)

15. Szene: Giovanni erlebt nun seine große Stunde, die einzige, die Da Ponte ihm in diesem Werk geben konnte oder wollte. Er zittert nicht, lädt mit edler Gebärde die Statue an seinen Tisch. Doch zu anderem Tun ist der Steinerne Gast gekommen: um Giovanni nun seinerseits einzuladen. Es ist klar, was das bedeutet. Keine irdische Mahlzeit zu teilen gilt es, sondern ihm ins Jenseits zu folgen. Giovanni steht fest, unerschütterlich, keine Angst beschleicht ihn nun, da er dem Unabwendbaren gegenübersteht. Der tote Komtur verlangt seine Hand zum Pfand dafür, daß er kommen werde. Und Giovanni legt seine Rechte in die riesige steinerne Faust der Erscheinung. *Pentiti, cangia vita!* (»Bereue, ändere dein Leben!«) mahnt der Komtur, nicht anders als Elvira es kurz zuvor getan. Ein hartes zweimaliges »Nein!« Giovannis ist die stolze Antwort. Und immer wieder auf jede Ermahnung: »Nein!« Hochaufgerichtet bis zuletzt: »Nein, nein!« Die Erscheinung verschwindet, aber die Pforten der Hölle haben sich aufgetan, Flammen züngeln von überall her, die Erde bebt. Und in furchtbarem Todeskampf unterliegt Giovanni den Mächten des Jenseits.

Letzte Szene: Um diese gab es in der Aufführungsgeschichte des *Don Giovanni* viel Meinungsverschiedenheiten. Nachdem sie in Prag auf die Bühne gebracht worden war als Abschluß des Werkes, strich man sie bei der Wiener Aufführung. Das Textbuch vermerkte an dieser Stelle: »In diesem Augenblick erscheinen alle andern, sehen Don Giovannis Untergang, stoßen einen Schrei aus, fliehen, und der Vorhang fällt.« Im 19. Jahrhundert wurde diese letzte Szene dann selten auf der Bühne gezeigt: Die Romantik liebte es begreiflicherweise, das Werk mit dem theatralisch höchst wirkungsvollen Abschluß der Höllenfahrt zu schließen. Erst unsere Zeit greift auf die erste Fassung zurück und beendet das Werk nahezu immer so, wie Da Ponte und Mozart es sich ursprünglich gewünscht und vorgestellt hatten. Es ist ja eben kein Drama, sondern ein »dramma giocoso«, in dem ein Aufhellen des Horizonts nach Abzug des schweren Unwetters durchaus möglich ist.

Die letzte Szene versammelt also alle Überlebenden: die drei Frauen (Anna, Elvira, Zerlina), die drei Männer (Ottavio, Masetto, Leporello). Leporello berichtet von Giovannis Ende,

Die letzte Szene mit den sechs überlebenden Personen
(Münchner Staatsoper, Juli 1973)

vom »Teufel«, der ihn geholt, vom »Schatten«, der ihn mit sich genommen, verschlungen habe. Nun beginnen die Lebenden aufzuatmen, ihre Pläne für die Zukunft zu spinnen. Anna erbittet von Ottavio ein Jahr Aufschub der Heiratspläne; zu stark ist ihre Erschütterung über das Vorgefallene, als daß sie sogleich in ein neues Leben treten könnte – oder sollte sie von der doch vorhandenen Zaghaftigkeit, der mangelnden Entschlußkraft ihres Bräutigams ein wenig enttäuscht sein? Die Frage bleibt offen. Elvira geht ins Kloster, um in Einsamkeit dort ihr Lebensende zu erwarten. Zerlina und Masetto aber kennen keine Probleme: rasch heim, um in fröhlicher Gesellschaft mit einem guten Schmaus das Vorgefallene zu feiern! Leporello muß einen neuen, einen besseren Herrn suchen; der alte weilt bei Pluto und Proserpina … Aber – so meinen die drei aus dem »unteren« Stande: Zerlina, Masetto, Leporello – »die Guten« (*buona gente*) singen nun wieder froh nach alter Weise gewissermaßen »die Moral von der Geschicht'«, so wie zahllose mittelalterliche und auch noch spätere Stücke schlossen: Das ist das verdiente Ende eines Bösewichts …

Ein Schluß, der so ungeheuer simpel aussieht und doch zum Nachdenken verleitet.

Zur Geschichte von Mozarts *Don Giovanni*

Im Band *Die Hochzeit des Figaro* der Reihe *Opern der Welt*[1] ist erzählt worden, wie Prag, Böhmens Hauptstadt mit den alten Türmen und Brücken, das »goldene Prag« – *zlata Praha*, wie die Tschechen es nennen –, an Mozarts *Figaro* noch im selben Jahr wieder gutmachte, was Wien ihm an Bitternis verursachte, als es mit dieser Premiere vom 1. Mai 1786 nicht viel und keineswegs das Richtige anzufangen wußte. Zwar konnte sich das böse Gerücht, die Sänger hätten das Werk durch absichtliches Falschsingen gefährdet oder gar zu Fall gebracht, weder beweisen noch halten lassen. Doch zweifellos hat es Unsicherheiten gegeben, die mangelnde Vorbereitung und vielleicht sogar ein wenig Gleichgültigkeit bewiesen. Vielleicht galt diese einem Komponisten, der ja bis dahin mit keiner einzigen italienischen Oper in Wien zu Gehör gekommen war. Und deutsche Singspiele – wie die vier Jahre früher aufgeführte *Entführung aus dem Serail* – zählten für die mächtige italienische Partei unter der Führung des Hofkapellmeisters Antonio Salieri nicht.

Und dann war *Le nozze di Figaro* durch die Premiere von *Una cosa rara* des in der Kaiserstadt niedergelassenen Spaniers Vicente Martín y Soler (die Italiener pflegten seinen Namen ins Italienische, Martini, abzuändern) vollends aus dem Felde geschlagen worden: Ganz Wien sprach von einem Ballett in dieser Oper, in buntesten Farben ausgestattet und in einem wiegenden Dreivierteltakt getanzt (dem eine, wenige Jahre später anbrechende, »neue Zeit« den Namen »Walzer« gab). Von *Le nozze di Figaro*, einige Monate vorher über die Bretter gegangen und insgesamt neunmal gegeben (viermal im Mai, einmal im Juli, einmal im August, einmal im September, einmal im November und ein letztes Mal vor zweijähriger Pause im Dezember), war kaum die Rede. »Eine seltsame Sache« (denn das heißt *Una cosa rara*) zwitscherten die Wiener Spatzen von den Dächern, da sie diese Musik – täglich in langen en-suite-Serien[2] im Theater

---

[1] Band 8007
[2] allabendliche, von keinem anderen Werk unterbrochene Aufführungsreihe

zu hören – auf allen Straßen und Plätzen gesungen und ge-
pfiffen vernahmen.

In Mozart, dreißig Jahre alt und seit vier Jahren glücklich
verheiratet, regte sich immer stärker (und immer begreiflicher)
der Wunsch, diese »Musikstadt« Wien so bald als möglich mit
einer anderen, ihm gastlicher gewogenen europäischen Metro-
pole zu vertauschen. Konstanze und er lernten eifrig Englisch
und Französisch, zwei Sprachen, von denen ihm aus seinen
Wunderkindjahren Reste verblieben waren, von denen aber Konstanze kaum eine Ahnung hatte. Der Vater wird eingeweiht.
Natürlich. Denn trotz Ehestand und selbständigen Lebens ist er
immer noch der Leitstern in Wolfgangs Leben: *Nach dem lieben
Gott kommt gleich der Papa*, hatte er einst gesagt, und es war
immer noch wahr. Doch Leopold, welterfahren wie wenige,
winkte schriftlich ab. Er kannte seinen Sohn. Konnte der sich,
trotz unleugbarer Erfolge, zahlreicher Konzerte in Adelshäusern
wie auch vor allgemeinem Publikum und prächtigen Kompositionen, in Wien keine geregelte Stellung mit gesichertem Ein-
kommen verschaffen – wo doch Sprache, Mentalität, Glauben,
allgemeine Vertrautheit, Wohlwollen des Kaisers und manches
andere das Einleben zu erleichtern schienen –, wie sollte er in
Paris oder London den wohl ungleich härteren Lebenskampf
auf fremdem Boden bestehen? Mozart kannte zwar dieses Argu-
ment des »Herrn Papa« nicht, aber er würdigte einige andere, die
dieser ihm schrieb und verschob die Abreise aus Wien, die sich
ja ohnedies von Jahr zu Jahr schwieriger gestaltet hätte: kam
doch jedes oder beinahe jedes Jahr ein Neugeborenes in das
Haus des verliebten Paares. Die meisten überlebten die ersten
Tage und Wochen nicht, das war in damaliger Zeit durchaus
nichts Ungewöhnliches. Der am 18. Oktober 1786 geborene
Sprößling stirbt am 15. November.

Und dann kam die Einladung nach Prag. Sie muß Wolfgang und Konstanze wie ein Gruß, wie ein Wink vom Himmel
erschienen sein. Mit einem Mal hatte der inzwischen herein-
gebrochene Winter einen hellen Schimmer bekommen. Das
junge Paar, mit der – göttlichen – Fähigkeit versehen, Unan-
genehmes schnell vergessen zu können (die moderne Psychologie wird allerdings vorsichtiger von »Verdrängen« sprechen),
vergißt (oder verdrängt) die Wiener Enttäuschungen sowie einen

bitteren Brief des Vaters Leopold, der sich sehr energisch weigert, die beiden Anfang November am Leben befindlichen Kinder bei sich in Salzburg aufzunehmen, um Wolfgang und Konstanze größere Auslandsreisen zu ermöglichen. Nun war ja nur noch eines bei ihnen, und das konnte man in Wien leicht »in gute Obhut« geben.

Die Einladung nach Prag erfolgte von seiten »des Orchesters und einer Gesellschaft großer Kenner und Liebhaber« und berief sich ausdrücklich auf den ungeheuren Erfolg, den Mozarts *Figaro* am Ufer der Moldau zu erringen wußte und der sich in einer nichtendenwollenden Reihe glänzender Aufführungen ausdrückte. Prag hatte seine Liebe zu Mozart nicht erst jetzt entdeckt. Schon 1783 war *Die Entführung aus dem Serail* hier zum starken Erfolg geworden, und seitdem war das Interesse an seinen Kompositionen nicht abgerissen. Es gab in der kultivierten Stadt genug Amateure und Berufsmusiker, Kammermusikgruppen und Liebhaberensembles, die sich seine in Wien erscheinenden Werke zu verschaffen wußten und ihnen liebevolle Pflege angedeihen ließen.

Unter den vielen Prager Freunden Mozarts und seiner Werke müssen in erster Linie das Ehepaar Duschek und der Graf Thun genannt werden. Die Bekanntschaft mit den Duscheks war fast zehn Jahre alt. Im Sommer 1777 waren Franz und Josepha durch Salzburg gereist, wo sie sich einige Zeit bei Verwandten aufhielten. Der Mann, zwanzig Jahre älter als Mozart, war ein ausgezeichneter Pianist; seine Gattin eine hochbegabte Sängerin und blendende Erscheinung. Bernhard Paumgartner, der große Mozart-Kenner, nennt sie eine *degagierte, lebenslustige, auffallende Frau, drei Jahre älter als Mozart, unsentimental, immer zu fröhlichen Possen aufgelegt ..., als Künstlerin ungemein anregend ...* Der Volksmund brachte sie und ihr beträchtliches Vermögen mit einer Liaison in Verbindung, die sie in sehr jungen Jahren mit einem der höchsten Aristokraten Böhmens unterhielt. Das Vermögen wußte sie übrigens klug anzuwenden, sie kaufte das vor den Toren Prags gelegene schöne Gut Bertramka, das in Mozarts und seines *Don Giovanni* Geschichte noch eine Rolle spielen wird. Josepha Dušek (oder verdeutscht: Duschek) war, als Mozart sie nun nach Jahren wiedersah, eine namhafte, wenn nicht sogar berühmte Sängerin geworden, die von ihren böh-

331

mischen Landsleuten mit der großen, stimmgewaltigen italienischen Primadonna Caterina Gabrielli verglichen wurde. Sie gastierte an vielen Orten, in Dresden, Leipzig, Wien, aber auch in Warschau und vielen anderen Musikstädten außerhalb des deutschen Sprachgebiets. Ihr herzlicher Brief an Mozart, mit der Aufforderung nach Prag zu kommen, um persönlich Zeuge des Triumphes seines *Figaro* zu werden, dürfte gegen Weihnachten 1786 in Wien angekommen sein.

Die Vorbereitungen zur Fahrt waren schnell getroffen. Eigentlich beschämend schnell: Man ersieht daraus, wie wenig Mozart im Grunde an festen Verpflichtungen hatte. Ein paar – herzlich wenige – »Scholaren«, ein oder das andere, leicht zu verschiebende Versprechen, irgendwo eine kleine »Akademie[1]« zu geben. Die Schüler mochten warten, Mozart liebte sie ohnedies nicht sehr (wenn es auch Ausnahmen unter ihnen gab: besonders begabte etwa, aber, wie es hieß, auch besonders reizvolle junge Damen). Am 8. Januar 1787 brechen die Mozarts aus Wien auf, am 11. kommen sie in Prag an. Sechs Tage später wohnen sie einer *Figaro*-Aufführung bei, während welcher Mozart immer wieder stürmisch bejubelt wird.

Das Paar wohnte, da das Duscheksche Haus aus irgendeinem Grunde nicht zur Verfügung stand, beim Grafen Johann Joseph Thun, einem echten Musikliebhaber und Mozart-Verehrer. Dort gab es jeden Tag nach der Mittagstafel ein ein- bis zweistündiges Konzert, bei dem das eigene Hauspersonal mitwirkte. Das Thunsche Palais gehörte zu jenen Adelshäusern des alten Österreich, in denen ein Kammerdiener nur eingestellt wurde, wenn er etwa gut Geige, ein Hilfskoch, wenn er gewandt die Flöte spielte. Mozart berichtet am 14. Januar, drei Tage nach seiner Ankunft, in einem langen Brief voll bester Laune an seinen engen Wiener Freund Gottfried von Jacquin über diese täglichen »wahren Unterhaltungen«, bevor er von einem Ball mit den »Prager Schönheiten« erzählt, auf dem er zwar nicht selbst tanzte, weil er zu müde war, aber *mit ganzem Vergnügen zusah, wie alle diese Leute auf die Musik meines »Figaro« in lauter Kontratänze und Deutsche verwandelt, so innig vergnügt herumsprangen,* was er *gewiß große Ehre für mich* nennt.

---

[1]   hier: Konzert

Als er sein Werk dann im Theater vernahm, ging der erste Teil der Prophezeiung in Erfüllung, die in der *Prager Zeitung* vom 12. Januar zu lesen war:

Gestern, den 11. Jänner (Donnerstag) kam unser großer und geliebter Tonkünstler, Herr Mozart aus Wien, hier an. Wir zweifeln nicht, daß Herr Bondini diesem Mann zu Ehren die »Hochzeit des Figaro«, dies beliebte Werk seines musikalischen Genies aufführen lassen werde und unser rühmenswertes Orchester wird sodann nicht ermangeln, neue Beweise seiner Kunst zu geben und die geschmackvollen Bewohner Prags werden sich gewiß, ohngeachtet sie das Stück schon oft gehört haben, sehr zahlreich einfinden ...

Das war ein Ton, der Mozart wohltun mußte, und als alles so war, wie es hier gewünscht wurde, ging sein schon empfangsfreudig gestimmtes Herz vollends auf. Das Orchester »gab neue Beweise seiner Kunst«, die Bewohner der Stadt waren in hellen Scharen gekommen; es dirigierte der sehr gute Kapellmeister und bedingungslose Mozart-Verehrer Josef Strobach, im Sängerensemble glänzten des Impresario Bondini Gattin Caterina als Susanna, der hervorragende Baß Felice Ponziani als Figaro, Luigi Bassi (der gerade erst 21 Jahre wurde) als Graf, ein Kavaliersbariton – wie wir heute sagen würden –, dem bald trotz seiner Jugend die Krönung seiner Laufbahn bevorstehen sollte: Mozarts *Don Giovanni* zu kreieren. Der frühe Mozart-Biograph Niemetschek, der alles noch aus dem Munde von Zeitgenossen erfahren konnte, schreibt: *Allsogleich verbreitete sich der Ruf von Mozarts Anwesenheit im Parterre und sowie die Symphonie*[1] *zu Ende ging, klatschte ihm das ganze Publikum Beifall und Bewillkommen zu.* Die Ovationen steigerten sich zum Delirium, als Mozart dann drei Tage später, am 20. Januar 1787, vom Cembalo aus, nach damaliger Gepflogenheit, das Orchester und die Vorstellung selbst leitete.

Am Abend vorher war der zweite von der *Prager Zeitung* ausgesprochene Wunsch in Erfüllung gegangen: ... *Wir wünschten auch, Herrn Mozarts Spiel selbst bewundern zu können.*

---

[1] alte Bezeichnung für Ouvertüre, in Italien gelegentlich noch gebräuchlich

Über dieses Konzert vom 19. Januar berichtet Niemetschek sehr ausführlich und voll höchsten Lobes. Doch besitzen wir auch andere Zeugnisse, so das des späteren Theaterdirektors Johann Nepomuk Stepanek:

> *Zum Schlusse der Akademie phantasierte Mozart auf dem Fortepiano eine gute halbe Stunde und steigerte dadurch den Enthusiasmus der entzückten Böhmen auf das höchste, so zwar, daß er durch den stürmischen Beifall, den man ihm zollte, sich gezwungen sah, nochmals an das Klavier sich zu setzen. Der Strom dieser neuen Phantasie wirkte noch gewaltiger und hatte zur Folge, daß er von den entbrannten Zuhörern zum dritten Male bestürmt wurde. Mozart erschien. Innige Zufriedenheit über die allgemeine enthusiastische Anerkennung seiner Kunstleistungen strahlte aus seinem Antlitz. Er begann zum dritten Male mit gesteigerter Begeisterung, leistete, was noch nie geleistet worden war, als auf einmal aus der herrschenden Totenstille eine laute Stimme im Parterre sich erhob mit den Worten: »Aus Figaro!«, worauf Mozart in das Motiv der Lieblings-Arie »Non più andrai farfallone etc.« einleitete und ein Dutzend der interessantesten und künstlichsten Variationen aus dem Stegreif hören ließ ...*

Müßte man nicht diesen kurzen Zeitraum zwischen dem 17. und dem 20. Januar 1787 zu den Höhepunkten in Mozarts Leben rechnen? Im Mannesalter hat er ähnliches kaum irgendwo erlebt, seit den ihm schon sehr ferngerückten Wunderkind-Tagen kaum irgendwann genießen können. Hinzu kommt der materielle Gewinn der Prager Reise, die der Vater auf 1 000 Gulden bezifferte; eine sehr beträchtliche, ja hohe Summe, welche die kurz darauf in voller Schärfe eintretende Misere in Mozarts Wiener Haushalt noch unverständlicher macht und jenen Forschern recht zu geben scheint, die Mozarts katastrophale Lage der letzten Lebensjahre nicht den normalen Ausgaben anlasten, sondern ungewöhnlichen, wie etwa hohen Spielverlusten. Der Triumph in Prag trug noch andere, weitreichendere Früchte. Der Prager Theaterdirektor Pasquale Bondini, auf dessen schöner Bühne alle geschilderten Ereignisse stattfanden, schlug dem Meister eine neue Oper vor. Das bedeutete nach der geradezu überwältigenden Aufnahme des *Figaro* kein Risiko. Mozart übernahm die Aufgabe sehr gern, einmal weil sie ihm das übliche Honorar für eine solche *scrittura*[1] eintrug – 100 Dukaten –, zum anderen, weil er Gelegenheit gefunden hatte, sich von der hohen Qualität des Bondinischen Ensembles mehrfach und nicht nur bei seinem eigenen *Figaro* zu überzeugen. Das Prager Theater war ein Neubau: Graf Nostitz hatte es 1783 als »Nationaltheater« erbaut, weshalb es zumeist das »Nostitzsche Theater« genannt wurde, bevor es den Namen »Ständetheater« annahm, und im 20. Jahrhundert nach dem großen tschechischen Dichter »Kajetan-Tyl-Theater« benannt wurde. Sein erster Direktor, der Deutsche Karl Wahr, hatte mit Mozarts *Entführung aus dem Serail* Erfolg gehabt, war aber bald infolge von Unstimmigkeiten mit der Behörde – ja, dem Kaiser selbst, wie es hieß – zurückgetreten. Bondini, der schon zwanzig Jahre früher als Opernsänger in Prag gewirkt hatte, übernahm nun die Leitung, wobei ihm der Sänger und Regisseur Domenico Guardassoni zur Seite stand. Daß damit aus dem einstigen (deutschen) Nationaltheater eine rein italienische Opernbühne wurde, war klar. Bondini hing in hohem Maße vom Wohlwollen der oberen Gesellschaft ab; der Graf Thun dürfte einiges dazu beigetragen haben, daß der Impresario sich zu so schneller Annahme des *Figaro* entschloß. Denn der galt nur den Nicht-Italienern als italienische Oper. Gewiß, er war in italienischer Sprache – und sogar tadellos in der Diktion – komponiert, aber Mozart war eben doch kein Italiener (und ist es bis zum heutigen Tage nicht geworden: Seine italienischen Opern sind im deutschen Sprachgebiet zu Hause, nicht im italienischen). Eigenartig: Hasse war »echter« Italiener geworden, Händel Engländer – aber Mozart blieb aus nie ganz durchleuchteten Gründen ein »Deutscher«.

In manchen Mozart-Biographien findet man vermerkt, daß Bondini sich bei der Annahme des *Figaro*, sehr bald nach der nicht sehr erfolgreichen Premiere in Wien, auch einem gewissen Druck der Freimaurer ausgesetzt sah, denen Mozart seit dem 14. Dezember 1784 angehörte. Mozarts Mitgliedschaft – selbst seinen Vater überredete er ein Jahr später zum Beitritt – bildet ein seltsames, unter den verschiedensten Aspekten zu betrach-

[1] Opernauftrag

tendes Kapitel, über das im Band *Die Zauberflöte* dieser Reihe[1], die »Freimaurer-Oper«, einiges nachzulesen ist. Ob sich die Prager Loge wirklich so für den Wiener »Bruder« eingesetzt hat? Es möge mit einem Fragezeichen versehen sein. Doch nun, nach dem echten, von den obersten Gesellschaftsschichten bis weit ins Bürgertum reichenden Erfolg des *Figaro* bedurfte es kaum noch eines Einflusses, um Bondini mit Mozart schnell handelseinig werden zu lassen. Er schrieb ihm, wie es manchmal vorkam, keinen bestimmten Stoff vor; aber er bat ihn wohl, bald an die Ausführung zu gehen, um die neue Oper noch im selben Kalenderjahr herausbringen, sozusagen den Triumph des *Figaro* ausnutzen zu können. Nun, damit hatte es bei Mozart gewiß keine Schwierigkeit.

Die Wiener wähnten Mozart fort: Und so schrieb der Wiener Korrespondent seinem Hamburger *Magazin der Musik* am 29. Januar 1787 folgenden mit Werk-Kritik vermischten Bericht (der am 23. April erschien): ... *Mozart hat vor einigen Wochen eine musikalische Reise nach Prag, Berlin und wie man sagt, sogar London angetreten. Ich wünschte, daß sie zu seinem Vorteil und Vergnügen ausschlagen möge. Er ist der fertigste, beste Klavierspieler, den ich je gehört habe; nur schade, daß er sich in seinem künstlichen und wirklich schönen Satz, um ein neuer Schöpfer zu werden, zu hoch versteigt, wobei freilich Empfindung und Herz wenig gewinnen. Seine neuen Quartette für 2 Violinen, Viola und Baß, die er Haydn dediziert hat, sind doch wohl zu stark gewürzt – und welcher Gaumen kann das lange aushalten. Verzeihen Sie dieses Gleichnis aus dem Kochbuche* ... Jener Korrespondent war nicht der einzige, der so dachte: Mozarts Verleger Hofmeister schrieb seinem Komponisten, als seine Klavierquartette keinen Absatz fanden: *Schreib populärer, sonst kann ich nichts mehr von Dir drucken und bezahlen!*

Mozart ging nicht *nach Berlin oder sogar London* – wovon ernsthaft nie die Rede war –, sondern bestieg Anfang Februar, nach ungefähr einmonatigem Aufenthalt, in Prag die Postkutsche und fuhr mit Konstanze nach Wien zurück. Er brachte

---

[1] Band 8008

den Opernauftrag mit und damit die Hoffnung, im selben Jahre nochmals die durchaus angenehme Reise nach Norden antreten zu können.

Er muß, kaum zurückgekehrt, Da Ponte aufgesucht haben. Begreiflicherweise dachte er nur an ihn als den möglichen und erwünschten Librettisten seiner neuen Oper. Er traf den Hofpoeten in etwas gedrückter Stimmung an: Zwei Opern, von den italienischen Musikern Righini und Gazzaniga auf seine Texte komponiert, waren durchgefallen. Der Kaiser, der ihm wohlgesonnen war, hatte ihm das Beispiel seines Konkurrenten, des Hofdichters Casti, vorgehalten, der nur für Paesiello und Salieri schreibe, zwei berühmte Meister, deren Werken stets bedeutender Erfolg beschieden war. Joseph II. scheint angeregt zu haben, auch Da Ponte möge sich auf anerkannte Komponisten hohen Formats beschränken, etwa auf Martini[1], Salieri und Mozart. Das Schicksal wollte es, daß gerade in jenem Augenblick …, doch lesen wir die amüsante Geschichte der Textbuch-Auswahl in Da Pontes Memoiren nach:

Ich glaubte, meine eingeschlafene Muse wieder wecken zu müssen, da die beiden jüngsten Niederlagen sie gelähmt hatten. Jene drei, vom Kaiser erwähnten Maestri boten mir Gelegenheit dazu dar, da sie mich zur selben Zeit um Libretti baten. Ich verehrte und schätzte sie alle drei sehr hoch. Mit ihrer Hilfe hoffte ich, mich von meinem letzten Falle wieder erheben zu können. Ich wußte kein anderes Mittel, sie gleichzeitig zufrieden zu stellen, als drei Dramen zugleich zu verfertigen. Nachdem ich bei einer früheren Gelegenheit zwei zu gleicher Zeit bewältigt hatte, schien das Unternehmen meine Kräfte nicht zu übersteigen. Salieri verlangte kein Originalstück; er hatte in Paris die Musik zur (französischen) Oper »Tarare« geschrieben und wünschte nun diese Musik einem italienischen Text anzupassen, er brauchte also nur eine freie Übersetzung. Was Mozart und Martini betrifft, so überließen sie mir die Wahl des Sujets. Ich bestimmte für den ersten – der entzückt davon war – »Don Juan« und für

---

[1] Gemeint ist der früher schon erwähnte Komponist Vicente Martín y Soler.

den zweiten den »Baum der Diana«, einen mythologischen Stoff, der aber seinem Talent entsprach, denn dieses war voll von jenem süßen Melodienreichtum, welcher zwar so manchem Komponisten angeboren ist, der aber nur selten ganz zum Ausdruck kommen kann.

Nachdem ich meine drei Stoffe gefunden, begab ich mich zum Kaiser und gab ihm meine Absicht kund, alle drei gleichzeitig zu bearbeiten. Er schrie laut auf. »Sie werden scheitern!« »Vielleicht, aber ich will den Versuch wagen. Ich werde, bevor ich mich an Mozarts Buch mache, einige Seiten in Dantes ›Hölle‹ lesen, um in die rechte Stimmung zu kommen!«

Gegen Mitternacht setzte ich mich an meinen Arbeitstisch; eine Flasche vortrefflicher Tokayer stand rechts von mir, mein Schreibzeug links, eine volle Tabakdose aus Sevilla vor mir. Um jene Zeit wohnte mit ihrer Mutter ein junges und schönes Mädchen von sechzehn Jahren in meinem Hause, der ich eigentlich nur wie ein Vater hätte zugetan sein müssen. Sie kam stets in mein Zimmer zur Verrichtung kleiner Dienste, sobald ich mit der Klingel schellte, um etwas zu verlangen. Ich mißbrauchte diese Glocke etwas, zumal wenn ich meine Wärme schwinden und mich am Erkalten fühlte. Das reizende Mädchen brachte mir dann bald ein wenig Bisquit, bald eine Tasse Schokolade, bald aber auch nur ihr heiteres, stets lächelndes Antlitz, das wie geschaffen war, den ermüdeten Geist wieder zu beleben und die poetische Begeisterung neu zu entfachen. Ich zwang mich dazu, täglich zwölf Stunden hintereinander zu arbeiten und führte dies zwei Monate lang mit nur kurzen Unterbrechungen durch. Während dieser ganzen Zeit blieb mein schönes junges Mädchen mit ihrer Mutter im benachbarten Zimmer, mit Lektüre, einer Stickerei oder Nadelarbeit beschäftigt, um stets bereit zu sein, beim ersten Glockenklang vor mir zu erscheinen. Da sie fürchtete, mich in meiner Arbeit zu stören, saß sie zuweilen unbeweglich, ohne den Mund zu öffnen oder mit den Augenlidern zu blinzeln, den Blick starr auf meine Schreibarbeit geheftet, sanft atmend, anmutig lächelnd, zu Zeiten sogar wie zu Tränen geneigt über den

Ausgang der Geschichten, in die ich vertieft war. Ich klingelte schließlich weniger häufig, um mich nicht zu sehr zu zerstreuen und meine Zeit in ihrem Anblick zu versäumen.
So zwischen dem Wein von Tokai, dem Schnupftabak von Sevilla, der Klingel auf meinem Tisch und dem schönen Mädchen, das der jüngsten der Musen glich, schrieb ich die erste Nacht für Mozart die beiden ersten Szenen des »Don Giovanni«, zwei Akte vom »Baum der Diana« und mehr als die Hälfte des ersten Aktes von »Tarare«, wobei ich diesen Titel in »Axur« umänderte. Am nächsten Morgen trug ich die Arbeiten zu meinen drei Komponisten, die ihren Augen nicht recht trauen wollten. In zwei Monaten waren »Don Giovanni« und »Der Baum der Diana« vollendet, auch bereits mehr als ein Drittel der Oper »Axur« fertig. »Der Baum der Diana« kam zuerst zur Aufführung und wurde eben so glänzend aufgenommen wie die »Cosa rara« …

Leider sind wir über Mozarts Komposition des *Don Giovanni* nicht annähernd so gut – oder amüsant – unterrichtet. Hätte er doch auch Memoiren geschrieben! Aber das Leben ließ ihm kaum Zeit, auch nur alle musikalischen Gedanken, die wohl ununterbrochen auf ihn einstürmten, zu Papier zu bringen. Hätte er uns erzählt (wie Da Ponte in vierzigjährigem Rückerinnern), daß er während dieser Arbeit, wie wohl bei allen anderen seit 1782 und bis an sein frühes Ende, gelegentlich die Feder beiseite gelegt, um mit Konstanze Küsse und Zärtlichkeiten zu tauschen? Eines wüßten wir wahrscheinlich, wenn es Lebenserinnerungen Mozarts gäbe: ob der so oft behauptete Besuch Beethovens in Wien wirklich stattfand oder nicht. Ob der junge Mann aus Bonn – er zählte 17 Jahre – ihn um jene Zeit aufgesucht hat, um ihm vorzuspielen, um Lektionen bei ihm zu nehmen. Ob Mozart, wie überliefert, seine Meinung über Beethoven in die Worte zusammenfaßte: *Achtung! Von diesem wird die Welt noch viel hören!*
Das alles klingt mehr nach Legende als nach Wirklichkeit. Beethovens Aufbruch aus Bonn steht fest, ebenso seine Reise nach Süden – und seine überstürzte Wiederkehr, da ihn die Sorge um die schwerkranke Mutter zurückrief. Die Ankunft in Wien (Erich Schenk setzt sie auf den 7. April, die Abreise auf

den 20. fest) wäre noch möglich, kaum aber das Vorspiel bei Mozart und gewiß nicht dessen zitierte Äußerung; hätte sich Konstanze, als sie später ihrem zweiten Gatten alle ihre Erinnerungen an Mozart diktierte, einer solchen Begebenheit nicht entsinnen müssen, zumal zu diesem Zeitpunkt Beethoven längst eine Weltberühmtheit geworden war?

Doch andere Ereignisse aus der Zeit der *Don Giovanni*-Komposition sind sicher und verbürgt. Der Vater, der eben noch von einer kurzen Fahrt nach München gutgelaunt ins heimatliche Salzburg zurückgekehrt ist, erkrankt ernstlich. Er ärgert sich über die ständige Nachfrage nach seiner *vollkommenen Gesundheit*, wie seine Tochter, das berühmte Nannerl – Wolfgangs Reisegefährtin und Musikpartnerin in Kindheit und Jugend – sie regelmäßig aus ihrem Heim im benachbarten St. Gilgen am Wolfgangsee stellt; denn von einer solchen könne bei einem alten Manne wie ihm keine Rede mehr sein. Wolfgang trifft diese Nachricht schwer. Er hat nie daran gedacht, daß der Vater sterben könnte – steht er doch so lebendig vor ihm, wie er ihn stets nach der Rückkehr von den weiten, weiten Reisen, die ihn durch mehr als halb Europa führten, vorgefunden hatte. Er wird nachdenklich, unterbricht wohl die Arbeit am *Don Giovanni* und schreibt seinen vielleicht ernstesten, tiefsten Brief am 4. April 1787 nach Salzburg:

Mon très cher Père! Diesen Augenblick höre ich eine Nachricht, die mich sehr niederschlägt, um so mehr, als ich aus Ihrem letzten Schreiben vermuten konnte, daß Sie sich gottlob recht wohl befinden. Nun höre ich aber, daß Sie wirklich krank seien! Wie sehnlich ich einer tröstenden Nachricht von Ihnen selbst entgegen sehe, brauche ich Ihnen doch wohl nicht zu sagen; und ich hoffe es auch gewiß, obwohl ich es mir zur Gewohnheit gemacht habe, mir immer in allen Dingen das schlimmste vorzustellen. Da der Tod, genau genommen, der wahre Endzweck unseres Lebens ist, so habe ich mich seit ein paar Jahren mit diesem wahren, besten Freunde des Menschen so bekannt gemacht, daß sein Bild nicht nur nichts Schrekkendes mehr für mich hat, sondern recht viel Beruhigendes und Tröstendes! Und ich danke meinem Gott, daß

er mir das Glück gegönnt hat, mir die Gelegenheit – Sie
verstehen mich? – zu verschaffen, ihn als den Schlüssel
zu unserer wahren Glückseligkeit kennen zu lernen. Ich
lege mich nie zu Bette, ohne zu bedenken, daß ich viel-
leicht, so jung ich bin, den nächsten Tag nicht mehr sein
werde; und es wird doch kein Mensch von allen, die mich
kennen, sagen können, daß ich im Umgange mürrisch
oder traurig wäre, – und für diese Glückseligkeit danke
ich alle Tage meinem Schöpfer und wünsche sie von
Herzen jedem meiner Mitmenschen ...

Am 28. Mai 1787 – Mozart steckt sicherlich tief in der Arbeit
an der äußerst notenreichen Partitur des *Don Giovanni* – stirbt
Leopold; wenn ihr Verhältnis auch in den letzten Jahren nicht
mehr ganz so eng und bedingungslos vertrauenerfüllt war wie in
früheren Zeiten, so stellte der Vater doch immer noch die
höchste Autorität für Wolfgang dar, in vielem eine Art Idol, ein
Vorbild, ein Bezugspunkt.

Und doch gibt es auch rund um diesen Tod Ungereimtheiten
in Mozarts Leben, wie es sie bei so vielem gibt. Er ist eine schillernde, ungeheuer lebhafte, bewegliche Persönlichkeit, in der
Stimmungen oft von einem Tag zum nächsten, ja von einer
Stunde zur anderen umschlagen. Eine Woche, nachdem er
seinem Freund Gottfried von Jacquin den Tod seines Vaters mit
bewegten Worten mitgeteilt hat (29. Mai) – *Ich benachrichtige*
Sie, daß ich heute, als ich nach Hause kam, die traurige Nach-
richt vom Tode meines besten Vaters bekam. Sie können sich
meine Lage vorstellen! –, dichtet er 22 Verse auf einen anderen
Tod: den des Stars, den er in einem Käfig zu Hause hielt:

Hier ruht ein lieber Narr,
ein Vogel Star.
Noch in den besten Jahren
mußt er erfahren
des Todes bittern Schmerz.
Mir blut' das Herz,
wenn ich daran gedenke.
O Leser, schenke
auch du ein Tränchen ihm.
Er war nicht schlimm,

nur war er etwas munter,
doch auch mitunter
ein lieber, loser Schalk
und drum kein Dalk[1].
Ich wett', er ist schon oben,
um mich zu loben
für diesen Freundschaftsdienst
ohne Gewinnst.
Denn wie er unvermutet
sich hat verblutet,
dacht' er nicht an den Mann,
der so schön reimen kann.

Merkwürdig, etwas von diesem Nebeneinander der extremen Stimmungen ist auch in der gleichzeitigen großen Arbeit festzustellen – in der vielleicht geistig, musikalisch und stimmungsmäßig reichsten, die Mozart je schuf –, im *Don Giovanni*. Was da in jenen Monaten des Frühlings und Sommers 1787 unter seinen Händen entstand, wurde ein »dramma giocoso«, und in diesem Namen liegt etwas, was nur unzulänglich und keinesfalls so knapp ins Deutsche zu übersetzen ist: ein »heiteres Drama« also, was nach unserem Sprachgebrauch einen Widerspruch in sich selbst bedeutet. Vielleicht wäre »Drama mit mehreren heiteren Szenen« ungefähr das Treffende in bezug auf Mozarts Werk. Es ist bezeichnend, daß der Stoff des Frauenverführers Don Juan – der in seinen frühen Versionen, wie wir an anderer Stelle behandeln, weit eher ein Frauenschänder und -betrüger ist – in älteren Zeiten überhaupt als Lustspielthema betrachtet werden konnte; doch ist dies bei den meisten uns bekannt gewordenen Bearbeitungen der Fall. Erst die Verbindung mit einem zweiten Stoff – dem des »steinernen Gastes«, des Besuchs aus dem Jenseits, der als rächende Macht auftritt – bringt die überwiegend heitere Komödie zu einem ernsten, dramatischen Ende. Lorenzo Da Ponte übernimmt den Rohbau seines *Don Giovanni* (oder, mit dem genauen Titel: *Il Dissoluto Punito ossia Il Don Giovanni* – »Der bestrafte Wüstling oder Don Juan«) vom unmittelbaren Vorgänger, dem *Convitato di pietra*

---

[1] österreichisch-süddeutscher Ausdruck für »dummer Kerl«

(»Steinernen Gast«), Text von Bertati, Musik von Gazzaniga, der Oper, die soeben erst in Venedig ihre Uraufführung erlebt und in erfolgreichem Zuge schnell bis Wien gedrungen war, wo wohl beide, Da Ponte wie Mozart, das Werk auf der Bühne gesehen haben dürften.

In einigen Biographien Mozarts heißt es, er habe mit der Komposition erst im Juni 1787 begonnen, *als das Buch beendet war*. Wer aber die Art und Weise kennt, in der damals Opern geschaffen wurden, nimmt eher an, Mozart habe in begreiflicher Ungeduld (und wohl auch überwältigt von zahllosen musikalischen Ideen, die ihm fortwährend zuströmten, während er sich mit einem Stoff beschäftigte) bereits früher angefangen, Bruchstücke, die Da Ponte ihm übergab, in Musik zu setzen. So steht es ja auch in Da Pontes Memoiren angedeutet. Es ist kaum glaubhaft, daß der Dichter, nachdem er seinem Komponisten überraschend schnell die ersten Szenen zeigen konnte, ihm diese weggenommen habe, um zuerst den Rest zu vollenden. Außerdem schreibt Da Ponte – in eben diesen, allerdings nicht immer sehr verläßlichen Erinnerungen –, *Don Giovanni* sei *in zwei Monaten* beendet gewesen. Spätestens Mitte Februar war Mozart aus Prag zurückgekehrt, mehr als wenige Tage dürfte er nicht gewartet haben, um Da Ponte, den er nach dem *Figaro* begreiflicherweise wieder zum Textdichter ausersehen hatte, vom Prager Erfolg und dem neuen Auftrag Mitteilung zu machen. Spätestens Ende April konnte das Libretto des neuen Werkes also vorgelegen haben.

Eine interessantere Frage als der genaue Zeitpunkt ergibt sich, wenn wir Da Pontes Textbuch mit den früheren Fassungen der Don-Juan-Legende vergleichen: Wie weit kann Mozart auf die Arbeit seines Librettisten Einfluß genommen haben? Wir wissen, daß der jugendliche Komponist so ziemlich alles vertonte (oder vertonen mußte), was ihm im Zuge eines Opernauftrags übergeben wurde. Daran – und nur daran – leiden viele seiner frühen Bühnenwerke, bis in die Nähe der Unspielbarkeit. In reiferen Jahren aber nahm Mozart zumeist starken Einfluß auf die Textbücher, die er in Opern zu verwandeln hatte. Wahrscheinlich nicht nur vom musikalischen Standpunkt aus, sondern auch von einem allgemein dramatischen, ja vielleicht geistigen. Es wäre faszinierend zu erfahren, ob er mit Da Ponte solche

Fragen besprochen hat. Leider besitzen wir darüber nicht den kleinsten Hinweis.

War *Don Giovanni* für Mozart einfach eine »scrittura«, ein Opernauftrag, wie andere auch? Nahezu sein gesamtes musikdramatisches Werk ist ja »im Auftrag« entstanden. Unter seinen Meisterwerken gehört nur *Die Zauberflöte* in ein anderes Gebiet; denn zu ihr lag kein »Auftrag« im üblichen Sinne, sondern nur eine Aufforderung des Freundes Schikaneder vor. Alles andere aber – vom *Mitridate* der frühen italienischen Tage, über *Ascanio in Alba* und viele weitere bis zu den »großen«, also *Idomeneo, Die Entführung aus dem Serail* und *Le nozze di Figaro*, dann zu *Don Giovanni, Così fan tutte* und *Titus* – war als »Auftrag« zu ihm gelangt, und zumeist schon mit mehr oder weniger genauer Angabe des zu behandelnden Stoffes. Bondini hatte ihm dessen Wahl zwar freigestellt, aber anscheinend war das Thema ihm von Da Ponte, kaum hatte er diesen auf ein Libretto angesprochen, vorgeschlagen, ja suggeriert worden.

War es ein Thema, das Mozart nahelag? Das stellt eine kaum jemals völlig einwandfrei zu beantwortende Frage dar. Persönlich hatte er nichts, nicht das mindeste mit Gestalt und Charakter eines »klassischen« Don Juan zu tun. Die Frauen gefielen ihm, gefielen ihm sehr. Ob er bei ihnen hingegen »Glück« hatte, ist schon viel fraglicher. Man mußte ihn wohl recht gut kennen, um ihn so liebenswert zu finden, wie er sicherlich war. Äußerlich besaß er nichts Bestechendes, Strahlendes, Verführerisches. Nicht einmal sein Genie transzendierte; wer von ihm nichts wußte, kam bei seinem Anblick und Umgang kaum darauf, es mit einem der größten Meister aller Zeiten zu tun zu haben. (Zudem: Talent war selten ein Anreiz für Liebe; ein Mann wurde von Frauen begehrt, obwohl, nicht weil er ein Genie war.) Mozart war, wenn man seine kaum über ein natürliches Maß hinausgehende Neigung zum anderen Geschlecht überhaupt katalogisieren will, viel eher ein Casanova als ein Don Juan. Ein spielerischer Liebhaber mit viel erotischem Gefühl, kein Besessener, Getriebener, kein gewalttätiger Eroberer, kein Wüstling, der über zerstörtes Leben, ja Leichen zu gehen imstande wäre. Sind diese Unterscheidungen vielleicht »modernerer« Natur und 1787 noch unanwendbar? Standen einander damals Casanova (der Zeitgenosse war, Da Pontes Jugendfreund und Mozarts

Bekannter) und *Don Juan* vielleicht sehr nahe? Bei Da Ponte hat man manchmal dieses Gefühl. (Auf eine mögliche Besessenheit Don Juans spielt nur ein einziger Satz in der Mozart-Oper an. Don Giovanni weist seines Dieners Leporello Ermahnung, die Frauen zu lassen, schroff, wie etwas völlig Unsinniges, zurück: »Ich, die Frauen lassen? Sind sie mir doch so wichtig wie die Luft, die ich atme!«)

Nun, wie immer es gewesen sein mag: Der (etwas verunglückte) *Abate*[1], aber volle Lebensgenießer Da Ponte und der (vielleicht ein klein wenig schüchterne) Frauenliebhaber Mozart schaffen gemeinsam eine »Don-Juan-Oper«. Die Arbeit fließt ohne Unterbrechung, sicherlich auch ohne grundsätzliche Erwägungen und Diskussionen dahin. Man schreibt das Jahr 1787. Und das bedeutet nicht das gleiche wie anderthalb Jahrhunderte früher. Die Welt hat sich von Tirso de Molinas Zeiten zu jenen Da Pontes wesentlich gewandelt. Und sie steht am Vorabend einer erschütternden Umwälzung. Nur noch zwei Jahre, und das »Volk« von Paris, ein neuer, bis dahin fast unsichtbarer, verachteter Stand, wird die Bastille stürmen. Die Freimaurerei hat uralte Ideen für die Welt in neue Begriffe gefaßt: Freiheit, Gleichheit, Brüderlichkeit. Oder sind es andere Kräfte gewesen, die das Ende der feudalen Gesellschaftsordnung herbeiführen wollten? Da Ponte, durchaus Mann des »ancien régime«, des absolutistischen Kaiserreichs seiner habsburgischen Brotgeber, steht den hier und dort schon beginnenden Strömungen der neuen Zeit durchaus nicht feindlich oder unverstehend gegenüber. Merkwürdig, bei seiner Bearbeitung der *Mariage du Figaro* des revolutionären Beaumarchais mußte er beweisen, daß kein Rebellentum in seinem Operntext stehen geblieben war. Beim *Don Giovanni* erwartete niemand einen solchen Nachweis; und gerade hier tritt die »soziale Frage« viel schärfer hervor als im harmlos gewordenen *Figaro*. Da nimmt Masetto kein Blatt vor den Mund, wenn es um Rache am Aristokraten geht, der ihm die Braut stehlen will. Man ist am Wiener Hof sehr tolerant, es regiert Joseph II., und dieser hat eine tiefe Neigung zum »Volk«, dem er Zugang zu seinen Gärten und Parks

---

[1] Bezeichnung für einen jungen Geistlichen, der dem »weltgeistlichen Stand« angehört, aber die höheren Priesterweihen noch nicht erhalten hat

gibt, dessen Lage er – auch auf Kosten der Klöster und ihrer Bewohner, die er für Schmarotzer hält – verbessern möchte. Nicht zuletzt darum wird die große Revolution, die Frankreich in Trümmer und Asche legt und in Blut taucht, vor dem Vielvölkerstaat Österreich Halt machen ... Wer Da Pontes *Don Giovanni* genau liest und durchdenkt, wird es verstehen oder fühlen. Da tauscht ein Edelmann die Kleider mit seinem Diener, sie sind Kumpane in einem fast schon beschämenden Grade. Da verprügelt ein Aristokrat einen Bauern eigenhändig, und der läßt es sich gefallen, nicht weil er der sozial, sondern weil er der körperlich Schwächere ist. Da ist der Edelmann alles eher als ein solcher, er ist Schurke, Betrüger, Mörder, Gewalttäter. Hätte die Revolution stärkere Argumente finden können als die Geschichte des Don Juan, besonders in der Fassung, in der Da Ponte sie niedergeschrieben hat?

Hat Mozart bis in die letzte Konsequenz erfaßt und verstanden, welchen ungeheuren, ja ungeheuerlichen Stoff er da vertonte? Vielleicht nicht, da ihm ein Charakter wie der seines »Helden« ganz ferne lag. Noch deutlicher wird dieser – möglicherweise seltsam anmutende – Einwand dann beim nächsten gemeinsamen Werk Da Pontes und Mozarts, bei *Così fan tutte*. Dessen verborgene, abgründige, geradezu teuflische Bösartigkeit hat Mozart sicherlich nicht einmal geahnt ...

Don Juans wahre Beschaffenheit hat er kaum fühlen können. Er erhielt von Da Ponte glänzend gebaute, ausgezeichnet in Verse gefaßte Theaterszenen mit fesselnden Gestalten darin, erhielt einen fast »kriminalistisch« abrollenden Handlungsablauf von der Suche nach einem Mörder, der sich später noch weiterer Schandtaten als verdächtig herausstellte. Da war Spannung, da lag Bühnenleben drin. Und die prachtvollen, gut gegeneinander abgesetzten Charaktere! Vor allem der Frauen! Das gab wundervollen, hochwillkommenen Anlaß zum Musizieren aus vollem Herzen. Vielleicht wußte er mit den Männerrollen weniger anzufangen. Nicht musikalisch – da wurden sie hervorragend bedacht –, sondern psychologisch. Fällt es auf, daß ausgerechnet die Titelfigur keine der doch im Werk zahlreich verstreuten großen Arien zu bringen hat? Don Giovanni singt die außerordentlich kurze »Champagner-Arie«: stimmlich – verglichen mit anderen damaligen Arien – eher unergiebig, musikalisch nicht sonderlich inspiriert und mit jenen des Ottavio nicht zu vergleichen, dramatisch (als Monolog) nicht von zwingender Notwendigkeit, wenn auch von beträchtlicher Wirksamkeit. Ein zweites Solo steht ihr anläßlich der bezaubernden Serenade zu: Mozart hat ihr selbst den Rang einer Arie genommen und sie, liedhaft wie sie ist, *Kanzonette* getauft. Sie wäre in einer weniger wichtigen Rolle ein Glanzpunkt, für Don Giovanni aber ist sie etwas zu gewichtslos und erinnert vielleicht an Pedrillos Liedchen, mit dem die Entführung in Mozarts gleichnamiger Oper eingeleitet wird. Und noch weniger sagt das dritte Solo über Giovanni aus, das Mozart ihm in den Mund legt: Er schickt in der Dunkelheit der Nacht die bewaffneten Bauern schlau auf verschiedenste Pfade, um den mit ihm allein zurückbleibenden Masetto verprügeln zu können. Keine Situation für eine große Belcanto-Arie; hier wird das Stück *giocoso*, und Mozart dürfte sich herzlich an der Situation gefreut, seine Musik ihr durchaus angemessen gefunden haben. Warum bat er Da Ponte nicht um einen großen Arientext für die Friedhofs- oder eher noch für die letzte Szene, eine auftrotzende, rebellische Gebärde gegen das Schicksal, gegen Gott – den er ja in der Gestalt des toten Komturs verachtet, verlacht hat –, eine Art »Prometheus-Geste« gegen den Himmel (*zu leiden, zu weinen, zu genießen und zu freuen sich, und dein nicht zu achten, wie ich!* dichtet, annähernd zur gleichen Zeit, Goethe). Doch das ist wohl schon zu »romantisch« gedacht, das hieße, Don Juan eine Dimension zu verleihen, die er in den damaligen Dichtungen noch nicht hat, nicht haben kann. Nur in Mozarts Musik, da ist trotz aller Einwände, die wir vorbrachten, die Ahnung dieser Dimension vorhanden. Darin liegt Dämonie, Abgründiges, Übersinnliches, Unheimliches, obwohl das Textbuch uns einen Lüstling, Wüstling, zumeist in heuchlerischer Maske, schamloser Verstellung, unwürdiger Flucht zeigt. Hier liegt vielleicht der Unterschied zwischen Da Ponte und dem Genie Mozart, das Dinge ahnt, von denen es im Bewußtsein nichts weiß …

So arbeiten sie miteinander, schaffen gemeinsam an einem Werk, dem es bestimmt sein sollte, weit über ihre Zeit hinauszuweisen und die abendländische Menschheit in einem Grade zu erregen, der ungewöhnlich und sehr selten genannt werden muß.

Constanze (oder Konstanze), geborene Weber (von Weber?),
Mozarts Gattin (und Verwandte des Komponisten
Carl Maria von Weber)

Ende April erkrankt Mozart. Er kränkelt oft. Die ungeheuer
weiten, anstrengenden, zu jeder Jahreszeit unternommenen
Wagenfahrten seit seiner Kindheit, die zahllosen Konzerte, die
Prestige und Notwendigkeit des Gelderwerbs ihm schon in der
frühesten Lebensphase abforderten, hatten seine nie sehr starke
Gesundheit unterminiert. Chroniken dieser Frühlingstage des
Jahres 1787 sprechen von wahrem *Zusammenbruch*, von *lebens-
gefährlichem Zustand*. Das zerrüttet nicht nur den zarten Körper,
für den Konstanze, so gut es geht, sorgt, sondern bringt auch die

in Prag ein wenig aufgefüllten Finanzen wieder in Unordnung, wie wir annehmen müssen. Der Arzt schickt allerdings keine Rechnungen: Es ist der, einer alten Salzburger Freundesfamilie entstammende, Dr. Siegmund Barisani, der Mozart schon drei Jahre vorher von schwerer Krankheit geheilt hat, nun aber, nur 29 Jahre alt, ganz überraschend am 3. September 1787 selbst stirbt. Dieser Tod trifft Mozart sehr schmerzlich. Der Vater ist nicht mehr da, und nun auch Barisani tot. Und er schreibt gerade die beiden einzigen Todesszenen seiner großen Bühnenwerke: die des Komturs und Don Giovannis Höllenfahrt.

Daß mitten in der Arbeit an diesem Werk die Familie Mozart wieder einmal – wie oft geschieht dies in den ungefähr neun Wiener Jahren? – umziehen muß, sei erwähnt. Von Beethovens (ebenfalls nicht gerade wenigen) Behausungen in und um Wien sind zahlreiche erhalten, von Mozarts ungleich weniger. Das hat zwei Gründe: Bei Beethovens Tod (1827) war das Bewußtsein der Umwelt, daß hier eine Gedenkstätte zu erhalten sei, viel stärker entwickelt als zu Zeiten Mozarts. Und: Mozarts Häuser waren schon alt und zum Teil wohl auch morsch, als er dort wohnte, da er sich bessere eben nicht leisten konnte. Beethovens Wohnstätten hingegen spiegelten seine doch wesentlich bessere Finanzlage, von geringen Ausnahmen abgesehen. Mozart zieht nun also, im Sommer 1787, aus der nahe dem Stephansdom im Stadtinnern gelegenen Schulerstraße in weiter vorwärts gelegene Bezirke: in die »Landstraße« Nr. 224 damaliger Zählung. Das Haus steht nicht mehr; es entsprach ungefähr der Lage jenes, das heute als Landstraße Hauptstraße 53 bezeichnet ist, östlich vor der Bastei und den Toren Wiens lag und damals wohl noch reichlich von Grün umgeben war. An die Gegend knüpften sich für ihn angenehme Jugenderinnerungen: In dem hier in der Nähe gelegenen Schlößchen des berühmten »Magnetismus«-Arztes Dr. Mesmer fand 1768 die Uraufführung seiner kleinen Spieloper *Bastien und Bastienne* statt. Das war vor 19 Jahren, und er selbst damals ganze 12 Jahre alt … Das Haus auf der »Landstraße« darf also als jenes gelten, in dem Mozart seinen *Don Giovanni* der Vollendung nahebrachte. Ganz abgeschlossen hat er ihn ja, seiner Gewohnheit gemäß, überhaupt erst am Orte der Uraufführung. Von diesem Haus auf der »Landstraße« fuhren Mozart und Konstanze, wohl in den ersten Tagen des

Oktobers 1787, erneut nach Prag. Am 6. Oktober berichtet die *Prager Oberpostamtszeitung* ihren Lesern: *Unser berühmter Herr Mozart ist wieder in Prag angekommen, und seit dem hat man hier die Nachricht, daß seine von ihm neu verfaßte Oper, »Das steinerne Gastmahl« auf dem hiesigen Nationaltheater zum erstenmal gegeben wird.* Drei Tage später, am 9. Oktober also, eine weitere Notiz, die auf das bevorstehende Ereignis Bezug nimmt: *Der k.k. Dichter Herr Abbé Laurenz Da Ponte, ein geborener Venezianer, ist aus Wien hier angekommen und wird sich einige Tage hier aufhalten.* Warum der Herr Hofdichter allerdings nach Prag kam, war nicht vermerkt, und mit Ausnahme weniger Eingeweihter dürfte es kaum jemand gewußt oder erraten haben.

Ihr dreijähriges Söhnchen Karl hatten die Mozarts in Pflege gegeben. Über die zwei- bis dreitägige Fahrt wissen wir nichts, sie dürfte dieses Mal, im vielleicht noch milden Frühherbst, angenehmer verlaufen sein als einige Monate zuvor im strengen Winter. Ein großer Dichter der Romantik hat diese Reise zum Anlaß einer kleinen Novelle genommen, an der nichts historisch, aber alles irgendwie »echt« ist: Eduard Mörike beschrieb in unendlich liebevoller Weise *Mozart auf der Reise nach Prag* zum hundertsten Geburtstag des von ihm hochverehrten Meisters (1856). Darin steht, als »böhmisches Volksliedchen« getarnt, das wundervolle Gedicht, das vielleicht wirklich zu Mozarts Stimmung auf dieser Reise gepaßt haben mag:

Ein Tännlein grünet wo,
wer weiß, im Walde;
ein Rosenstrauch, wer sagt,
in welchem Garten?
Sie sind erlesen schon,
denk' es, o Seele,
auf deinem Grab zu wurzeln
und zu wachsen.
Zwei schwarze Rößlein weiden
auf der Wiese.
Sie kehren heim zur Stadt
in muntern Sprüngen.
Sie werden schrittweise gehn

mit deiner Leiche,
vielleicht, vielleicht noch eh'
an ihren Hufen
das Eisen los wird,
das ich blitzen sehe!

Mozart bezog in Prag zwei Quartiere. Das eine hieß »Zu den drei Löwen« und stand auf dem »Kohlmarkt«. Das andere, sicherlich um vieles lustigere (und luftigere), lag im Grünen, weit vor der Stadt: Es war das »Bertramka« genannte weit-räumige Gut der Freunde Duschek. Da Ponte wohnte im Hotel »Platteis« und konnte sich, wenn Mozart in der Stadt weilte, mit diesem sogar von Fenster zu Fenster verständigen. In seinen Memoiren erzählt der Dichter, er sei nach Prag gereist, um *mit den Schauspielern ihre Rollen einzustudieren.* Das klingt etwas unglaubwürdig, da es ja eben keine Schauspieler, sondern Sänger waren; denen hätte zwar vielleicht – die Chroniken sagen nichts davon, aber man darf es vielleicht als generell gültig für die damalige Zeit annehmen – szenischer Unterricht nicht geschadet, aber niemand dachte daran, ihnen solchen zu erteilen. Da Ponte konnte es nie lassen, seine eigene Wichtigkeit hervorzuheben, an der wir auch nicht zweifeln wollen; aber die Einstudierung der Sänger-Rollen oblag Mozart und einigen ihm dabei zugeteilten Kapellmeistern und Musikern.

Die Partitur war übrigens noch nicht fertig. Wurde deshalb die für den 14. Oktober in Aussicht genommene Premiere des *Don Giovanni* verschoben? Oder waren wirklich die Gründe dafür verantwortlich, die Mozart am 15. Oktober seinem Freund Gottfried von Jacquin in Wien mitteilt:

Sie werden vermutlich glauben, daß meine Oper schon
vorbei ist, doch da irren Sie sich ein bißchen. Erstens ist
das hiesige theatralische Personal nicht so geschickt wie
das zu Wien, um eine solche Oper in so kurzer Zeit einzu-
studieren. Zweitens fand ich bei meiner Ankunft so
wenige Vorkehrungen und Anstalten, daß es eine bloße
Unmöglichkeit gewesen sein würde, die am 14., also
gestern zu geben. Man gab also gestern bei ganz illumi-
niertem Theater meinen »Figaro« den ich selbst diri-
gierte …

Das Gut »Bertramka« bei Prag, Besitz von Mozarts Freund
Dušek (oder Duschek), wo er auch während seines Prager
Aufenthalts eine Zeitlang wohnte

Krönungen und Fürstenhochzeiten waren jahrhundertelang die
wichtigsten Motive zur Entstehung »großer« Opern. Die europäischen Höfe pflegten ihre Dichter und Komponisten mit deren
Abfassung zu betrauen, und das bei der Uraufführung gebotene
Schauspiel war prunkvoll, auf und vor der Bühne. Besonders
prächtig pflegten die Habsburger solche Werke auszustatten;
nicht nur der Glanz ihrer Macht veranlaßte sie hierzu, sondern
wohl mehr noch ihre sprichwörtliche Musikliebe. Bei der Hochzeit der Erzherzogin Maria Theresia mit dem sächsischen Prin-
zen Anton kam Hofdichter Lorenzo Da Ponte gleich zweimal
zum Zuge: Am 1. Oktober 1787 erklang in Wien *Der Baum
der Diana* von Vicente Martín y Soler, zu dem er, wie bereits
erwähnt, den Text zur gleichen Zeit mit seiner Don-Juan-
Fassung geschrieben hatte. Und am 14. sollte das junge Paar in
Prag ebenfalls mit einer Festoper geehrt werden; hierfür war Da
Ponte-Mozarts *Don Giovanni* ausersehen.

Aber das Stück war nicht fertig, Ersatz mußte schleunigst gesucht werden. *Le nozze di Figaro*! Die beiden Autoren waren anwesend und konnten gewiß eine schnelle Reprise sichern, nachdem das Werk ja einige Monate vorher noch auf dem Repertoire gestanden hatte. Aber … so einfach ging es trotzdem nicht. Denn einige hochgestellte Damen empfanden diese Wahl als höchst unschicklich. In dem Band *Die Hochzeit des Figaro* (Nr. 8007 dieser Reihe) ist nachzulesen, welche langen und erbitterten Kämpfe um die Komödie des Beaumarchais tobten – die ja nun wirklich ein Revolutionsstück war – und wie Da Ponte geloben mußte, alle »anstößigen« Stellen aus dem Lustspiel zu entfernen, bevor Mozart es zur Vertonung erhielte. Nun schien in Prag der Disput um das Werk wieder aufzuleben, vor allem, weil es um die Huldigung für ein Prinzenpaar ging. Mozart schildert den – nun allerdings nur sehr kurzen – Kampf in seiner launigen Weise im selben Brief an Jacquin, dessen Beginn wir zitierten, folgendermaßen:

Bei dieser Gelegenheit muß ich Ihnen einen Spaß erzählen. Einige von den hiesigen ersten Damen (besonders eine gar hocherlauchte) geruhten, es sehr lächerlich, unschicklich und was weiß ich alles zu finden, daß man der Prinzessin den »Figaro«, den »Tollen Tag« (wie sie sich auszudrücken beliebten) geben wollte. Sie bedachten nicht, daß keine Oper in der Welt sich zu einer solchen Gelegenheit schicken kann, wenn sie nicht geflissentlich dazu geschrieben ist, daß es gleichgültig ist, ob sie diese oder jene Oper geben, wenn es nur eine gute und der Prinzessin unbekannte Oper ist. Und das letztere wenigstens war »Figaro« gewiß. Kurz, die Rädelsführerin brachte es durch ihre Wohlredenheit so weit, daß dem Impresario von der Regierung dieses Stück zu jenem Tage untersagt wurde. Nun triumphierte sie! »Ho vinto«[1] schrie sie eines Abends aus der Loge. Sie vermutete wohl gewiß nicht, daß sich das »Ho« in ein »Sono«[2] verändern könne! Des Tags darauf kam aber ein Befehl Seiner

---

[1] Ich habe gesiegt.
[2] Ich bin besiegt.

Brief Mozarts aus Prag 1787 an den Wiener Freund
Gottfried von Jacquin, in dem er von der
Don Giovanni-Premiere berichtet

*Majestät, daß, wenn die neue Oper nicht gegeben werden
könne, »Figaro« gegeben werden müsse! Wenn Sie, mein
Freund, die schöne, herrliche Nase dieser Dame nun
gesehen hätten! Oh, es würde Ihnen so viel Vergnügen
verursacht haben wie mir!*

354

Am 14. Oktober 1787 ging also im Prager »Nostitzschen Nationaltheater« Mozarts *Figaro* abermals in Szene, wie so oft schon,
und vor einem glanzvollen Hause. Dazu trug, wie Mozart erwähnte, die volle »Illuminierung« bei, die nur bei besonderen
Gelegenheiten entzündet wurde. Ein so festlich beleuchtetes
Haus, gefüllt mit den Spitzen der damaligen höchsten aristokratischen Gesellschaft muß wohl die heutige Galavorstellung
unserer schönsten Operntheater um einiges hinter sich gelassen
haben. Inmitten dieses Glanzes saß Mozart am Cembalo, in
buntem Frack und mit frischgepuderter Perücke, Kapellmeister,
Begleiter und Komponist in einem, und »seine« Prager ließen
ihn, zumindest ebensosehr wie das zu feiernde Fürstenpaar, und
vielleicht noch um einige Grade herzlicher, bei jeder Gelegenheit hochleben.

Zugleich ging das Studium an der neuen Oper weiter. *Eine
gute Vorbedeutung … war eine glänzende Aufführung des »Figaro« …*, erzählt Franz Niemetschek und fährt mit einer Anekdote
fort:

> *Indessen war Mozart selbst über den Erfolg des »Don
> Giovanni« keineswegs ganz ruhig und fragte nach den
> ersten Proben bei einem Spaziergang den Kapellmeister
> Kucharz im Vertrauen, was er von der Oper halte und ob
> sie wohl gleichen Beifall wie »Figaro« finden werde, von
> dem sie so ganz und gar verschieden sei. Auf dessen Ver-
> sicherung, daß er an dem Erfolg einer so schönen und
> originellen Musik nicht zweifle und daß alles, was von
> Mozart käme, vom Prager Publikum mit Begeisterung auf-
> genommen würde, erwiderte dieser, daß ihn das Urteil
> eines Kenners beruhige, daß er sich aber auch Mühe und
> Arbeit nicht habe verdrießen lassen, um für Prag etwas
> Vorzügliches zu leisten. Dann fügte er jene merkwürdige
> Äußerung hinzu, daß man sich irre, wenn man glaube, daß
> ihm seine Kunst so leicht geworden sei, und daß niemand
> so viel Mühe auf das Studium der Komposition verwendet
> habe wie er …*

Der 28. Oktober war herangekommen. Unter diesem Datum
trägt Mozart seine Oper *Don Giovanni* als beendet in das wenige
Jahre vorher begonnene Register seiner Kompositionen ein.

Heute noch fast unverändert wie zu Mozarts Zeiten
präsentiert sich das Theater, in dem *Don Giovanni* uraufgeführt
wurde, das »Gräflich Nostitzsche«, spätere »Ständetheater«
in Prag (heute: Kajetan-Tyl-Theater).

Schon das ist mehr als ungewöhnlich, wenn man bedenkt, daß
der folgende Tag, der 29. Oktober 1787, zum Uraufführungstag
dieser Oper wurde. Man fühlt sich veranlaßt zurückzublättern:
Alle Mozart-Opern, von denen wir Genaueres wissen, sind wenige Tage, ja vielleicht Stunden, vor dem Aufgehen des ersten
Vorhangs am Uraufführungsabend fertig geworden! Der Laie
staunt, den Fachmann schaudert's. Letzte Proben, Generalpro-
ben von Werken, deren Einzelheiten noch nicht bis ins Letzte
festgelegt sind? Ganze Stücke, Arien etwa, aber auch Ensembles, die kurz vor der Premiere nicht niedergeschrieben sind?
Wie ist das möglich, wann wurden sie einstudiert, geprobt oder
auch nur von den unvermeidlichen Schreibfehlern gereinigt?

356

Wie mag, in unserem konkreten Falle, *Don Giovanni* – die höchstwahrscheinlich schwierigste Oper der Epoche – vorbereitet gewesen sein, als der Morgen der Premiere anbrach?

Zu jenem Zeitpunkt fehlte noch, und darüber sind alle Berichte einig, die Ouvertüre. Es ist dies einer der meistkommentierten Vorfälle in Mozarts Leben – wenn auch der Inhalt dieser Kommentare weit auseinanderklafft. I. N. Stiepanek, ein späterer Nachfolger Bondinis, Direktor dieses »Ständetheaters« zu Prag, an dem die von uns zu besprechende Uraufführung des *Don Giovanni* stattfand, schrieb zu seiner tschechischen Übersetzung des Werkes, die 1825 hier aufgeführt wurde, in einem Vorwort, dessen Inhalt ihm sicher von Zeitgenossen Mozarts überliefert worden war:

Die Oper war nun einstudiert und sollte aufgeführt werden; aber Mozart hatte noch den Abend vor dem Tage ihrer ersten Produktion die Ouvertüre nicht fertig gehabt und er war noch dazu bis spät in die Nacht in Gesellschaft seiner Freunde, deren ängstliche Besorgnis darüber ihn zu unterhalten schien. Endlich sagte einer seiner Vertrauten: »Mozart, morgen soll ›Don Giovanni‹ aufgeführt werden, und Du hast die Ouvertüre noch nicht fertig«. Mozart stellte sich, als würde er ein wenig verlegen, ging in ein Nebenzimmer, wohin man ihm Notenpapier, Feder und Tinte geschafft hatte, fing um Mitternacht an zu schreiben und vollendete bis zum frühen Morgen in wenigen Stunden eine der vortrefflichsten aller seiner und aller anderen Ouvertüren. Um 7 Uhr abends, da die Oper anfangen sollte, waren die Kopisten mit den Stimmen noch nicht fertig, man mußte daher warten, und um ein Viertel auf 8 Uhr brachte man die Orchesterstimmen noch voll Streusand in das Orchester; zur gleichen Zeit betrat auch Mozart den Raum, um die erste Produktion zu dirigieren. Die ganze, sehr zahlreiche Versammlung empfing ihn mit allgemeinem Beifallklatschen. Die Ouvertüre, die vorher also gar nicht geprobt werden konnte, begann nun; das Wohlgefallen, das sie weckte, wurde immer größer und größer und verwandelte sich schließlich in lauten Jubel. Nach Aufgehen des Vorhangs sagte Mozart zu einigen ihm zunächst Sitzenden: »*Es sind zwar viele Noten unter die Pulte gefallen, aber im ganzen ist die Ouvertüre doch recht gut vonstatten gegangen!*« ...

Das ist nur eine der Fassungen, in denen die Geschichte dieser Meisterouvertüre überliefert ist. Andere wollen von der Niederschrift vor den nach dem Bummel noch versammelten Zechbrüdern wissen oder auch – wie der Freund Duschek und der Giovanni-Darsteller Bassi erzählt haben sollen – von drei Ouvertüren, die Mozart im Kopf hatte und zwischen denen er beim Vorspielen die Vertrauten zu wählen bat. Wer nun aus diesen und ähnlichen Berichten darauf schließen wollte, Mozart habe das Stück nun erst »komponiert«, irrte gewaltig. Das hat schon der große Dichter E. T. A. Hoffmann gewußt, unter dessen vielen auf seinen Abgott Mozart bezüglichen Schriften wir (in *Kreisleriana*) diese bezeichnende Stelle finden:

Von großen Meistern werden häufig Anekdötchen aufgetischt, die so kindisch erfunden oder mit so alberner Unwissenheit nacherzählt sind, daß sie mich immer wenn ich sie anhören muß, kränken oder ärgern. So ist zum Beispiel das Geschichtchen von Mozarts Ouvertüre zum »*Don Juan*« *so prosaisch toll, daß ich mich wundern muß, wie sie selbst Musiker, denen man einiges Einsehen nicht absprechen mag, in den Mund nehmen können, wie es noch heute geschah. – Mozart soll die Komposition der Ouvertüre, als die Oper längst fertig war, von Tage zu Tage verschoben haben und noch den Tag vor der Aufführung, als die besorgten Freunde glaubten, nun säße er am Schreibtisch, ganz lustig spazieren gefahren sein. Endlich, am Tage der Aufführung, am frühen Morgen, habe er in wenigen Stunden die Ouvertüre komponiert, so daß die Partien[1] noch naß in das Theater getragen worden wären. Nun gerät alles in Erstaunen und Bewunderung, wie Mozart so schnell komponiert hat, und doch kann man jedem rüstigen Notenschreiber ebendieselbe Bewunderung zollen. – Glaubt ihr denn nicht, daß der Meister den* »*Don Juan*«*, sein tiefstes Werk, das er für seine*

---

[1] Orchesterstimmen

Freunde, das heißt für solche, die ihn in seinem Innersten verstanden, komponierte, längst im Gemüte trug, daß er im Geiste das Ganze mit allen seinen herrlichen charaktervollen Zügen ordnete und rundete, so daß es wie in einem fehlerfreien Gusse dastand? – Glaubt ihr denn nicht, daß die Ouvertüre aller Ouvertüren, in der alle Motive der Oper schon so herrlich und lebendig angedeutet sind, ebensogut fertig war als das ganze Werk, ehe der große Meister die Feder zum Aufschreiben ansetzte? – Ist jene Anekdote wahr, so hat Mozart wahrscheinlich seine Freunde, die immer von der Komposition der Ouvertüre gesprochen hatten, mit dem Verschieben des Aufschreibens geneckt, da ihre Besorgnis, er möchte die günstige Stunde zu dem nur mehr mechanisch gewordenen Geschäft, nämlich das in dem Augenblick der Weihe empfangen und im Innern aufgefaßte Werk aufzuschreiben, nicht mehr finden, ihm lächerlich erscheinen mußte. Manche haben in dem Allegro des überwachen Mozart Auffahren aus dem Schlafe, in den er komponierend unwillkürlich versunken, finden wollen! Es gibt närrische Leute!

Mozarts Arbeitsweise hebt sich grundsätzlich von der vieler, auch einiger der größten seiner Gefährten ab. Während zahlreiche von ihnen die Vorgänge des Komponierens und des Niederschreibens in einem einzigen Akt erleben, ja oft ihnen ein Werk aus dem Phantasieren, dem Suchen von Klängen auf dem Klavier ersteht, schafft Mozart frei im Kopf; hierin ist er keinesfalls einzig (auch Schubert komponierte so, um nur einen einzigen zu nennen), wohl aber in der nahezu unfaßbaren Tatsache, daß er das so im Geiste Komponierte völlig sicher in Erinnerung behielt, daß also ganze große Werke fertig in seinem Kopf der Niederschrift harrten, wann und wo immer er sie aus dem Gedächtnis zur Materialisierung auf dem Papier abberufen wollte. Wir wissen es von ihm selbst: Als eines Tages, bei ähnlicher Gelegenheit wie der hier geschilderten, der Vater ihn zur »Komposition« eines noch fehlenden Auftragswerkes mahnte, antwortete er ihm mit dem überaus bezeichnenden Satz: *Komponiert ist es längst, ich muß es nur noch niederschreiben …*

Die Ouvertüre zu *Don Giovanni* war also sicherlich schon seit einiger Zeit komponiert; warum Mozart allerdings die Niederschrift so lange aufschob, ist unbegreiflich. Nahm er sich mit einer überhaupt nicht einstudierten, vom Blatt gespielten Ouvertüre nicht selbst einen Teil der Erfolgschancen? Wir wissen nicht, was in seinem Kopfe vorgegangen sein mag, als er – und darüber scheint kein Zweifel zu bestehen – die Ouvertüre erst buchstäblich im letzten Augenblick zu Papier brachte.

Vom 14. Oktober war die Premiere auf den 24. Oktober verschoben worden. Aber noch einige Tage vor diesem Datum stand eine weitere Verschiebung fest. Manche kleine Änderung wurde noch bis zuletzt vorgenommen; mancher Bühneneffekt von Mozart, diesem geborenen Theatermenschen, den Sängern gezeigt und persönlich vorgemacht. Daß der erschreckte Hilfeschrei Zerlinas während des Festes vom Komponisten der Sängerin Caterina Bondini durch völlig überraschendes Anpacken so entlockt wurde, wie er ihn haben wollte, ist oft zitiert worden. Und es wäre denkbar, daß die drei Zitate, die er dem Palastorchester während Don Giovannis letztem Abendessen in die Noten schrieb, eine Frucht übermütiger Laune während der Probenarbeit darstellen. Er erinnert sich, ein wenig ironisch, der musikalischen Ereignisse des Wiener Vorjahres und läßt das kleine Bühnenensemble Bruchstücke aus drei der damals aufgeführten Opern spielen: aus Martín y Solers *Cosa rara*, aus Giuseppe Sartis *Fra i due litiganti il terzo gode* (»Wenn zwei sich streiten, freut sich der Dritte«) und schließlich die populärste Melodie aus seiner *Nozze di Figaro*, die laut seiner eigenen Aussage »ganz Prag« sang, pfiff und tanzte: Figaros an Cherubin gerichtetes spöttisches Marschlied *Non più andrai* ...

Der Abend des Montag, 29. Oktober 1787 war herangekommen. Mozart betrat den dem Orchester vorbehaltenen Raum vor der Bühne (ob um 7 Uhr oder, wegen der Notenabschrift der Ouvertüre in letzter Stunde, um 7.45 Uhr, läßt sich nicht mehr feststellen). Das Haus war vollkommen gefüllt, ja überfüllt. Eine wichtige Persönlichkeit fehlte allerdings: Lorenzo Da Ponte hatte die Verschiebungen der Premiere nicht abwarten können und war zurück nach Wien gereist. Der »dreimalige Jubel«, der Mozart empfing, war nun bei seinen Prager Auftritten schon zur

Tradition geworden, er empfand ihn als wärmend und überaus herzlich. Nach der Ouvertüre, die ihm zweifellos Schweißperlen entlockt haben dürfte, ging der Vorhang auf. Wir besitzen ein Bild, das Luigi Bassi, den Sänger der Titelrolle, bei seinem Ständchen im zweiten Akt zeigt und bei dem man einen Blick auf das Bühnenbild werfen kann; es sieht nicht nach einer südspanischen Stadt aus, zeigt den Sänger aber als eleganten Kavalier, dem man Erfolg bei Frauen durchaus zutrauen kann. Neben der Gattin des Impresarios Bondini und dem Sänger Bassi standen noch weitere im *Figaro* erprobte Kräfte auf der Bühne. Mehrere von ihnen waren ungewöhnlich jung: Bassi (wie schon vorher erwähnt) war der möglicherweise jüngste Don Giovanni, der je auf einer größeren Bühne stand – er war 22 Jahre alt –, und die Darstellerin der Donna Anna, Teresa Saporiti, zählte 24 Jahre. Sie wurde übrigens 106 Jahre alt und war dann begreiflicherweise die letzte Kronzeugin aus Mozarts Zeit und gar von der Premiere des *Don Giovanni*.

Über die Premiere dieses denkwürdigen 29. Oktober 1787 lesen wir in der *Prager Oberpostamtszeitung* folgende – damals noch kaum übliche – Besprechung:

Von der italienischen Operngesellschaft ... die mit Sehnsucht erwartete Oper des Meisters Mozart ... Kenner und Tonkünstler sagen, daß zu Prag ihresgleichen noch nicht aufgeführt worden. Herr Mozart dirigierte selbst und als er ins Orchester trat, wurde ihm ein dreimaliger Jubel gegeben, welches auch bei seinem Austritte aus demselben geschah. Die Oper ist übrigens äußerst schwer zu exekutieren und jeder bewundert dem ungeachtet die gute Vorstellung derselben nach so kurzer Studierzeit. Alles, Theater und Orchester, bot seine Kräfte auf, Mozarten zum Danke mit guter Exequierung[1] zu belohnen ...

Der Erfolg hielt an. *Don Giovanni* wurde in sechs Tagen viermal gegeben, am 3. November dirigierte Mozart zum vierten Male, bevor er am nächsten Tage seinem Freunde Jacquin nach Wien schrieb:

---

[1] Ausführung, Aufführung

Den 29. Oktober ging meine Oper »Don Giovanni« in scena, und zwar mit dem lautesten Beifall. Gestern wurde sie zum vierten Male (und zwar zu meinem Benefice[1]) aufgeführt. Ich gedenke, den 12. oder 13. von hier abzureisen. Nota Bene unter uns: ich wollte meinen guten Freunden, besonders Bridi[2] und Ihnen, wünschen, daß Sie nur einen einzigen Abend hier wären, um Anteil an meinem Vergnügen zu nehmen! Vielleicht wird sie doch in Wien aufgeführt[3]. Ich wünsche es. Man wendet hier alles mögliche an, um mich zu bereden, ein paar Monate noch hier zu bleiben und noch ein paar Opern zu schreiben.

Ich kann aber diesen Antrag, so schmeichelhaft er immer ist, nicht annehmen ...

Die Chronik weiß allerdings von seriösen Anträgen an Mozart, längere Zeit in Prag zu bleiben und weitere Opern für diese Stadt zu komponieren, leider nichts. Hätte er sie angenommen? Was zog ihn nach Wien? Ahnte er, daß am 7. Dezember Kaiser Joseph II. ihn zum »kaiserlichen Kammermusikus« ernennen würde? Hätte er doch nur auch geahnt, daß er an Besoldung nur 800 Gulden jährlich erhalten würde – *zum Leben zu wenig, zum Sterben zu viel*, um ein geflügeltes Wiener Wort zu zitieren –, also nur einen Bruchteil dessen, was der eben verstorbene Gluck auf demselben Posten erhielt! Und geahnt, wie wenig Gebrauch der Kaiser von seinem neuen »Hofkompositeur« machen würde: Der nächste Opernauftrag erfolgte erst im letzten Drittel des Jahres 1789 – es wurde *Così fan tutte*. Da waren fast vier Jahre seit *Figaros Hochzeit* vergangen! Und das nächste Kind, mit dem Konstanze hochschwanger war, hätte schließlich auch in Prag zur Welt kommen können; die Geburt der kleinen Theresia erfolgte in Wien am 27. Dezember 1787, auch sie lebte nur wenige Monate. Sie starb am 29. Juni 1788, als der Papa gerade an der Krönung seines sinfonischen Werkes arbeitete und in einem unglaublich kurzen Zeitraum die drei letzten seiner Sinfo-

---

[1] Namhafteren oder verdienstvollen Bühnenkünstlern stand das Recht auf eine »Benefizvorstellung« zu, deren Erlös vollständig an sie ging.

[2] Guiseppe Antonio Bridi, ein Wiener Bankier, Sänger und Freund Mozarts

[3] Mozarts Wunsch ging ziemlich schnell in Erfüllung, wie wir sehen werden, aber er brachte ihm nicht annähernd die gleiche Freude wie in Prag.

Kaiser Joseph II.

nien schuf: die in Es-Dur (KV 543), die in g-Moll (KV 550) und die in C-Dur, die »Jupiter-Sinfonie« genannt wird (KV 551).

Die letzten Prager Tage verlaufen fröhlich, »echt mozartisch«, könnte man sagen, denn eine gewisse Herzenslustigkeit stellte stets, selbst in dunklen Stunden, den Grundton seines Wesens dar. Der Schluß des Briefes an Jacquin liefert einen unüberbietbaren Beweis dafür; Mozart ergeht sich in völligem Unsinn:

*Mein Urgroßvater pflegte seiner Frau, meiner Urgroß-
mutter, diese ihrer Tochter, meiner Großmutter, diese
wieder ihrer Tochter, meiner Mutter, diese abermals ihrer
Tochter, meiner leiblichen Schwester zu sagen, daß es
eine sehr große Kunst sei, wohl und schön zu reden, aber*

363

vielleicht eine nicht minder große, zur rechten Zeit
aufzuhören ...

Nicht, daß der Inhalt solcher bei Mozart häufiger Briefstellen
Unsinn wäre – wie recht hat etwa dieser eben zitierte Satz! –,
wohl aber zeigt die Form jene Freude an Wortspiel und vorge-
täuschter Wichtigkeit, die seine Korrespondenz zu einem fast
ununterbrochenen Lesegenuß macht. Und ganz in diesem Geiste
schließt er den Brief so ab:

Ich will also dem Rate meiner Schwester, dank unserer
Mutter, Großmutter und Urgroßmutter, folgen und nicht
nur meiner moralischen Ausschweifung, sondern meinem
ganzen Brief ein Ende machen.

Wie gut er gelaunt ist, wie fern alle Sorgen von ihm zu sein
scheinen! Man findet in den Jahren, die ihm noch verbleiben,
kaum einen weiteren solchen Augenblick. (Auch wenn die Einladung, in Prag zu bleiben, nur aus Freundesmund stammt und
die Aufforderung, weitere Opern für dessen Theater zu komponieren, wohl größtenteils aus seiner Phantasie.) Er macht noch
Besuche, die durchweg erfreulich waren, und lernt neue Menschen kennen. Einer davon hieß Casanova und nannte sich
»Chevalier de Seintgalt«; sein Ruf war nicht eben der beste, er
brüstete sich mit tausend wahren oder erfundenen Liebesstun-
den, die er in seinen Büchern zu Grundpfeilern der klassischen
erotischen Literatur verarbeitete. Er war ein Kumpan Lorenzo
Da Pontes in Venedig, wo dieser, da er immerhin doch Abate
war, nur ausgewiesen wurde, während Casanova seine tollen
Streiche »unter den Bleidächern«, also im Gefängnis, abbüßte.
Sein Aufenthalt in Prag zur gleichen Zeit wie Mozart ist nach-
gewiesen. Es gibt aus jenen Tagen sogar ein Textbuch des *Don
Giovanni* mit eigenhändigen Anmerkungen Casanovas.

Mitte November 1787 dürften die Mozarts wieder die Postkutsche bestiegen haben, die sie südwärts brachte. Das genaue
Datum ist unbekannt, vom Verlauf der Fahrt wissen wir nichts.
In Wien war inzwischen der lange vor der Premiere zurückge-
kehrte Da Ponte zum Kaiser zitiert worden, der ihm ein beträchtliches Geldgeschenk machte und geäußert haben soll, er »brenne
darauf«, die neue Oper in seiner Residenzstadt zu hören. Ob

Mozart seines Librettisten diesbezüglichen Brief noch am Moldaustrand erhielt oder bei seiner Ankunft in Wien von des Kaisers Wunsch erfuhr, ist unklar. In Da Pontes Memoiren finden wir verzeichnet, daß sofort nach Mozarts Rückkehr die Rollen von den Kopisten ausgeschrieben und an namhafte Sänger des Nationaltheaters verteilt wurden. Mit Mozarts einstiger Liebe und jetziger Schwägerin Aloysia, verehelichte Lange, als Donna Anna, mit Katharina Cavalieri als Elvira, dem glänzenden Figaro-Darsteller Francesco Benucci als Leporello, Luisa Laschi als Zerlina, Francesco Morella als Ottavio, und schließlich Francesco Albertarelli als Don Giovanni wurde das Werk in den ersten Monaten des Jahres 1788 einstudiert. Mozart führte nicht unwichtige Ergänzungen und Änderungen in der Partitur durch. Für den Tenor schrieb er die schöne, wenn auch völlig statische Arie *Dalla sua pace*, scheint aber zugleich die andere (*Il mio tesoro*) gestrichen zu haben, da sie für Morella angeblich ein wenig zu schwer war; heute erfreut Ottavio sich beider Arien. Elvira erhielt die Arie *Mi tradi*, Leporello und Zerlina das Duett *Per queste tue manine*. Einige dieser Zutaten blieben im Werk für alle Zeiten verankert.

Am 7. Mai 1788 ging *Don Giovanni* erstmals im Wiener Burgtheater in Szene. Das einzige, worüber die Berichte und Chroniken jenes Abends sich einig sind, ist, daß das Publikum in seinen Reaktionen uneinig war. Es sieht sogar so aus, als könne von einem Erfolg nicht gesprochen werden. Da Ponte erinnert sich – nach 40 Jahren! – und erzählt:

> *»Don Giovanni« gefiel nicht! Alle Welt, Mozart allein ausgenommen, war der Ansicht, das Stück müsse umgearbeitet werden. Wir machten Zusätze dazu, änderten mehrere Stücke; und zum zweitenmal: »Don Giovanni« gefiel nicht. Dies hinderte den Kaiser aber nicht, zu äußern: »Dieses Werk ist himmlisch, es ist noch schöner als ›Die Hochzeit des Figaro‹, aber es ist kein Bissen für meine Wiener«. Ich erzählte Mozart diese Worte, er antwortete mir, ohne sich irre machen zu lassen: »Laßt ihnen nur Zeit zu kauen!« Er täuschte sich nicht. Auf seinen Rat ließ ich »Don Giovanni« so oft wie möglich aufführen. Mit jeder Darstellung steigerte sich der Erfolg. Nach und nach ge-*

wöhnten sich die Wiener daran, diesen Bissen schmack-
haft zu finden und seinen Wert zu erkennen, endlich
schmeckte er ihnen so wohl, daß sie »Don Giovanni« in
den Rang der dramatischen Meisterwerke erhoben ...

Eine schöne Geschichte, nur leider höchst unwahrscheinlich.
Kaiser Joseph II. weilte vom 28. Februar bis 5. Dezember 1788
im Hauptquartier seines gegen die Türken kämpfenden Heeres.
Er kann also (wie Mozart-Biograph Erich Schenk nachweist)
Don Giovanni erst bei der 15. und für längere Zeit letzten Aufführung – am 15. Dezember 1788 – gesehen haben. Da Ponte
kann es nicht lassen, sein eigenes Verdienst herauszustreichen:
er habe das Stück so oft wie möglich auf den Spielplan setzen
lassen. Ja, reichte denn seine Macht als – einer der – Hofdichter dazu aus, den Spielplan des kaiserlichen Theaters zu
beeinflussen oder gar zu bestimmen? Gar mancher dünkt sich,
während er seine Erinnerungen zu Papier bringt, mächtiger und
stärker, als er zu der Zeit war, als er diese Situationen durchlebte.
Selbst, wenn dies hier der Fall gewesen ist: Fünfzehn Aufführungen in mehr als sieben Monaten, die sein und Mozarts *Don*
Giovanni in dieser ersten – und auf Jahre hinaus einzigen –
Wiener Serie erlebte, das ergibt die außerordentlich niedrige
Zahl von ungefähr zwei Aufführungen im Monat, wahrhaft
wenig genug bei einem neuen Werk, auf das – anders als
heute – das Publikum wartete und neugierig war. Diese beschä-
mende Tatsache wird erst ganz deutlich, wenn wir sie mit
Aufführungszahlen anderer neuer Werke der damaligen Zeit
vergleichen. Es kam zwar selten vor, daß sich Opern über
mehrere oder gar viele Spielzeiten auf dem Aufführungsplan
hielten. Das Publikumsinteresse konnte in den meisten Städten
nach zwanzig bis dreißig Aufführungen als ausgeschöpft gelten;
weitere Aufführungen kamen bei einem Werk also nur in Frage,
wenn die Liebhaber es mehr als einmal sehen und hören wollten.
Die Aufführungen folgten dicht aufeinander, wenn sie Erfolg
zeitigten; achtmal, zehnmal und mehr im Monat bilden da keine
Seltenheit. Mozarts *Don Giovanni* stellte also mit durchschnitt-
lich zwei Vorstellungen im Monat und einer Gesamtziffer von
fünfzehn Aufführungen keinen Erfolg dar. Zu Mozarts Lebzeiten
ist *Don Giovanni* dann in Wien nicht mehr gespielt worden.

Die nach Mozarts Rückkehr aus Prag erfolgte Ernennung zum »kaiserlichen Kammermusikus und -komponist« hat an seiner wahren Wiener Stellung nichts ändern können. Der Vater hätte sich darüber noch gefreut, denn sein Streben für Wolfgang ging, selbst in der Wunderkindzeit, vor allem nach Erlangung einer »Position«, einer festen Anstellung bei einem großen Herrn. Einen höheren als den Kaiser gab es nicht. Es war also ein Schritt nach vorn, aber in den Auswirkungen kaum mehr als eine Formsache. Weder wurde Wolfgang von seinen Sorgen befreit noch die Geltung, die er in Wien genoß, entscheidend aufgewertet. Alle kannten ihn, wußten von ihm, viele schätzten, manche verehrten ihn. Hätte der Durchschnittswiener, der sich stets durch musikalische Neigungen auszeichnete, die Musiker seiner Stadt nach ihrer Stellung, ihrem Popularitätsgrad, ihrer Zugkraft in eine Rangliste bringen müssen, so hätte es sicherlich ein halbes Dutzend Namen vor dem Mozarts gegeben, vielleicht sogar noch mehr.

Mozarts Schwierigkeiten waren, trotz aller Engpässe, Versatzämter und Bettelbriefe, nicht einmal in erster Linie wirtschaftlicher Art; da muß ein moralischer Faktor entscheidend gewesen sein, unfaßbar und kaum zu definieren. Mozart rannte aus unerfindlichen Gründen wie gegen unsichtbare Wände an. Diese wichen vielleicht manchmal ein wenig zurück, aber sie fielen nicht, ja sie wuchsen im Laufe der Jahre höher und höher, umstanden ihn wie eine ständige Drohung und versperrten ihm die Aussicht, den Weg ins Freie …

Mozart war aus den Jubelstürmen Prags in die Gleichgültigkeit Wiens zurückgekehrt. Der Gast war hoch gefeiert worden, den gewohnten Mitbürger beachtete man kaum. Erneut mußte er die Wohnung wechseln. Am 17. Juni 1788 zog er mit seiner Familie in das Haus »Zu den drei Sternen«, eine noch billigere, noch vorstädtischere Wohnung auf der entgegengesetzten Seite der vorigen, dort wo heute etwa das Haus Währingerstraße Nr. 28 steht. Vorausgegangen war der Versuch des Wohnungsbesitzers auf der »Landstraße«, rückständige Miete auf »indiskrete« Manier – wie Wolfgang sich in einem Brief ausdrückte – einzutreiben. Ja, waren denn die tausend Prager Gulden so schnell verbraucht? Oder waren sie gar schon geschuldet, als sie in Mozarts Taschen flossen?

Der Wiener Alltag war wieder über ihn hereingebrochen, und zwar unendlich weniger freundlich und hell als die kurzen, seligen Festtage von Prag …

Zur Gestalt des »Don Juan«

Zwei Grundthemen, zwei Urtypen sozusagen, hat Spanien der Weltliteratur vermacht: »Don Quijote« und »Don Juan«. Der *Ritter von der traurigen Gestalt*, der *Mann von La Mancha* (Musical-Titel), liebenswert, rührend lächerlich, ergreifend bei allen seinen den Leser heiter stimmenden »Abenteuern«, mehr zur Wehmut als zum Lachen herausfordernd, entsprang der reichen dichterischen Phantasie des Miguel Cervantes y Saavedra, der 1547 im spanischen Alcalá de Henares geboren wurde und 1616, im Todesjahr Shakespeares, in Madrid starb. Die andere »Urtype« Spaniens, die Gestalt des Don Juan, scheint der Mönch Gabriel Téllez erfunden zu haben, der seine Bühnenwerke mit dem Pseudonym Tirso de Molina zeichnete, um 1584 in Madrid zur Welt kam und im Februar 1648 in Almazán starb. Von seinen mehreren hundert Stücken ist nur ein Bruchteil erhalten geblieben, aber unter diesen ungefähr sechzig auch jenes, das für die Weltliteratur von größter Bedeutung werden sollte: das Urbild aller Don-Juan-Dichtungen, *El burlador de Sevilla*.

Mit diesem Stoff auseinandergesetzt haben sich während nunmehr dreieinhalb Jahrhunderten nicht nur Dichter, Romanciers und Dramatiker sondern auch Maler, Bildhauer, Musiker, Philosophen, Psychologen, Soziologen und Filmschaffende. Und zwar in solcher Fülle, daß ihre bloße Aufzählung, sollte sie annähernd komplett die beachtenswertesten Leistungen registrieren, ein eigenes Buch füllen müßte. Nur einige der wichtigsten werden hier genannt, da sie mit dem Stoff unseres Opernbandes in enger Verbindung stehen.

Don Juan ist nichts als der (alltägliche) Vorname des Helden – oder »Antihelden«, wie wir ihn heute in vielen Fällen eher nennen würden –, verbunden mit der spanischen Höflichkeitsformel »don«, die man Edelleuten oder respektheischenden Persönlichkeiten recht freigiebig zuerkennt. Tirso de Molina nennt ihn mit ganzem Namen *Don Juan Tenorio*, und es ist durchaus denkbar, daß diese seine Dramenfigur ein reales, sozusagen historisches Vorbild besaß. Der Dichter stattet die Gestalt, die er in den Mittelpunkt seines *Burlador de Sevilla* rückt, überreichlich mit negativen Eigenschaften aus. Er schafft ihm damit noch eine zusätzliche dramatische Komponente, die von vielen seiner Nachfolger nicht übernommen wird, daß er ihn, den durch Bösartigkeit hervorstechenden jungen Mann, als Mitglied einer hochangesehenen, durchaus ehrenwerten Familie, der Tenorios, einführt, denen er in seinem »rake's progress«, seiner Laufbahn eines Wüstlings (Operntitel Strawinskys), nichts als Schande und Kummer bereitet.

Hier wäre wohl vorab das Wort »burlador« zu erläutern, das Tirso für den Titel seines Werkes verwendet. Man hat es oft mit »Spötter« übersetzt, aber dieses deutsche Wort ist hier viel zu schwach. Man müßte von einem »Verhöhner« sprechen, vielleicht wäre »Der Zyniker von Sevilla« eine angemessene Übertragung, wenn nicht selbst dieser Ausdruck im Grunde noch zu wenig profiliert wäre, um Don Juan Tenorios menschliche, untermenschliche Kondition zu charakterisieren.

Kann er als »interessant« bezeichnet werden und damit einer solchen internationalen Verbreitung für würdig? Vielleicht ist interessant, was in irgendeiner Richtung das Mittelmaß überschreitet; der Mensch, der in beliebiger Hinsicht ungewöhnlich genannt werden kann. Das ist nun jenem Juan Tenorio, wie Tirso ihn schildert, nicht abzusprechen. Er ist ein Ausbund an Niedertracht, Gemeinheit, Selbstsucht, Grausamkeit. Er erweist sich als gefühllos und ohne Herz. Er lügt und betrügt ohne Gewissensbisse, er setzt sich über jeden Moralbegriff, über jedes religiöse und ethische Postulat hinweg. Für ihn heiligt der Zweck die Mittel, und er macht diesen an sich schon unhaltbaren Satz dadurch noch verwerflicher, daß auch sein Ziel ein völlig egoistisches, böses und unverantwortliches ist: der persönliche Genuß, der fremdes Leid nicht achtet, die Sucht nach unbegrenzter Lust, die seine Partner grundsätzlich zu Opfern macht. Ein überdimensionaler Schurke also, dessen Übermaß die Phantasie entzündet und im Laufe vieler Generationen ungezählte und beinahe unvorstellbare Interpretationen erlebt hat.

Das hat Tirso de Molina kaum ahnen können. Er entstammt Spaniens siebzehntem, dem »goldenen« Jahrhundert. Die Literatur, das Theaterwesen, die bildenden Künste, die Musik stehen in höchster Blüte – Ausdruck eines Weltgefühls, Echo der weltbeherrschenden Stellung eines Reiches, in dem buchstäblich »die Sonne nicht unterging«. Drei Klassiker des Dramas drücken Ort und Zeit ihren Stempel auf: Lope de Vega, Tirso de Molina, Calderón de la Barca. Der Erstgenannte, Schöpfer von mindestens tausend Bühnenwerken, lebt mit nicht wenigen von ihnen auch heute noch im internationalen Theater. Tirso, dessen sonstige Wirkung sich ziemlich ausschließlich auf den spanischsprachigen Teil der Welt beschränkt, übte mit dem *Burlador de Sevilla*, der Don-Juan-Figur, die stärkste Ausstrahlung aus. Mehrere Werke Calderóns – *Der Richter von Zalamea*, *Das Leben ein Traum*, *Das große Welttheater*, *Dame Kobold* – gehören zur besten Geschichte des abendländischen Theaters und greifen, besonders mit dem oft vertonten letzten Thema, auch in die Historie der Oper ein. Von Spaniens Theaterleben in jenen Zeiten – die man dem Barock zuzurechnen hat – macht man sich vielleicht einen Begriff, wenn man Madrids etwa vierzig ständige Bühnen erwähnt, die zahllosen Provinzensembles und die dreihundert im Lande umherziehenden Schauspieltruppen. Tirsos *Burlador* war also eine weite Verbreitung von vornherein sicher; daß in kürzester Frist auch andere Kulturen, andere Sprachen dieses Werk der vollendeten Bosheit übernehmen würden, daß Dichter und Literaten anderer Breiten sich an ihm immer wieder von neuem entzünden könnten, war jedoch unmöglich vorauszusehen.

Vielleicht trug dazu in nicht geringem Maße die Tatsache bei, daß Tirso für seinen Erzschurken Juan keine »gewöhnliche« Strafe ersann. Kein menschliches Tribunal, keinen rächenden Degen: überirdische Mächte, das beleidigte Jenseits, Gott selbst müssen eingreifen, um so viel Schlechtigkeit zu richten. Der Dramatiker verband die von ihm erdachte Gestalt des Don Juan Tenorio mit einer viel älteren Legende: der des »steinernen Gastes«. Diese gibt es in manchem Kulturbereich, und wohl niemand kann ihren Ursprung angeben. Da fordert ein Mensch in unverzeihlichem Übermut die Toten heraus, lädt den Geist oder die Statue eines von ihm getöteten Menschen zum Fest, zum Mahl, und wird von diesem seinem Besucher, der sich pünktlich einstellt – dem »convidado de piedra«, dem steinernen Gast – der verdienten Hölle überantwortet, den ewigen Flammen, dem Marterort der Seelen, gegen den alle irdischen Strafanstalten verblassen.

In Tirsos Drama werden vier Opfer des Don Juan aufgeführt: die Herzogin Isabel, die Fischerin Tisbea, die Edeldame Anna de Ulloa, die Bäuerin Belisa (die spanische Orthographie der Namen ist beibehalten), und wir erkennen hier bereits, wie Da Ponte, der Librettist Mozarts, sich bezüglich der sozialen Gleichgültigkeit Don Juans auf die älteste der Quellen stützen wird: Die Herzogin gilt ihm nicht mehr als die Fischerin, Weib ist ihm Weib. Nur die Methoden, die er anwendet, sind verschieden, aus Instinkt oder mit Überlegung. Bei den Mädchen aus dem Volke bedarf es nur des mit Galanterie verbrämten Betruges: Don Juan verspricht ihnen mit verlockenden Worten die Ehe. (So wird noch Da Ponte/Mozarts *Don Giovanni* mit Zerlina verfahren.) Die Mädchen glauben dem »auf Ehre« abgegebenen Versprechen eines »Edelmannes«; ist nicht »honor«, die Ehre, das höchste und meistgebrauchte Wort dieser Gesellschaftsschicht? Alles geschieht um der Ehre willen, aus Ehre, für die Ehre, die stärker ist als jedes Gefühl oder natürliches Empfinden. Wie sollte also ein einfaches Mädchen solchen Beteuerungen nicht Glauben schenken, zumal es ihr schmeichelt, von einem »Kavalier« begehrt zu werden, mag auch alle Vernunft gegen eine solche Verbindung sprechen? Wesentlich anders geht Don Juan bei den Damen des Adels vor, um zum Ziele zu kommen: Er »genießt« sie (wie es im spanischen Original Tirsos heißt) unter der Maske des ihnen verlobten und von ihnen geliebten Bräutigams. Im Schutze der Nacht also, verkleidet, vermummt – und stumm. Die Unwahrscheinlichkeit eines solchen Betruges wird glaubwürdiger, wenn wir altspanische Sitten bedenken: Keine der von Don Juan so überrumpelten Frauen hat sich vorher in ähnlicher Situation befunden, und so hält jede von ihnen das so unerwartete Eindringen des Geliebten in die Heiligkeit ihres Schlafgemachs für die Folge der nicht länger zurückzudämmenden, schließlich verzeihlichen Leidenschaft des ihr Vertrauten, bald Angetrauten. (Diese Form der »Annäherung« verwendet noch, hundertfünfzig Jahre später, Da Ponte in der umstrittenen ersten Szene des *Don Giovanni* bei dessen nächtlichem Besuch im Schlafzimmer Donna Annas).

So steht also das Urbild des Don Juan vor uns: Betrüger, Lügner, Heiratsschwindler, Gewalttäter. Auch Mörder. Juan ersticht Annas Vater, den Edelmann Gonzalo de Ulloa, als dieser seiner Tochter zu Hilfe eilen, den nächtlichen Eindringling zur Rechenschaft ziehen will. Ein neuzeitliches Gericht würde die Tat wohl als Totschlag, möglicherweise sogar nur als Überschreitung der Notwehr qualifizieren, vielleicht auch als Körperverletzung mit voraussehbarem tödlichem Ausgang. Aber da ist noch eine zweite, ähnliche Tat, und um die steht es schlimmer: die Tötung des Freundes Marqués de la Mota. Die dürfte zweifellos als Mord angesehen werden.

Um diesen Bösewicht zu fällen, genügt dem Mönch Gabriel Téllez (Tirso de Molina) die irdische Gerechtigkeit nicht, die im Feudalzeitalter ohnedies mehr als fragwürdig ist, wenn der Angeklagte der Oberschicht angehört. Er bemüht die Statue des erstochenen Don Gonzalo, die Don Juan in seinem Palaste aufsucht, um ihn zum Abendessen zu laden. Don Juan folgt der Aufforderung und wird von der Statue beim makabren Schmaus in einer Kirche durch Händedruck ins Jenseits befördert. (Der Einfluß der Szene auf Don Giovannis Ende bei Da Ponte ist offenkundig.) Die Zeit gestattet selbst einem Priester wie Téllez keine Anwendung christlicher Milde im Falle derart überdimensionierter Schurken und fordert gebieterisch den Höllentod des Frevlers.

Der Leser wird stutzen. Er macht sich von Don Juan ein gänzlich anderes Bild: kein schäbiges Subjekt, keinen Schwindler, keinen feigen Einschleicher, der sich fremder Identitäten bedienen muß, um zum Ziele zu gelangen. Im Gegenteil: einen strahlenden Eroberer, unwiderstehlich, tapfer, geistreich, voll Lebensart und überlegener Eleganz, einen Mann, dem alle Frauen widerstandslos zu Füßen sinken. Die Figur hat, seit ihrer Geburt im Werke Tirsos, eine grundlegende Wandlung durchgemacht. Vom sexuell Besessenen, ja vom Sexualverbrecher (als den ihn die heutige Psychiatrie und Gerichtsmedizin bezeichnen müßte), vom gefühllosen Schurken und Gewalttäter zum Verführer, Eroberer, der keiner Gewalt bedarf, weil seine sieghafte Überlegenheit offen und jeder Frau fühlbar zutage tritt.

Aber die Wandlung, über die ausführlich zu sprechen sein wird, geht noch weiter. Don Juan wurde im Laufe der Zeit nicht nur zum Idealbild des Frauenlieblings, des Frauenverführers, zum Unwiderstehlichen, zum dämonisch Geheimnisvollen; er – der Jäger! – wurde zum Gejagten, zum Opfer des Schicksals, zum Leidenden. Die Romantik – aber wohl schon frühere Zeiten – erkannte die Sehnsucht als einen Urtrieb der Menschheit. Für sie ist wohl nur der ein echter Mensch, der sich sehnt, unaufhörlich nach etwas sehnt, das er nie erreichen kann. Und so senkte die Nachwelt allmählich in die Seele des harten, zynischen, skrupellosen Don Juan die Sehnsucht, den übermächtigen Trieb zur Frau, zum Weib schlechthin, das ihn zu »erlösen« imstande, von der brennenden Sehnsucht zu befreien bereit sei. Man erlegte Don Juan ein Fliegendes-Holländer-Schicksal auf oder die tragische Unrast des Ewigen Juden, das unstillbare Heimweh nach einem Lande, das es auf dieser Erde nicht gibt.

Don Juan, wie spätere Jahrhunderte ihn sehen wollen, sucht seine Erfüllung, seine Ergänzung, sucht – welch ein Widersinn! – im Lodern des Blutes den stillen, letzten Hafen, in dem er Ruhe und Frieden finden kann. Er sucht – und wieder ist es Wahnsinn – unter Millionen Frauen aufs Geratewohl sein anderes, besseres Ich, vor Urzeiten von ihm abgespalten, sucht die Hälfte seiner Seele, sucht das Wunder, an das sein Verstand nicht glaubt. So jagt er durch die Welt, erblickt, packt und verwirft nahezu im gleichen Atemzug, trinkt und bleibt ewig durstig, besitzt und wird immer ärmer dabei.

Wer ihn – und das ist oft geschehen – mit Casanova verwechselt, irrt grundlegend, beweist nur, daß er nichts vom wahren Wesen des Menschen versteht. Auch dieser »verführt« Frauen? Gewiß, aber Welten liegen zwischen seiner und Don Juans Art des Besitzens. Casanova spielt mit den Frauen, die gleiche Lust am Spiel haben. Keine wird ihm, wenn er weiterzieht, eine Träne nachweinen. Wozu auch? Casanovas gibt es Hunderte, überall. Die Frau, die in Don Juans Armen liegt – und sei es auch nur eine Stunde – kann ihn nicht mehr vergessen, denn etwas von seiner Sehnsucht hat sie berührt, etwas von seinem Leid mitleidig gemacht, etwas von seiner Magie verzaubert, etwas von seinem Feuer für immer versengt. Casanova sucht nie und findet immer – es ist ja so leicht! Don Juan sucht immer und findet nie, was er wirklich sucht – es ist ja so schwer, so unmöglich! Je älter sie werden, desto tiefer klafft der Abgrund zwischen beiden: Casanova wird im Alter lächerlich, Don Juan tragisch, weil er die Zeit, die ihm zum Suchen gegeben ist, unwiederbringlich ablaufen fühlt. Casanova ist immer glücklich, Don Juan immer unglücklich. Einem alternden Don Juan verfallen die Frauen immer noch, ja, mehr als früher, weil sie seine wachsende Verzweiflung fühlen, und die männliche Verzweiflung der stärkste Magnet für Frauenherzen ist. Einen alternden Casanova hingegen verlachen sie, nehmen ihn nicht ernst, wenn sie es überhaupt je getan haben …

Das haben die Zeiten, die seit Tirso ins Land gegangen sind, aus Don Juan gemacht. Nicht plötzlich, sondern in allmählichem Übergang. Es wäre hochinteressant, diese Wandlung anhand der Bearbeitung des Stoffes in Romanen und auf der Bühne nachzuzeichnen; aber es gehört nicht in den Rahmen dieses Buches, das nichts sein will als eine Einführung in Mozarts Oper über dieses Thema. Nur Da Pontes, des Textdichters, Stellung muß erläutert werden, da sie in engstem Zusammenhang mit dieser Wandlung steht. Er ist nicht mehr dem Barock verpflichtet, wie Tirso de Molina und mancher seiner Nachfolger, aber auch noch kein romantischer Schriftsteller, wie es Lord Byron, Puschkin und viele andere in ihrer Behandlung des Don-Juan-Stoffes sein werden.

Don Juan ist zum Mythos geworden. Das verdankt er – wenn von »Verdanken« die Rede sein kann – seiner *Stellung zwischen Leben und Tod*, wie es der Genfer Kritiker Jean Rousset ausgedrückt hat. Und Manfred Gsteiger interpretiert diesen Mythos mit folgenden Worten:

> *Ohne das Motiv der Totenmahlzeit, ohne die Gestalt des rächenden Komturs, dieses Boten des Totenreichs, der dem Lebenden Rechenschaft abfordert und dessen Ursprünge sich weit zurück in die Volkssage verfolgen lassen, ist Don Juan vielleicht nur eine Verkörperung sexueller Unersättlichkeit oder auch gesellschaftlicher Anmaßung. Durch seine Verbindung mit dem Toten als Gast wird er zum Mythos. Don Juan ist nicht deshalb ein Frevler, weil er unzählige Frauen verführt, sondern weil er provokatorisch in das Reich der Toten einbricht. Die Geister, die er ruft, holen ihn ein …*

Auf dem Wege vom »klassischen« (oder barocken) zum romantischen Don Juan liegen, neben vielen anderen Etappen von größerer oder geringerer Bedeutung, die Werke Molières, Bertatis,

Da Pontes und Zorrillas. Von diesem letzteren sei ein wenig mehr gesagt. Sein *Don Juan Tenorio* des Jahres 1844 ist die im Mutterland der Gestalt am weitaus populärste Fassung des Stoffes. José Zorrilla ist »von des Gedankens Blässe angekränkelt«, wie man die Zeit der Aufklärung, des Sturms und Drangs, der frühen Romantik charakterisiert hat. Er läßt seinen Don Juan am Ende bereuen – was bei Tirso schon angedeutet ist, aber vom Steinernen Gastgeber nicht angenommen wird –, er läßt den ermordeten Don Gonzalo verzeihen, und natürlich verzeiht die betrogene, verführte oder vergewaltigte Donna Inés. Die Furien weichen vom Missetäter, aus der Höllenfahrt wird eine Himmelfahrt mit Engeln und Glockengeläut, weswegen das dichterisch schöne, sprachlich prächtige Werk Zorrillas in Spanien bis heute mit Vorliebe um Allerheiligen und Allerseelen gespielt wird. Es ist ein christliches Stück geworden. Zu beweisen gilt es, daß auch der schlimmste, der gottfernste aller Verbrecher durch Reue zum Heil gelangen kann. Zorrilla verklärt seinen »Helden« keineswegs, wie es die gleichzeitige deutsche Romantik so oft und gern getan hat, ja er betont gerade das Schurkische an ihm. Er läßt Don Juan und einen anderen jungen »Edelmann«, Don Luis Mejía, eine Wette eingehen, wer von ihnen binnen Jahresfrist die böseren Taten und ruchlosesten Gemeinheiten aller Art zu begehen imstande sei. Also ist sein Don Juan kein »Triebtäter« mehr im eigentlichen Sinne, und vor dem modernen Gesetz – des Vorsatzes wegen – härter zu bestrafen. Aber es ist interessant, daß im Grunde der Don-Juan-Legende die irdische Gerechtigkeit keine Rolle spielt. Es ist niemals davon die Rede, daß der »Burlador de Sevilla« vor einem Tribunal zur Rechenschaft gezogen werden könnte. Sind seine Verbrechen denn »Kavaliersdelikte«? Hier stehen wir vor einer Frage, die noch nicht aufgeworfen wurde: Ist »Don Juan« ein typischer Stoff der lateinischen Völker, ein echt spanisches Thema etwa, was seine Übertragung in andere Breiten erschwert? Don Juans Sündenregister umfaßt: Verführung unter falschem Heiratsversprechen, Nötigung, Vergewaltigung, Vorspielung falscher Identität, Tötung im Zweikampf, Blasphemie und Gotteslästerung. Waren dies in Spaniens ausgehendem Mittelalter Kavaliersdelikte, wenn sie eben von Kavalieren, also Männern der Oberschicht begangen wurden? Vergehen, über die man mit Stillschweigen oder gar mit Abwälzung der Schuld auf die Opfer zur Tagesordnung überging? Lebt nicht etwas von dieser Auffassung selbst heute noch in der »Rechtssprechung« vieler italienischer Gerichte, vor denen beleidigte Frauen vergeblich Schutz und Sühne suchen? Zu Don Juans Zeit wäre höchstens eines zu ahnden: das Vergehen eines Edelmannes gegen einen Mann oder eine Frau seiner eigenen Gesellschaftsklasse. Davon ist auch in mehreren Fassungen des Werkes die Rede: Doch die Obrigkeit – zumeist ein König – verbietet die Duelle, die seinen Hof eines »Kavaliers« berauben könnten. Und die Verführung (unter falschen Vorspielungen) oder Vergewaltigung einer Edeldame kann in einer Männerwelt – und in einer solchen spielt *Don Juan* stets – sehr einfach »gutgemacht« werden: durch Heirat zwischen dem Täter und dem Opfer. Wieder muß man nicht weit gehen, um selbst heute noch Reste dieser seltsamen »Rechtsauffassung« zu finden: So etwas wird in Süditalien und auf Mittelmeerinseln immer noch praktiziert.

Im Laufe der Zeit ist die Gestalt Don Juans zum Thema im gesamten Abendland geworden. Schon in Da Ponte/Mozarts *Don Giovanni* ist manches nicht mehr rein »lateinisch«: Beide Autoren lebten ja in Wien, an jenem Ort der Welt also, an dem wie sonst nirgends die völkischen Eigentümlichkeiten des Nordens und des Südens, des Ostens und des Westens sich mischten. Vielleicht könnte man Da Pontes *Don Giovanni* sogar als eine Europäisierung des an sich typisch spanischen Stoffes ansehen.

Es ist behauptet worden, Spanien habe mit Don Quijote[1] und Don Juan der Welt zwei völlig negative Gestalten vermacht: einen grotesken Träumer (der besonders in der »modernen« Welt nur lächerlich wirken könne) und einen Schurken (dessen Rolle in einer Gesellschaft wachsender Frauengeltung von selbst immer weiter abgewertet werden müsse). Zuerst einmal wird Don Quijote von dem verkannt, der ihn so, nach rein äußerlichen Maßstäben bewertet; der Ritter von La Mancha[2] ist viel, viel

---

[1] Wir wenden die spanische Schreibung des Namens an, anstelle der oft gebrauchten französischen »Quichotte« und der älteren (spanischen) »Quixote«. Als Aussprache empfehlen wir ebenfalls die spanische, die in unserer Phonetik »Kichote« zu notieren wäre.

[2] La Mancha: eine steppenartige Landschaft in Süd-Neukastilien

größer, als er bei flüchtiger Betrachtung scheinen mag. Er ist, und das ist wesentlich, ein wirklicher Ritter, ein echter Edelmann – inmitten einer Welt, in der solche Tugenden nicht mehr viel gelten, in einer Umwelt, die ihn aus proletarischer Derbheit verständnislos verlacht. Auch der Figur des Don Quijote hat sich, Jahrhunderte nach seiner Erschaffung durch Cervantes, die Romantik bemächtigt und mit ihr die gleiche Geistes- und Gemütsrichtung, die wir bei der Figur des Don Juan am Werke sahen.

Sie ließ es wohl nicht zu, daß »Urtypen« des Lebens – des abendländischen Lebens, müßte man wohl hinzufügen – nur negative Züge aufweisen. Sie verlieh Faust und Hamlet und Prometheus neue Züge, ließ Othello schmerzhafter zugrunde gehen als sein Opfer. Und so verklärte sie Don Quijote, was nicht so schwer war, da er genug edle Züge aufwies, und verklärte sogar Don Juan, was wesentlich schwieriger war. Natürlich war Don Juan schon bei Tirso de Molina mit körperlichen Reizen und einer gewissen Weltgewandtheit ausgestattet, die ihn dem weiblichen Geschlecht von vornherein sympathisch machten. Aber von da zum willenlosen Unterliegen, zur widerstandslosen, ja begeisterten Aufgabe aller Prinzipien, Erziehungsresultate und Moralauffassungen war ein weiter Weg. Da mußte zu den äußerlichen Reizen, zur Weltgewandtheit eine starke Dosis jener Eigenschaften oder jenes Phänomens treten, die man Macht der Persönlichkeit, Ausstrahlung, Zauber, Magie, Magnetismus, Charisma nennt und die sehr ungewöhnlichen, nur selten vorkommenden Menschen oft in völliger Unabhängigkeit von ihrer physischen Erscheinung gegeben ist, Religionsgründern, Feldherrn, Künstlern vielleicht. Diese geheimnisvolle Macht ist Don Juan nicht in die – literarische – Wiege gelegt worden, Tirso de Molina weiß noch nichts von ihr; sie wurde ihm in späteren »Wiedergeburten« verliehen. Und man geht kaum fehl, wenn man behauptet, daß seine Faszination in engstem Zusammenhang mit dieser Eigenschaft steht, die er erst im Laufe seiner jahrhundertelangen literarisch-musikalischen Existenz erwarb oder erhielt. Die größten Sänger der Nach-Mozart-Zeit ernannten Don Giovanni zu einer ihrer Traumrollen; eine Analyse ergäbe, daß hier mindestens so stark der Wunsch nach dessen dominierender und zugleich dämonischer

Persönlichkeit vorliegt als der nach der musikalischen Aufgabe, die ihm von Mozart gestellt wurde.

Schon Tirso de Molina läßt seinen Don Juan von einem »Mann aus dem Volke« begleiten, einem Diener, der zwischen Abscheu und Bewunderung hin- und hergerissen wird, viel zu feige ist, um seinem Herrn entgegenzutreten und manchmal recht gern von Situationen profitiert, die jener geschaffen hat. Er nennt ihn Catalinón, was im Spanischen – neben anderen ungünstigeren Deutungen – »Hasenfuß«, »Angsthase« bedeutet. Da Ponte italianisiert den Namen – Leporello –, beläßt ihm aber im Grunde den gleichen Sinn. Daß er ihn manchmal ein klein wenig gegen seinen Herrn aufbegehren läßt, sei als Nuance erwähnt; vielleicht spricht hier der Bearbeiter des »Figaro«-Stoffes, der zwar bestimmt kein Sozialrevolutionär ist, aber doch so etwas wie eine leise Freude empfinden dürfte, wenn den großen Herren einmal »die Wahrheit« gesagt wird. Da Ponte tut ein weiteres, worüber noch zu reden sein wird: Er schafft eine seltsame Kumpanei zwischen Herrn und Diener, die mit der Auflösungsepoche der Feudalherrschaft nicht genügend erklärt ist. Sein Don Giovanni verwendet seinen »Hasenfuß« Leporello nicht nur als Werkzeug manches seiner Abenteuer; er wirft ihm, als erniedrigendes Symptom seines Überdrusses, eine ehemalige Geliebte hin – erniedrigender für ihn selbst als für Elvira, und in völligem Widerspruch zu seiner Stellung als Edelmann. Hier erhält die Figur, die sonst in manchem Belang gegenüber Tirso aufgewertet erscheint, einen bösen Stoß, der mit der Qualifikation des Stückes als halbem Lustspiel, als »dramma giocoso«, nicht genügend motiviert sein dürfte.

Wie oft Don Juan auf die Bühne gebracht worden ist, läßt sich nicht mehr feststellen; ebensowenig, wie oft er zur Romanfigur gemacht und wie oft er in Gedichten besungen wurde. Dutzende Male verführt und stirbt er auch singend, als Opernheld, wenngleich auf diesem Gebiet Mozarts Werk eine einmalige Stellung einnimmt. In diesen Tausenden von Gestaltungen weist er alle nur erdenklichen Variationen auf, derer die menschliche Phantasie fähig ist.

Welche Vorbilder hat Da Ponte gekannt, als er seinen *Don Giovanni* für Mozarts Prager Auftrag zu durchdenken und sicherlich nahezu gleichzeitig niederzuschreiben begann? Den

Stoff muß er gut gekannt haben, er gehörte längst zum europäischen Bildungsgut, das der Wiener Hofdichter – nicht einmal seine vielen Feinde haben daran gezweifelt – souverän beherrschte und handhabte. Er könnte Tirso de Molinas Original gelesen haben, sehr wahrscheinlich auch Molières *Festin de Pierre* aus dem Jahre 1659, das gegenüber dem Spanier sehr weitgehende Veränderungen aufweist, neue Szenen einfügt, andere streicht und Wichtiges umdeutet. Der große französische Dramatiker verlegt die Handlung in seine eigene Zeit und Umwelt. Donna Elvira, die von Don Juan aus dem Kloster entführt wurde, verzeiht ihm allen Schmerz, den er ihr durch sein leichtfertiges Verlassen antat, und läutert sich zu beinahe engelhaften Gefühlen, die auf ihres Verführers Erlösung hinauslaufen. Hier berührt Molière sich mit Da Ponte, der bekanntlich Elviras Rachegefühle vor der Möglichkeit einer Versöhnung verblassen und sie als letzte Frau Don Juans Leben betreten läßt, um ihn – natürlich völlig erfolglos – auf den Pfad der Tugend zurückzuführen. Bei Molière erfreuen sich die Gestalten aus dem Volke einer gesunden bäuerlichen Realistik, die Da Ponte sehr zugesagt haben dürfte. Daß der Franzose hingegen Donna Anna und Ottavio gänzlich wegläßt, verschiebt die Gewichte des Dramas in einer Weise, die wir uns nach Da Ponte/Mozart kaum vorstellen können.

Aber hat Da Ponte Molières Originalstück gekannt? Wir können kaum annehmen, er habe dessen Vorläufer gelesen, das gleichnamige Stück von Dorimon, das 1659 erschien. Molière war von seiner Don-Juan-Fassung so wenig befriedigt, daß er sie nur fünfzehnmal über die Bühne gehen und nicht drucken ließ. Sie dürfte also den weitaus meisten Zeitgenossen unbekannt geblieben sein, bis Thomas Corneille (der Bruder des bedeutenderen Pierre) eine Versfassung davon herstellte.

Haben englische Bearbeitungen des Stoffes auf Da Ponte und damit auf Mozarts Oper eingewirkt? Thomas Shadwell schrieb eine solche unter dem Namen *The Libertine* im Jahre 1676. Im Vorwort lesen wir:

Die Geschichte, aus der ich den Inhalt des Stückes genommen habe, ist in Spanien, Italien und Frankreich sehr berühmt; sie soll zuerst in einem spanischen Stück vorge-

kommen sein (wie man mir sagt), denn dort gibt es eine
Tradition, an die sie glauben, nach der ein solcher laster-
hafter Spanier, wie er hier vorkommt, eine Rolle spielt.
Von dort übernahmen ihn die italienischen Komödianten,
und von diesen die Franzosen, die nicht weniger als vier
Stücke über diese Geschichte schrieben ...

Im weiteren Verlauf seines Vorworts ersucht Shadwell seine
Leser um Entschuldigung für den »unmoralischen Stoff«, der
allerdings so übertrieben sei, daß er unwahrscheinlich werde;
außerdem werde er nur durch die Strafe annehmbar, die den
»Libertine« ereile, den Wüstling, Don Juan. Das sei auch der
Grund, warum das italienische Vorbild seines Stückes mit
Vorliebe sonntags in den Kirchen gespielt werde, um dem Volke
die Strafe des Himmels für so viele aufgehäufte Sünden recht
deutlich vor Augen zu führen.

Da Ponte müßte auch die (nach Shadwell verfaßte) Bearbeitung des Stoffes durch seinen großen Landsmann, den Venezianer Carlo Goldoni, gekannt haben. Der erzählt in seinen
Memoiren, er habe die Komödie eigentlich nur geschrieben, um
sich an einer Geliebten – der Schauspielerin Passalacqua – zu
rächen, die ihn betrog, verließ und noch dazu verspottete. Er
zeichnet in seinem *Don Giovanni Tenorio o sia Il Dissoluto* sich
selbst als harmlosen Schäfer namens Carino, dem ein Don Juan
seine Schäferin Elisa fortnimmt. Eitelkeit ist es also wohl, die
ihn bewegt, den Verführer seiner Geliebten nicht als »gewöhnlichen« Nebenbuhler zu schildern, sondern als magischen, dämonischen, unwiderstehlichen Mann.

Immer wieder neue Deutungen erfährt das unerschöpfliche
Thema. Prosper Mérimée wäre zu nennen (der Aufzeichner oder
Dichter der »Carmen«-Geschichte), Christian Dietrich Grabbe,
Alexandre Dumas, Lord Byron, Aleksandr Puschkin (der Autor
des *Onegin*), Charles Baudelaire, George Bernard Shaw, Ödön
von Horváth, Jean Anouilh, Max Frisch – aber je mehr wir
aufzählen, desto klarer wird es, wie unmöglich es ist, alle oder
auch nur die wichtigsten zu erfassen.

Besonders stark ist das Thema wohl stets in Spanien lebendig geblieben: Hier wären, nach Tirso de Molina und José
Zorrilla, Antonio de Zamora, Miguel de Unamuno und Salvador

de Madariaga zu erwähnen, der in einem geistvollen Akt einige der bekanntesten Don Juans – Tirso, Molière, Mozart, Byron und Puschkin sind ihre Autoren – miteinander konfrontiert (*Don Juan y la Don Juanía*). Sie alle sehen in Don Juan immer wieder etwas Neues, Unerwartetes, *den skrupellosen Verführer in immer neuen Brechungen: als banaler Genießer, als arroganter Atheist, als verzweifelter Wahrheitssucher, als Opfer der Frauen, als Karikatur seiner selbst. Grabbe läßt ihn in seinem »Don Juan und Faust« zusammen mit dem erkenntnissüchtigen Doktor auftreten, Lord Byron macht ihn zum humanen Ironiker, E. T. A. Hoffmann deutet den Don Giovanni Mozarts als enttäuschten Idealisten, und Sören Kierkegaard sieht in ihm die Dämonie der Leidenschaft verkörpert, José Zorrilla läßt ihn an der Schwelle zur Verdammnis in die Gnade Gottes eingehen, und Albert Camus versteht ihn als absurden Helden...* (M. Gsteiger).

Ein wenig – aber nur ein klein wenig – übersichtlicher gestaltet ist der Don-Juan-Stoff, die Don-Juan-Legende, der Don-Juan-Mythos in der Musikgeschichte. Englands großer Barockmeister Henry Purcell schrieb Bühnenmusik zum erwähnten *Libertine*-Drama Shadwells für dessen Londoner Aufführung. Mozart hat sie wohl ebenso wenig gekannt wie das Vaudeville eines gewissen Le Tellier, *Le Festin de Pierre*[1], das 1713 in Paris aufgeführt wurde; von ihm berichtet Philip Hale (der eine Liste der Don-Juan-Vertonungen aufstellte), es sei wegen des Skandals, der vor allem durch das darin vorkommende Schlußballett in der Hölle hervorgerufen wurde, verboten worden. Hingegen hat Mozart das gleichnamige Ballett Glucks gekannt, das am 17. Oktober 1761 in Wien zur Aufführung gelangte. Es bildete den Auftakt zu einem heute vergessenen Lustspiel (*Le joueur*, »Der Spieler«) im Hoftheater. Über Gluck wird berichtet, er sei *ob des traurigen Vorwurfs nicht wenig betroffen* gewesen. In ihm wird nur das Ende der Don-Juan-Legende behandelt: von der auf dem Friedhof erfolgenden Einladung der Statue zum Abendessen bis zu deren Erscheinen in Don Juans Palast und der Höllenfahrt des Wüstlings. Die Zahl der auftretenden Personen ist äußerst begrenzt: Neben den an-

---

[1] übersetzt etwa, mit der im Deutschen zumeist verwendeten Form: »Der steinerne Gast«

onymen Gästen beim Festmahl Don Juans kommt nur dieser vor, sein Diener, Donna Anna und deren Vater, der als »steinerner Gast« die Strafe vollzieht. Dieses Ballett des nachmals so berühmten Gluck ist nach der Wiener Premiere über zahlreiche Bühnen Europas gegangen; in Salzburg hat der junge Mozart es in einer gekürzten Fassung gesehen. Hat es ihm so starken Eindruck gemacht, daß er, ungefähr zehn Jahre später, bei der Komposition seines eigenen *Don Giovanni* sich charakteristischer Einzelheiten entsann und seine Partitur auffallende Reminiszenzen an oder Ähnlichkeiten mit der Glucks aufweist? Da ist vor allem die bei beiden festzustellende Verwendung der d-Moll-Tonart, die geradezu zum Symbol der düsteren, dämonischen Stimmung wird. Der Eindruck ist so stark, daß man fast von »Tonmalerei« sprechen könnte, obwohl es derartiges zu Glucks und Mozarts Zeit bewußt noch nicht gab. Wir haben es uns angewöhnt, im d-Moll-Beginn der Mozartschen Ouvertüre den Vorboten des unentrinnbaren Schicksals zu hören; und folgerichtig kehrt diese dunkle, das Jenseits malende Tonart in der großartigen Schlußszene wieder, in der Don Juans stahlharter Wille auf den noch härteren, steinernen seines aus einer anderen Welt herabgestiegenen Gastes trifft. Es mag immerhin interessant sein, daß diese Sterbeszene – eine der erschütterndsten der gesamten Opernliteratur – zwar bei Gluck nicht vorgebildet, wohl aber vielleicht in ihrer Klangfarbe vorgeahnt ist. Nebenbei bemerkt: Glucks Ballett übersiedelte kurz nach der Premiere vom Burg- in das Kärntnertor-Theater Wiens, das am 3. November ein Raub der Flammen wurde, unmittelbar nach Don Juans Sturz in die Höllenflammen …

Der Bologneser Komponist Vincenzo Righini, der später im Wiener Musikleben als Komponist, Theaterleiter sowie als Gesangsmeister im Kaiserhause eine Rolle spielte, brachte im Alter von 21 Jahren 1777 in Prag einen *Don Giovanni ossia Il Convitato di Pietra*[1] auf einen Text von Filistri zur Aufführung; diese Oper wie auch den nahezu gleichzeitigen, 1777 in Venedig uraufgeführten *Convitato di Pietra* von Giuseppe Calegari dürfte Mozart kaum gekannt haben. Ebensowenig sollte das bei der

---

[1] Die italienische Bezeichnung des schon mehrfach in anderen Sprachen zitierten Titels: »Der Gast aus Stein«, »Der steinerne Gast«.

ebenso betitelten Oper von Giacomo Tritto (Neapel, 1783) und dem *Don Giovanni* von Gioacchino Albertini (Venedig, 1784) der Fall gewesen sein. Die Uraufführung von Albertinis Oper hatte am 23. März 1783 in Warschau in polnischer Sprache stattgefunden. Die Häufung der Werke rund um dieses Thema ist auffallend, soll uns aber hier nicht zu Mutmaßungen über dessen Aktualität oder Modernität in jenen Jahren verleiten.

Dieser Eindruck verstärkt sich noch, wenn wir das Jahr 1787 betrachten, das *Don Giovanni*-Jahr Mozarts. Kurz vor dem seinen erscheint in Venedig die Oper *Don Giovanni Tenorio*, manchmal auch *Il convitato di pietra* betitelt, deren Text von Giovanni Bertati und deren Musik von Giuseppe Gazzaniga stammt. Sie sprang infolge ihres beträchtlichen Erfolges schnell auf andere Bühnen über – die Vorbereitungen einer Premiere nahmen in damaliger Zeit nur sehr wenige Wochen in Anspruch –, und Goethe berichtet aus Rom, man müsse gesehen haben, wie Don Juan in den Flammen brate und des Komturs Seele himmelwärts fliege. Das mag keine Bewertung des Stückes sein, aber ein lebendiges Zeugnis für den starken Theatereffekt, der seinen Einfluß auf Da Ponte ausgeübt haben dürfte. Noch im selben Jahre 1787 gibt es, ebenfalls in Venedig, einen *Convitato di pietra* zu sehen, dessen Musik vom italienischen Komponisten Francesco Gardi stammt. Also drei Don-Juan-Opern innerhalb weniger Monate; allerdings in einer Epoche, in der die Premieren der Musiktheater, besonders in Italien, aufeinanderfolgten wie die der neuen Filme in der Glanzzeit der Kinos. Daß nur Mozarts Oper überlebte, ist eines jener Phänomene der Musikgeschichte, die mit der Qualität allein nicht hinreichend erklärt werden können.

Und schon ein Jahr nach Mozarts *Don Giovanni* erschien abermals ein italienisches Werk desselben Namens; die Musik stammte von Vincenzo Fabrizi, von dem trotz seiner vielen Werke weder das genaue Geburts- noch das Sterbedatum bekannt sind. Die Uraufführung fand im Städtchen Fano statt. In Bologna brachte der früher genannte Gardi 1791 eine weitere Oper über dieses Thema heraus, die er folgerichtig *Il Nuovo Convitato di Pietra* nannte. Die Reihe der Don-Juan-Opern reißt auch im 19. Jahrhundert nicht ab. In Rom wird 1818 *Il dissoluto punito* (»Der bestrafte Wüstling«) von Pietro Raimondi gespielt, in Viareggio 1832 ein *Convitato di Pietra* von Giovanni Pacini. Der Stoff wird auch in der Musik zusehends internationaler: Der Spanier Ramón Carnicer bringt 1822 in Barcelona seinen *Don Giovanni Tenorio*, sein katalanischer Landsmann Nicolás Manent 1875 in derselben Stadt seinen *Convitato di Pietra* zur Aufführung, beide allerdings (wie schon die Titel besagen) in italienischer Sprache, dem noch lange obligaten Opernidiom der lateinischen Länder. Rußlands Opernliteratur weist einen »Steinernen Gast« (Kamjennij Gost) in der Landessprache auf; ihn komponierte der schon schwerkranke Aleksandr Dargomischskij, der die Partitur nicht mehr vollenden konnte; er bestimmte Cesar Cui (oder Kjuj) und Rimskij-Korsakov zu Sachwaltern. Cui vollendete das erste Bild, und Rimskij-Korsakov besorgte die Instrumentation. Den literarischen Vorwurf bildete das erwähnte Poem von Aleksandr Puschkin. Die Uraufführung fand 1872 in St. Petersburg statt.

Wenn von Vertonungen der Don-Juan-Legende die Rede ist, müssen wir jetzt für ein wichtiges Musikwerk das Gebiet der Oper verlassen: Am 11. November 1889 dirigierte ein 25jähriger Komponist sein *Don Juan* betiteltes sinfonisches Gedicht erstmals in Weimar: Richard Strauss. Der junge Musiker hielt sich an eine literarische Vorlage, an ein Gedicht des ungarischen, deutsch schreibenden Dichters Nikolaus Lenau (1802–1850). Wie himmel- (oder höllen-)weit diese Dichtung von allen bisher verzeichneten Bearbeitungen des Stoffes entfernt ist, mag – auch für das Verständnis des Straussschen Werkes – hier mit zwei kurzen Auszügen aufgezeigt werden. Zu Beginn sind wohl alle Kenner der Don-Juan-Figur einverstanden:

Den Zauberkreis, den unermeßlichen weiten,
von vielfach reizend schönen Weiblichkeiten
möcht' ich durchziehn im Sturme des Genusses,
am Mund der letzten sterben eines Kusses.
O Freund, durch alle Räume möcht' ich fliegen,
wo eine Schönheit blüht, hinknien vor jede
und, wär's auch nur für Augenblicke, siegen …

Auch die Fortsetzung entspricht noch der romantischen Vorstellung des »homme à femmes«, des Mannes, dessen Lebensinhalt die Frau ist. Da stehen schöne Sätze wie *Ich fliehe Überdruß und*

Lustermattung ... oder *die einzle kränkend, schwärm' ich für die Gattung* ... und *Ja! Leidenschaft ist immer nur die neue; sie läßt sich nicht von der zu jener bringen, sie kann nur sterben hier, dort neu entspringen* ... Dann folgt die erste Andeutung, daß Don Juan jung sein müsse: *Hinaus und fort nach immer neuen Siegen, so lang der Jugend Feuerpulse fliegen!* Eine Auffassung, der die Erfahrung offen widerspricht: Der »echte« Don Juan ist kein Jüngling, sondern ein reifer Mann; nur der weiß, daß das Thema »Weib« unerschöpflich ist und daß doch jeder Tropfen dieses unausschöpfbaren Meeres anders ist als jeder andere. Vor allem aber: daß er selbst bei jeder Frau verwandelt wird. Sucht er im Grunde nicht stets sich selbst, die tausend Facetten seines eigenen Ichs?

Und so ist Lenaus dritte, letzte Strophe tief enttäuschend. Sie zeigt Don Juan den Naturgesetzen des Alterns und Müdewerdens unterworfen, wie irgendein gewöhnlicher Mann:

Es war ein schöner Sturm, der mich getrieben,
er hat vertobt, und Stille ist geblieben,
scheintot ist alles Wünschen, alles Hoffen:
vielleicht ein Blitz aus Höh'n, die ich verachtet,
hat tödlich meine Liebeskraft getroffen,
und plötzlich ward die Welt mir wüst, umnachtet;
vielleicht auch nicht – der Brennstoff ist verzehrt,
und kalt und dunkel ward es auf dem Herd.

Ein desillusionierendes Bild: Don Juan im Ruhestand, in Pension, gichtgeplagt, im Lehnstuhl am Herd, der *Feuerpulse* sich nur noch matt und fern erinnernd und um die jugendliche Hoffnung betrogen, die so schön ausgedrückt war: ... *am Mund der letzten sterben eines Kusses* ... In der Musik kommt das traurige Bild nicht so ernüchternd zum Ausdruck: Strauss läßt sein sinfonisches Poem sanft ausklingen, aber Liebe und Zärtlichkeit leben darin bis zuletzt. Da ist es, als währe der Kuß der letzten Frau so lang, daß kein Altern fühlbar wird und Don Juan, wie es ihm geziemt, in ihrer Umarmung stirbt.

Auch im 20. Jahrhundert reißt das Interesse für den Mythos des Don Juan unter den Musikern nicht ab. Das Zeitalter der Psychologie, der Psychoanalyse, der Psychiatrie sucht und findet immer neue Züge in ihm, und die ins Ungeheuerliche differenzierte Musik sucht ihnen nachzuspüren. Der deutsche Komponist Paul Graener vertont (Leipzig, 1914) *Don Juans letztes Abenteuer*, Igor Strawinsky schafft (auf einen tiefgründigen Text von Wystan Hugh Auden und Chester Kallmann nach einer Serie von Kupferstichen des großen William Hogarth) die Oper *The Rake's Progress*, die 1951 in Venedig Aufsehen erregt. Doch beide – die wir aus einer großen Zahl herausgegriffen haben – stehen mit dem »klassischen« Don-Juan-Thema nur noch in recht loser Verbindung. Wäre dieses in seiner ursprünglichen Form überhaupt noch zu vertonen? Hat die Gestalt des legendären »Frauenverführers« (was immer man darunter verstehen mag) in heutiger Zeit irgendeine Art von Gültigkeit, erweckt sie irgendwelches Interesse? Oder gibt es nur noch die beiderseitig freiwillig gewählten Partnerschaften, die alle »Probleme« des Stoffes undenkbar, sinnlos machen? Ist Don Juan eine historische, eine soziale Reliquie, fast an den Rand des Lächerlichen gedrängt, ein wenig wie das Gespenst von Canterville, das niemand mehr ernst nimmt, wenn es zu geistern beginnt?

Doch dieser Auffassung steht eines entgegen: die ungebrochene, nicht zu brechende Macht der wahren menschlichen Persönlichkeit, des Menschen mit der dem Einzelnen wie der Masse fühlbaren »Ausstrahlung«. Der »echte« Don Juan ist kein Typus, wie »der Intellektuelle«, »der Träumer«, »der Egozentriker« und ein Dutzend andere. Er ist ein Ausnahmefall, war es immer und wird es immer bleiben. Er kann nicht aussterben, solange die Welt zweipolig, zweigeschlechtlich bleibt.

Und so kann Da Ponte-Mozarts »Don Giovanni« nicht veralten, so anfechtbar auch das Textbuch (vgl. das Kapitel auf S. 390ff.) sein mag. Es ist wohl in erster Linie die Musik, die das Werk in den Rang des »Unsterblichen« erhoben hat (soweit Menschenarbeit dies zuläßt), aber selbst sie wäre nicht stark genug, dieser Oper einen der ersten Ränge im Weltrepertoire zu erhalten, wenn die Gestalt, deren Leben und Sterben sie auf die Bühne bringt, hoffnungslos verblaßt und darum unvorstellbar, unsinnig geworden wäre. Denn Oper ist immer ein Zusammenwirken von Text und Musik, von Handlung und Ton, von Seh- und Höreindruck; so weit der Spielraum vom Überwiegen des einen bis zur Dominanz des anderen auch sein kann, ein völliges Ausschalten eines der beiden Grundelemente ist unmöglich.

Natürlich hat die Betrachtung des Da Ponte/Mozartschen Meisterwerkes *Don Giovanni* in unserem Jahrhundert, das an allem Vorherigen zweifelt, zu neuartigen Fragestellungen, zu immer schärferen theoretischen Auseinandersetzungen geführt. Zu immer neuen Deutungen auch seitens der Interpreten, der Dirigenten und, vor allem, der Regisseure. Einer der geistig bedeutendsten unter diesen, Walter Felsenstein, hat gegen frühere Auffassungen polemisiert, das zum guten (oder schlechten?) Teil von E. T. A. Hoffmann geschaffene romantische Bild Don Juans ist »entlarvt« worden, als »unecht«, als im Texte unbegründet, als von der Musik weitgehend Lügen gestraft. Paul Bekker prägte den reizenden Satz über Don Giovanni, der *eine teuflische Figur wäre, wenn er nicht so schön sänge*; verleiht also die Sinnlichkeit der Stimme dem »Helden« der Oper jenes unumgängliche sinnliche Element, das Da Pontes Text ihm weitgehend oder gänzlich vorenthält?

Wie sehr diese Oper im Übergang von »Klassik« zu »Romantik« steht, erweisen die beiden Schlüsse, mit denen Da Ponte und Mozart sie bei den ersten beiden Premieren spielen ließen. In Prag, 1787, folgte auf Don Giovannis Versinken in den Höllenflammen das letzte Sextett der Überlebenden, die – echt »klassisch« – über das Erlebte, und sei es noch so grauenhaft, zur Tagesordnung übergehen: zu Annas und Ottavios Diskussion über den Heiratstermin, zu Elviras Entschluß, ins Kloster zu gehen, zu Leporellos Absicht, sich im Wirtshaus einen besseren Herrn zu suchen, zu Zerlinas und Masettos Lust auf einen rechten Festschmaus, da alles »gut« ausgegangen ist. In Wien, 1788, aber wird dieses Ensemble weggelassen, das Stück schließt mit dem erschütternden, theatralisch, dramatisch wie musikalisch packenden Höhepunkt des Ringens zwischen Giovanni und dem Komtur: So ungleich dieses zu dessen Lebzeiten – im ersten Bild – zugunsten des Jungen war, so ungleich ist es nun zugunsten des Abgesandten aus einer anderen, höheren Welt, der Totenwelt. Das Werk schließt also mit dem in vieler Beziehung »ausgleichenden« Akt der Gerechtigkeit. Daß viele Theater diesen Schluß weit über ein Jahrhundert lang dem »klassischen« vorgezogen haben, ist in der Inhaltsangabe des Werks (S. 325/328) genau vermerkt. Es hat tiefere Bedeutungen, als es gewöhnliche »Striche« in Opernpartituren besitzen.

Doch damit sind wir eigentlich schon bei der Betrachtung von Da Ponte/Mozarts Werk, die nicht mehr in dieses Kapitel gehört. Es ist sehr verlockend, Interpretationen dieser Oper nachzulesen, wie sie sich von E. T. A. Hoffmann über Kierkegaard zu Felsenstein ziehen, Zusammenhänge literarischer, philosophischer, soziologischer, musikalischer Art andeutend. Aber dies ist ein »Opernführer«, ein Manual zum tieferen Verständnis des *Don Giovanni* von Mozart/Da Ponte. Und darum müssen wir auf zu weit gehende Abschweifungen verzichten, soweit sie nicht zu neuen Erkenntnissen, zum tieferen Genuß des Meisterwerkes führen, das unser einziges Thema bildet.

Lorenzo Da Pontes Textbuch
zu *Don Giovanni*

Zu einem guten Opernwerk gehören zwei Dinge: ein gutes Textbuch und gute Musik. Einer der beiden Faktoren genügt nicht. Das Publikum, diese Summe aus verständigen und sachunkundigen Personen, aus Fachleuten und Laien, aus Menschen, die literarisch sensibel und anderen, die musikalisch empfindsam sind, würde einem Werk, bei dem nur die Musik gut, der Text aber schlecht ist oder umgekehrt, auf die Dauer keinen Geschmack abgewinnen.

Ein echtes Gleichgewicht zwischen Libretto und Partitur ergibt sich selten. Am ehesten natürlich im Ausnahmefall, in dem beide von derselben Hand stammen. Das ist – vor allem wohl – bei Richard Wagner der Fall; auch bei Lortzing und Boito sowie bei einer größeren Zahl von Dichterkomponisten unseres Jahrhunderts: Pfitzner, Hindemith, Orff, Krenek, Egk, Blacher, von Einem. Trifft die Doppelbegabung nicht zu, dann müssen sich zwei Menschen zusammenfinden, deren Geisteskräfte, deren Inspiration, aber auch deren Gefühlsebenen annähernd gleich stark und gleich gerichtet sein müssen. Stoßen etwa ein naturalistischer Textdichter und ein romantischer Komponist aufeinander, so ist schwerlich mit einem einheitlichen, also guten Werk zu rechnen.

Lorenzo Da Ponte gilt, die meisten Mozartbiographen stimmen darin überein, als dieses Meisters wichtigster und bester Librettist. Der Wiener Hofdichter – dem das Schicksal ein ungewöhnlich langes Leben beigemessen hat (von 1749 bis 1838) – durchlief ungezählte Stationen des Triumphes und des Elends. Sie begannen im Judenviertel des venezianischen Städtchens Ceneda und endeten in einer armseligen Behausung New Yorks. Er studierte vielerlei hochgelehrte Dinge, nahm die katholische Priesterweihe, wurde Rhetoriklehrer, vergnügte sich in Venedig an Casanovas Seite, bis er ausgewiesen wurde, ein Schicksal, das ihm später noch mehrmals widerfahren sollte. Den Höhepunkt seines Daseins dürfte er als wohlbestallter Dichter am Hofe Kaiser Josephs II. in Wien erlebt haben. Er stand – was er wahrhaft zu genießen wußte – im Mittelpunkt des Theater- und Musiklebens einer der kunstverständigsten und -begeistertsten Städte Europas, und ein nicht unerheblicher Teil der Opernwerke, die hier in jenen Tagen ihre Premieren erlebten, entstammte seiner gewandten, ja oft originellen und von viel Kultur und Sprachsinn geführten Feder. Von seinem späteren Abstieg soll hier nicht mehr die Rede sein; denn die Oper, die wir hier besprechen, stammt aus seinen glanzvollsten Jahren.

Bei drei Gelegenheiten verband er seinen Namen mit dem Mozarts. 1786 im Auftrag des Kaisers, als dieser von dem nunmehr seit vier Jahren in der Reichshauptstadt niedergelassenen Tondichter ein Bühnenwerk verlangte. Näheres ist im Band 8007 *Figaros Hochzeit* der Reihe *Opern der Welt* nachzulesen; das war ein heikles Unterfangen, denn das französische Originalstück galt als äußerst revolutionär und war im weiten Bereich der habsburgischen Lande verboten. Da Ponte stellte nicht nur den Kaiser vollständig zufrieden, indem er es zuwege brachte, alles Aufrührerische aus dem Text so zu entfernen, als wäre es nie darin gewesen, sondern auch das Publikum bis zum heutigen Tag, denn er schuf ein hervorragendes Lustspiel, das sogar ohne Mozarts Musik denkbar wäre. Es mag uns hier nicht interessieren, wie weit diese beachtliche literarische Tat Da Ponte und wie weit sie dem Schöpfer des Urtextes, Caron de Beaumarchais, zuzuschreiben ist.

Auf jeden Fall war Mozart von der Zusammenarbeit beglückt; er hatte gerade in dieser Beziehung keine erfreulichen Erfahrungen gemacht, die einzeln aufzuzählen wir uns versagen müssen. In Da Ponte traf er einen Mann von Geist, Witz, Können und Routine, mit dem er sich aufs beste verstand. Daher ist es verständlich, daß er, als er den Auftrag des Prager Impresarios Bondini erhielt, sofort an Da Ponte dachte; und auf dessen Vorschlag, das Thema des Don Juan und des steinernen Gastes als Stoff der neuen Oper zu wählen, gern (Da Ponte sagt in seinen Memoiren: *entzückt*) einging. Wieder verlief die gemeinsame Arbeit reibungslos und erfreulich. Das Werk, das entstand, *Don Giovanni* (oder mit dem genauen Titel des Uraufführungsprogramms: *Il Dissoluto Punito ossia Il Don Giovanni* – »Der bestrafte Wüstling oder Don Juan«) wurde bei der Prager Premiere stürmisch bejubelt und erlebte eine schnelle Verbreitung in der Welt (wie an anderer Stelle mit Zahlen belegt werden

Lorenzo da Ponte (1749–1838), Verfasser des von Mozart
vertonten Librettos für *Don Giovanni*

wird). Auch dieses Mal schuf Da Ponte nichts Selbständiges,
ganz seinem Geist Entsprungenes; er nahm Gedanken und Ideen
von manchem der über das gleiche Thema vorausgegangenen

Werke des gesprochenen oder gesungenen Theaters. Eines der »Prunkstücke« der Partitur, Leporellos Registerarie, schrieb er nahezu wörtlich aus Bertatis Libretto zu Gazzanigas Don-Juan-Oper ab. Paul Stefan meinte, Da Ponte hätte, wäre sein Textbuch heute erschienen und nicht vor zweihundert Jahren, *einen nicht eben aussichtsvollen Plagiatsprozeß riskiert.* Damals gab es keinen Schutz geistigen Eigentums; man »übernahm«, was einem gefiel und paßte, es war nicht verpönt, geschweige denn verboten, das zu tun.

Nicht der Absicht, Da Pontes Libretto auf Plagiate zu untersuchen, soll dieses Kapitel dienen, sondern um die äußerst wichtige Frage zu klären, ob dieses Textbuch zu einer der berühmtesten Opern als »gut« oder gar als Meisterwerk bezeichnet werden kann, so wie es unzweifelhaft bei der Musik der Fall ist.

Bevor wir es analysieren wollen, sei noch der dritten Zusammenarbeit Da Pontes mit Mozart Erwähnung getan. *Così fan tutte* entstand drei Jahre nach *Figaro*, zwei nach *Don Giovanni*, die Uraufführung fand in Wien, abermals über kaiserlichen Auftrag, am 26. Januar 1790 statt, am Vorabend von Mozarts 34. Geburtstag. Da Ponte verfaßte ein Textbuch, über das mehr als anderthalb Jahrhunderte heftig gestritten wurde, Beethoven und Wagner verwarfen es ohne Milderungsgrund, zu seiner »Rettung« erlebte es Um-, ja völlige Neudichtungen. Dabei ist es ein hervorragendes Libretto, wenn auch ein im tiefsten Grunde teuflisches, abgründiges, bösartiges, unmoralisches. Das hat zwar nichts mit der künstlerischen Qualität zu tun – es gibt viele teuflische, abgründige, bösartige und unmoralische Werke in allen Künsten, die als Meisterstücke anzusprechen sind –, aber es steht in schroffem Gegensatz zum Komponisten, der von diesen Eigenschaften keine einzige besaß. Hier trat der äußerst seltene Fall ein, daß ein zynischer Librettist auf einen naiven Komponisten traf, der wahrscheinlich gar nicht merkte, was für ein hinterhältiges Textbuch er da vertonte.[1]

Wie kritisch stand Mozart der dramatischen Vorlage des *Don Giovanni* gegenüber? Hatte der Stoff ihn jemals beschäftigt? Kaum. Menschlich stand er einer Gestalt wie dieser fremd gegenüber. Er war ein Frauenfreund, ein »normaler« Mann, in

---

[1] siehe Band 8004 dieser Reihe (*Così fan tutte*)

dem *die Natur so laut sprach wie in irgendeinem anderen* (so
hatte er dem Vater geschrieben, als er dessen Einwilligung zu
seiner Heirat mit Konstanze erbat). Von da zu einem Don Juan –
das war eine Riesenspanne. Aber der Schöpfer von Bühnen-
gestalten – gleichgültig ob literarischen oder musikalischen –
muß sich ja nicht mit jeder von ihnen identifizieren können, er
muß sie lediglich »verstehen«. Da Ponte legte Mozart ein Textbuch vor, in dem die verschiedenartigsten Charaktere vorkamen:
der edle und feine, wenn auch nicht sonderlich dynamische
Ottavio; der bäuerlich gesund empfindende Masetto; der servile,
wenn auch eigener Gedanken und Gefühle mächtige Leporello;
die hoheitsvolle, tief leidenschaftliche Anna; die unendlich
weibliche Elvira, bei der Sinnlichkeit und Liebe stärker sind als
alles; das einfache, aber durchaus nicht unraffinierte Mädchen
Zerlina, die im Grunde genommen ihrem Masetto weit überlegen und als Geliebte eines großen Herrn durchaus denkbar ist.
Ihrer aller Bild liefert Da Ponte seinem Komponisten klar und
klug gezeichnet in die Feder, Mozart muß ihre Charaktere durch
die Musik nur noch vertiefen, um unvergeßliche Typen aus ihnen
zu machen. Doch Don Giovanni?

Er sei ein spanischer Edelmann, heißt es. Er wird, seit die
Oper gespielt wird, in Gewänder gesteckt, die Eleganz, Mannes-
tum, verführerische Sinnlichkeit, Weltgewandtheit unterstreichen sollen, jenen spanischen »machismo«[1], der die Überlegenheit über das weibliche Geschlecht zu klarem Ausdruck bringen
will, vielfach in der Natur – durch die bunteren Federn, das
blendendere Äußere – vorgebildet und doch nichts weiter als
ein – allerdings uralter – Wahn ist. Nun ist dieser Don Juan
zwar ein Angehöriger des oberen, des Adelsstandes, aber er ist
gleichsam dessen Zerrbild. »El honor«, die Ehre, die seinesgleichen stets im Munde führt und deren festgefahrene Normen
Grundlage des Lebens dieser Gesellschaftsschicht darstellen,
verliert in seinem Mund jeden Sinn: denn er geht mit der »Ehre«
nur nach seinem eigenen Vorteil um. Er lügt skrupellos, um seine
Ziele zu erreichen, er mißachtet weibliche Unschuld oder Zu-
rückhaltung, er entzieht sich unangenehmen oder gefährlichen

---

[1] (gesprochen: Matschismo), Männlichkeitswahn, aus dem die Vormachtsstellung
des Mannes in den lateinischen Gesellschaften abgeleitet wird

Situationen durch die Flucht. An diesem Bild, das Da Ponte auf dem Wege über viele Vorläufer empfing, ändert sein Textbuch nichts, kann es wohl auch nichts ändern. Es ersinnt ein wenig andere Situationen, erweist seine szenische Meisterschaft an mehr als einer Stelle, aber ein neues Don-Juan-Bild kann und will es nicht geben. Es ist, darüber besteht kein Zweifel und wird durch Da Pontes Memoiren erhärtet, eine Routinearbeit – die Routinearbeit eines glänzenden Stückeschreibers, eines welterfahrenen Literaten, und zweifellos mit ein wenig mehr Zuwendung verfaßt als »gewöhnlichere« Arbeiten, da seine Bewunderung für Mozart sicherlich echt war. Ob Da Ponte etwa besonders gern zu diesem Stoffe griff, da er ihn ein wenig an seine eigenen jugendlichen Streiche an der Seite Casanovas erinnerte, mag dahingestellt bleiben.

Don Juan ist ein »Frauenverführer«; sein gesamtes Sinnen und Trachten ist auf immer erneuten »Besitz« von Frauen ausgerichtet, der sich allerdings nur auf das Körperliche beschränkt, die seelische und geistige Komponente völlig ignoriert oder, schlimmer, nur als unumgängliches Vorspiel zu jenem mißbraucht. Da also die »Eroberung« oder »Verführung« von Frauen Don Juans Wesen ausmacht, seine einzige Tätigkeit und die Gesamtheit seiner Gedanken, muß das Textbuch einer ihm gewidmeten Oper diesen Aspekt in den Vordergrund stellen, ihn zum wahren Inhalt machen. Das ändert sich erst gegen Schluß, wenn Don Juan vom Wüstling auch noch zum Gottesleugner, zum Religionsstörer wird. Die Verquickung der beiden Themenkreise – über die in einem anderen Kapitel gesprochen wird – mag höchst anfechtbar und vielleicht nur zu dem Zwecke vorgenommen sein, den Bösewicht endlich der längst verdienten Strafe zuführen zu können. Aber sie ist nun einmal vorgenommen worden, und es wäre sinnlos, darüber zu diskutieren. Anscheinend waren die irdischen Elemente zu schwach, um den Missetäter an tausend Frauenseelen und -körpern zur Rechenschaft zu ziehen, und so mußten überirdische Kräfte eingreifen, um dem Prinzip einer höheren Gerechtigkeit zum Siege zu verhelfen.

Vielleicht liegt gerade hier, in diesem Zusammenstoß des übermütigen Sünders mit den Mächten des Jenseits die theatermäßig stärkste Komponente der beiden miteinander vereinigten

Stoffe. Da Ponte nutzt sie, wie niemand ihm streitig machen kann, glänzend aus. Don Juans Herausforderung gegenüber dem Totenreich und sein Ende unter der übermächtigen Wucht seines steinernen, nicht mehr irdischen Gastes gehören zu den eindrücklichsten Opernszenen der Geschichte. Hier geht er weit über seine Vorgänger hinaus und verleiht seinem Don Giovanni eine achtunggebietende Größe. Er läßt den völlig prinzipienlosen Schurken das Prinzip seines Lebens erkennen: so, genau so zu leben, wie er es stets getan hat, und um nichts in der Welt von dieser Form des Daseins abgehen zu wollen. Hier ist er, der sonst vor keiner Lüge zurückschreckt, nicht bereit, sich zu beugen, zu ändern, zu »bessern«. Er hat ja längst die Begriffe von »gut« und »böse« verloren – wenn er sie je gekannt –, er ist auch nicht (wie Goethes Mephisto) die Kraft, die stets das Böse will und doch das Gute schafft. Alle moralischen Wertungen gehen an ihm vorbei. Er wird also auch in seiner letzten Stunde keineswegs »gut«; er wehrt sich nur dagegen, »anders« zu werden. Er will – und das muß man bei ihm anerkennen, bei dem man bis dahin vergeblich nach etwas Anerkennenswertem Ausschau gehalten hat – »Er selbst« bleiben. Bis in den Tod, der nun leibhaftig vor ihm steht. Brauchte Da Ponte einen Nachweis als echter Dramatiker: hier wäre er, in dieser Sterbeszene seines *Don Giovanni* (die Mozart zudem noch zu seiner höchsten dramatischen Fähigkeit herausfordert).

Wie aber steht es mit dem ersten, eigentlich hauptsächlichen Teil des Stoffes, eben mit dem Image des Don Juan? Hier kommt Da Ponte unserer Ansicht nach bedeutend weniger gut weg. Von der Fähigkeit der Fraueneroberung oder -verführung wird lediglich gesprochen; sie wird nicht gezeigt, nicht bewiesen, was in einem Theaterstück wohl unerläßlich wäre. Nur geredet wird davon, und zwar sehr ausgiebig und ausführlich. Leporello führt das »Register« der Opfer (vergl. S. 61): die Zahlen dürften proportionell der Dauer von Don Giovannis Aufenthalt in den betreffenden Ländern entsprechen und weniger eine Anspielung auf den Reiz von Frauen dieser Länder bedeuten. Leporello reibt sich bei der Aufzählung voller Schadenfreude – und im Grunde anerkennend oder gar bewundernd und neidisch – die Hände (*lippenleckend*, sagt H. E. Jacob treffend), als er das Register vor Donna Elvira ausbreitet. Eine imposante Zahl; stammte sie von heute, sie stünde wohl im *Buch der Rekorde*, das eine rekordsüchtige, rekordwahnsinnige Zeit über alles zu führen sich angewöhnt hat.

Von 2065 Frauen ist also die Rede. Die »Siege« über sie werden hier gezählt, nicht die Tränen der Besiegten, die nach der mehr als fragwürdigen »Liebesstunde« die bittersten Kränkungen des Betrogen-, Verlassen-, Verlachtwerdens erleben müssen. Vielleicht gibt es unter diesen 2065 Frauen die eine oder andere, die Don Giovanni sozusagen eine echte Partnerin dieser Liebesstunde war: glühend im Körper, aber eiskalt im Herzen, genußfreudig, rauschsüchtig, aber zu echtem Liebesgefühl unfähig oder nicht bereit. Wir könnten sie aus dem Register der Opfer ausschließen, Don Giovanni in ihrem Falle freisprechen von Schuld. Aber die Tränen der anderen müssen über ihn kommen. Im Grunde genommen muß man an einer Gerechtigkeit zweifeln, die Don Giovanni nicht um dieser Tränen willen bestraft, sondern für seine Blasphemie, die Störung der Totenruhe, die Herausforderung an das Jenseits, das Gott gehört. Gott ist zu groß, um das zu rächen; die Tränen der Frauen müßte er rächen.

Im Textbuch ist davon die Rede: denn der Steinerne Gast fordert Giovanni auf: *Pentiti, cangia vita!* (»Bereue, ändere dein Leben!«). Das Eingreifen überirdischer Mächte erfolgt aufgrund von Giovannis Herausforderung an diese: als er die Statue zum Mahle lädt. Aber der wahre Grund zu seiner Strafe liegt in seinem Lebenswandel. Er büßt seine Haltung den Frauen gegenüber. Die ist es, die er bereuen, die er ändern soll. Das Letztere hat schon Leporello – natürlich ebenso erfolglos – von ihm gefordert; und diese Antwort erhalten: *Lasciar le donne, pazzo! Sai ch'elle per me son necessarie più del pan che mangio, più dell'aria che spiro!* (»Die Frauen lassen, du Dummkopf? Wisse, daß sie für mich so notwendig sind wie das Brot, das ich esse, wie die Luft, die ich atme!«) Hier hat Da Ponte eine sehr kluge Motivation in Giovannis Mund gelegt; ebenso könnte man einem Tiger nahelegen, kein Tier mehr anzufallen. Was geschähe, wenn Giovanni aber vor der letzten Aufforderung des steinernen Komturs schwach würde, zu bereuen vorgäbe und bereit wäre, sein Leben zu ändern? José Zorrilla, der spanische Romantiker, hat diese Version durchgespielt und damit ein Erbauungsstück geschaffen. Da Ponte und Mozart liegt das –

glücklicherweise – sehr fern. Don Giovanni stirbt, wie die Spanier sagen: »en su ley«, nach seinem eigenen Gesetz, nach dem Gesetz, das sein ganzes Leben bestimmt hat.

Don Giovanni hat also viele Frauen verführt, erobert, genötigt, vergewaltigt, sie unter fremder Maske genommen, sie unter falschen Vorspiegelungen gefügig gemacht. Dies zu zeigen müßte die Aufgabe eines guten Don-Juan-Librettos sein. Nichts davon aber erleben wir im *Don Giovanni*. Dieser zeigt, ganz im Gegenteil, eine Kette ununterbrochener Fehlschläge Giovannis. Drei Frauen werden im Verlaufe des Stückes mit ihm konfrontiert (von einer vierten, Elviras Zofe, können wir absehen, da sie nicht zu Wort kommt, oftmals überhaupt nicht gezeigt wird und Don Giovanni übrigens auch bei diesem Abenteuer nicht zum Ziel gelangt). Die drei Frauen sind Donna Anna, Donna Elvira und Zerlina.

Die Oper beginnt mit der reichlich unklaren Begegnung zwischen Anna und Giovanni. Wir erleben nur deren zweiten Teil, der sich bereits auf der Straße vor Annas Palast abspielt; sie verfolgt Giovanni, der sich mit der Maske vor dem Gesicht (oder hochgestelltem Mantelkragen) in ihr Schlafgemach geschlichen hat, um von ihr, die ihn für ihren Bräutigam Ottavio halten muß, liebevoll in die Arme genommen zu werden. Die böse List gelingt oder gelingt nicht, darüber gehen die Meinungen der letzten zwei Jahrhunderte auseinander. Die Szene ist nicht von Da Ponte erfunden worden, sie steht ähnlich bei Tirso de Molina, dessen Ur-Don Juan sich später damit brüstet, die so überraschten oder überwältigten Frauen »genossen« zu haben. Das nimmt auch E. T. A. Hoffmann in seinen langen Auseinandersetzungen mit dem von ihm hoch verehrten *Don Giovanni* an; Walter Felsenstein wendet sich, weit über ein Jahrhundert später, gegen diese Auffassung. Die wahre Frage aber liegt wahrscheinlich gar nicht darin, *was in Donna Annas Schlafgemach geschah* (Felsenstein), sondern viel eher in dem Widerspruch, in den die Don-Juan-Figur wohl schon zu Da Pontes Zeit geraten war. Besitzt diese die übermächtige Ausstrahlung des echten Frauenverführers, so hat sie Maske und Verstellung nicht nötig, ja es muß gerade Don Juans eigene Persönlichkeit sein, die ihm den Sieg bringt. Ist sein Zauber, seine Magie so stark, wie die Romantik sie sich vorstellte – und wovon schon zu Da

Pontes und Mozarts Zeit etwas spürbar gewesen sein muß –, dann verfolgte Donna Anna den Eindringling wohl nicht in der leidenschaftlich empörten, nur nach Strafe und Rache verlangenden Weise, wie sie es hier tut; eine Haltung, die sie bis zum Ende des Werkes unabänderlich durchhält, so daß gelegentliche, eigentlich perverse Deutungen, sie habe an dem anonymen »Einschleicher« vielleicht doch Gefallen gefunden, völlig unsinnig anmuten. Das Jahr Aufschub, das Donna Anna zuletzt von dem auf die Eheschließung drängenden Ottavio erbittet, kann und müßte ganz anderen Motiven entspringen; sie hat schwere seelische Erschütterungen erlitten – die nächtliche Szene, die einer Vergewaltigung sehr nahe kam, die Entlarvung eines vermeintlichen Freundes als Attentäter und dazu als Mörder ihres Vaters –, sie mag aber auch eine gelinde Enttäuschung darüber empfinden, daß der Verbrecher nicht durch die Hand ihres Bräutigams zur Strecke gebracht wurde, sondern durch das Eingreifen überirdischer Mächte, was einem leidenschaftlichen Gemüt wie dem ihren widerspricht.

Wie immer, die Donna-Anna-Szene stellt einen schweren Fehlschlag, eine Schande für den »Helden« des Werkes dar: unsympathischer könnte er gar nicht eingeführt werden, als es hier geschieht. Eine um Hilfe schreiende Frau, ein erstochener Alter, so lautet das Ergebnis von Giovannis erstem auf der Bühne gezeigten Abenteuer. Nicht ehrenvoller verläuft die zweite Begegnung. Da entdeckt Giovanni – vielleicht in der Abenddämmerung – eine Frau und damit, was ihm gleichbedeutend ist, ein vermeintliches neues Opfer. Es ist aber kein neues, sondern ein altes Opfer: Donna Elvira, die er in Burgos verführt und verlassen hat und die ihm nun nach Sevilla nachgereist ist. Als er seinen Irrtum erkennt – und Elviras entrüsteter Wortschwall läßt keinerlei Zweifel aufkommen –, wird der große Frauenheld sehr klein. Die Rückkehr zu einer einmal verlassenen Geliebten kommt für ihn nicht in Frage. Also muß er sich ihrer so schnell wie möglich entledigen. Und da fällt Giovanni nichts Besseres ein, als sie seinem Diener zu überantworten: hier zwar nur mit dem Zweck, dieser »Ehrenmann« möge sie, da sie ihm selbst nicht glaube, von Giovannis stichhaltigen Beweggründen überzeugen. Bald darauf aber wirft er sie diesem Kumpan buchstäblich hin, als mögliche Beute und auf jeden Fall als ein ihn nicht interessierendes Wesen. Tiefer als hier kann Giovanni nicht mehr sinken. So teilen vielleicht Vagabunden eine Beute, die ihnen mühelos zufiel. Aber so verfährt ein Edelmann nicht.

Ein solcher vertauscht auch seine Kleider nicht mit dem Diener. Das mag ein Lustspielmotiv sein, tausendmal angewendet und für komische Wirkungen geeignet. Und so gebraucht es Da Ponte; denn in der Maske Leporellos – und nur so – kann Giovanni die ihn suchenden Bauern irreführen und Masetto verprügeln. Und so denkt er, Elviras Zofe zu verführen: Das Mädchen aus dem dienenden Stand könnte mehr Vertrauen zu einem Diener als zu einem Herrn haben. Das widerspricht eigentlich Don Juans »Grundsätzen«: Schon der Ur-Don Juan hat es mit den Mädchen der unteren Schichten leichter als mit den Edeldamen. Denn die besaßen im feudalen Europa kaum ein Verfügungsrecht über den eigenen Körper. Selbst wenn man das Herrenrecht bei den Mädchen aus dem Volk nicht geltend machen wollte, so war doch schon das großartige Auftreten, das eben den Herrn vom Diener und Bauern schied, Element der Verführung genug. Also ist Don Giovannis Kleidertausch mit Leporello ein Komödienmotiv und kaum mehr. *Don Giovanni* sollte ja kein Drama werden, sondern nach Da Pontes Wunsch und sicherlich Mozarts Vorliebe, ein mit Lustspielelementen bunt vermischtes Stück ernster Grundhaltung.

Die dritte Frau, die darin Giovanni begegnet, ist Zerlina, das reizende, unbeschwerte, unkomplizierte Bauernmädchen. Diese Verführung muß doch gelingen! Endlich werden wir es erleben, wie dieser berühmte Fraueneroberer zum Ziele kommt, wie seine Ausstrahlung mühelos siegt, wie angesichts dieser Überlegenheit den Erwählten gar keine andere Wahl als die der völligen Hingabe bleibt. Aber wieder endet das Abenteuer mit einer Niederlage, mit einer nur noch mühsam abgewendeten Beschämung des »Helden«. Zwar beginnt alles recht gut, genau so, wie man es sich angesichts eines Don Juan vorstellt: *Là ci darem la mano …* (»Reich mir die Hand, mein Leben«) erklingt seine wahrhaft betörende Weise, auf die Zerlina, nach sehr kurzem und keineswegs zu ernstgemeintem Sträuben, gern eingeht: ein Verführungsduett, wie es in den Lehrbüchern stehen müßte, wenn es solche gäbe. Daß ein Betrug vorausgegangen ist, übersieht oder vergißt man leicht: Giovanni hat Zerlina die Ehe versprochen. Eine lügnerische Zusage, wie hunderte zuvor. Elvira tritt dazwischen, gerade als Giovanni sein neues Opfer – Nummer 2066 – in sein Schloß führen will, gewiß nicht, um sie dort zu heiraten, wie er es versprach. Elvira öffnet Zerlina die Augen, reißt sie von des Verführers Seite. Aber Zerlina gerät abermals in Giovannis Bereich. Um doch noch zu seinem Ziele zu kommen – die Beharrlichkeit gehört zu seinen wenigen guten, von ihm aber schlecht angewendeten Eigenschaften – hat Giovanni alle Bauern zum Fest in seinem Palast geladen. Es gelingt ihm, trotz Zerlinas Sträuben, das dieses Mal deutlicher wird, sie in ein Nebengemach zu führen. Und von dort her gellen entsetzliche Hilfeschreie mitten hinein in den Tanz der Gäste. Zwar versteht Giovanni es, Leporello als den Schuldigen hinzustellen, aber niemand zweifelt daran, daß er selbst es war, der Zerlinas Hingabe erzwingen wollte. Wieder schreit eine Frau und wieder taucht die Frage auf, ob dies bei einem »echten« Don Juan je der Fall sein dürfte. Ein Kavalier weiß doch stets genau, wie weit er gehen kann, ohne eine solche Bloßstellung erleben zu müssen. Giovanni weiß es offenkundig nicht. Er ist also nicht nur kein unwiderstehlicher Eroberer, er ist nicht einmal ein Kavalier.

Der Don Giovanni, den Da Ponte uns präsentiert, ist nicht nur ein Betrüger und Gewalttäter; er ist – und das vielleicht vor allem – erfolglos. Daß er trotzdem nicht lächerlich wirkt, ist einseitig das Verdienst von Mozarts Musik. Denn diese malt ihn nicht als Betrüger oder Gewalttäter, nicht als erfolglosen Eroberer, sondern als so großartig und hoheitsvoll, wie er bei Da Ponte niemals erscheint.

Das Register wird unglaubwürdig oder wertlos, wenn wir es im Lichte dieses Textbuches betrachten. Stellt es einen Don Juans würdigen Sieg dar, in der Gestalt eines anderen umarmt zu werden? Die Mythologie kennt das. Jupiter war erfinderisch genug, immer neue Masken zu ersinnen, um sich irdischen Frauen zu nähern – allerdings ist dabei ein anderes Motiv wichtiger, nämlich dem Nachspionieren und der Eifersucht seiner Gattin Juno zu entgehen: als Goldregen, Schwan, ja – Gipfel aller Täuschung und ungöttlichen Niedertracht – in der Gestalt des wahren Gatten. Zählt also Don Juan Eroberungen, die er in fremder Gestalt erreichte, als die seinen? Hier befände er sich immerhin in keiner ganz schlechten Gesellschaft …

Rechnet er als »Sieg«, was er mit falschen Versprechungen erreichte? Elvira behauptet, seine »Gattin« zu sein; es muß wohl eine Heirat mit falschem Priester und ebenso falschen Zeugen gewesen sein, wenn auch mit echter Hochzeitsnacht. Ob er bei Zerlina ähnlich vorgehen oder es beim Versprechen bewenden lassen möchte, ist nicht gesagt. Ein verheirateter Don Juan – nein, das ist undenkbar. Rechnet er schließlich als Sieg, wenn er mit mehr oder weniger Gewaltanwendung zum Ziel kommt? Er versucht es bei Zerlina, die er in ein abgelegenes Gemach seines Schlosses gelockt hat. Er könnte bei Anna so vorgegangen sein, nachdem sie seinen Betrug entdeckte, und hat vielleicht dadurch ihre tiefste Empörung ausgelöst.

So zerstört Da Pontes Textbuch eigentlich den Mythos des unwiderstehlichen Fraueneroberers. Don Giovanni ist ein Glückloser, ein Erfolgloser. Ein Mann, von dessen einstiger Magie nur noch das Register seines Dieners kündet. Don Juan als Verlierer: Er wäre eine interessante Gestalt in einem modernen Stück. Aber im Jahre 1787 lag eine solche Deutung sicher nicht im Sinne des Textdichters. Sein Libretto spricht von einem Sieger und zeigt einen Verlierer, hier klafft ein Abgrund, der die Dichtung Da Pontes zumindest fragwürdig macht, da schließlich alles in diesem Werk um die Titelfigur gruppiert und behandelt ist.

Gibt es eine mögliche Erklärung für diese Ver-Zeichnung des Helden? Man kann sie kaum damit begründen, daß uns hier – nach 2 065 Abenteuern – ein gealterter, müde gewordener Don Juan entgegentritt. Wir äußerten an anderer Stelle, daß der wahre Don Juan auch im Alter nichts von seiner Ausstrahlung einbüßt, ja daß diese eher noch im Zunehmen begriffen sein müßte, da zu ihren anderen Grundlagen nun noch die Erfahrung tritt. Der Teufel ist nicht darum gefährlich, weil er der Teufel ist – sagt ein Sprichwort aus dem Heimatland Don Juans –, sondern weil er sehr alt ist. Und einen müde gewordenen Don Juan können wir, bei allen aufgezählten und nicht aufgezählten Vorläufern, nur im zitierten Gedicht Lenaus finden; auch er widerspricht unserer Vorstellung vom Fraueneroberer. Nein, Da Pontes Giovanni ist weder alt noch müde; und der Mozarts – seine Vertonung – noch viel weniger. In dessen Adern sprüht das nicht erloschene Feuer, das seine Stärke – oder sein Fluch – ist. Wie eh und je sucht er das Abenteuer. Wenn er es nicht zum Erfolg gestalten kann, dann müssen die Gründe anderswo gesucht werden. Daß Don Giovanni im Vollbesitz seiner noch recht jungen Kräfte stehen muß, geht auch aus der Szene des Duells mit dem Komtur sehr klar hervor: Gerade daß er seine körperliche Überlegenheit gegenüber dem alten Mann in die Waagschale wirft, macht aus einem irgendwo doch ritterlichen Zweikampf eine feige Tat, fast einen Mord. Daß Don Giovanni ein verwerfliches Subjekt ist, liegt von Anbeginn in seinem Wesen und ist durch romantische Darstellungen gemildert, ja manchmal nahezu ins Gegenteil verkehrt worden. Aber ihn zudem noch erfolglos zu zeigen, dürfte eine unübersehbare Schwäche des Textbuches sein.

Auch in musikalischer Hinsicht gehört Don Giovanni (wie an anderer Stelle erläutert wird) nicht zu den am stärksten gezeichneten Figuren des Spiels. Da Ponte hat ihm – und man muß das Einverständnis Mozarts wohl voraussetzen – verhältnismäßig wenige Augenblicke und Gelegenheiten zu »großen« Gesangsnummern gegeben. Da ist die »Champagnerarie«, ein zwar brillantes, aber mit den Bravourarien Annas oder Elviras kaum zu vergleichendes Stück, sehr kurz zudem, und mehr von der Stimmung als von der stimmlichen Kunst lebend. Das Solo, das Giovanni anstimmt, während er die Bauern nach verschiedenen Seiten entfernt, um mit Masetto allein bleiben und ihn verprügeln zu können, ist kaum als Arie anzusprechen; es rechtfertigt die Bezeichnung des Werkes als »heiteres« Drama, aber zur Charakterisierung der Titelgestalt trägt es nichts bei. Die Serenade, die Giovanni schließlich vor dem Fenster Elviras bringt, um deren Zofe anzulocken, ist ein bezauberndes Musikstück, ein Lied, in dem zwar feine Phrasierungskunst und edle Gesangslinie bewiesen werden können, das aber ebenfalls dem »Rang«, der Giovanni doch zugestanden werden muß, nicht gerecht wird.

Wie steht es denn mit der Zeichnung der anderen Gestalten des Stückes? Gelungen ist die Leporellos; dem alten, immer wieder vergnüglich abgewandelten Theaterbild des Dieners hat Da Ponte sogar einige kleine neue Lichter aufgesetzt. Zum Beispiel die Art des gelegentlichen Rebellierens gegen den Lebenswandel seines Herrn. Er läßt sein Gewissen immer wieder mit Gold beschwichtigen, und im Grunde genommen bewundert er den Bösewicht sogar, wünscht sich an seine Stelle – um dann, als er es einmal sein darf, kläglich zu scheitern. Darin steckt viel Klugheit und Lebenserfahrung.

Ottavio: Er könnte Don Giovannis großer Gegenspieler sein, aber Da Ponte hat ihn nicht dazu gemacht. Der Angehörige der oberen, obersten Schicht des Landes besitzt Titel und Ehren – Nichtstun und Vermögen verstehen sich hier von selbst – und muß (um mit Ibsen zu sprechen) eine *Stütze der Gesellschaft* genannt werden. Er führt eine in jeder Beziehung vorbildliche Existenz, gilt als ernst, edel und charaktervoll – drei Eigenschaften, die Giovanni nicht für sich in Anspruch nehmen kann. Andere allerdings – Musterknaben sind stets verächtlicher Kritik ausgesetzt – bezeichnen ihn als weichlich, unentschlossen, ja manchmal sogar ein wenig unmännlich, so daß von selbst die Frage auftaucht, ob eine so vollblütige Frau wie seine Verlobte Donna Anna ihn wirklich mit allen Fasern ihres Seins lieben könne. Er stellt die große Sorge der Regisseure dar, denn Da Ponte läßt ihn den ganzen Abend über recht verloren umherstehen: Mozart allerdings erbarmt sich seiner, macht alles hundertmal wett und schenkt ihm Melodien von erlesener Schönheit.

Masetto: wirklich ein Bauerntölpel? Das kann verneint werden; zwar kein ganzer Figaro, der sich gegen seinen feudalen Herrn (allerdings mit Susannas Hilfe, ja unter deren Führung) wirksam zur Wehr zu setzen weiß, aber doch ein aufgeweckter Bursche, der sehr genau weiß, was um ihn vorgeht und es auch im Rahmen seiner Möglichkeiten zu verhindern sucht. Die Chancen stehen allerdings schlecht für ihn, so will es die Gesellschaftsordnung; und seine Braut ist keine Susanna, sie fühlt sich geschmeichelt durch das Gefallen, das sie in einem so »hohen« Herrn wie Giovanni hervorruft. Von da an ist Masetto ein wenig verunsichert; er glaubt Zerlina, weil er ihr glauben will; bei seiner Racheaktion gegen Giovanni ist ihm gar nicht wohl zumute. Da Ponte wahrscheinlich auch nicht, denn ginge die Geschichte umgekehrt aus – wenn Masetto Giovanni verprügelte –, so wären die Folgen (für das Stück) einschneidender. Masetto ist die gutgezeichnete Type aus den unteren Schichten, klug genug, um das Beste aus dem Leben zu machen, innerhalb das kleinen Spielraumes, der seinesgleichen gegeben ist. Doch mit Ansätzen zu einem »Bauernführer«, der eines Tages seine

Gruppe in eine größere Rebellion gegen die Feudalherrschaft einordnen könnte. Aber natürlich nur, wenn Zerlina es ihm erlaubt.

Wenig ist zum Komtur zu sagen: geradlinig, unproblematisch in seiner irdischen Erscheinung, der ja nur wenige Bühnenmomente gegönnt sind. Ein Mitglied der Führerschicht eines feudalen Landes. Er ruft nicht die Dienerschaft herbei, die den frechen Eindringling überwältigen könnte, sondern tritt persönlich als Rächer der Familienehre auf den Plan. Sein Zweikampf mit Don Giovanni ist heldenhaft, aber aussichtslos. Vierzig Jahre Altersunterschied – so läßt sich annehmen – macht auch der gerechte Zorn des Beleidigten nicht wett (wodurch die Sinnlosigkeit des Duells unterstrichen wird). Als Vertreter des Jenseits tritt uns der Komtur gegen Ende der Oper dann nochmals entgegen. Nun umweht ihn die Weihe des Jenseits. Das ist nicht Da Pontes Verdienst: Die Gestalt des Abgesandten aus der Totenwelt, bei Tirso de Molina noch mit vielen Einzelheiten eines recht unappetitlichen Geistermahles umgeben, ist zum würdevollen Gast aus einer anderen Welt geläutert worden, im Zuge zahlloser Interpretationen der Legende. Bedeutet es eine kleine Schwäche des *Giovanni*-Textbuches, daß der steinerne Besucher nicht als Richter oder Rächer kommt, sondern – in christlichem Geiste – als Mahner, fast als Beichtvater, mit der offenkundigen Aufgabe, dem Verbrecher zu verzeihen, wenn dieser Reue zeigen sollte? Die Zeit verlangte diese Alternative wohl, und Da Ponte mußte ihr, vielleicht unbewußt, nachgeben. Aber Don Giovannis Haltung führt das Drama auf den Weg, der späteren Generationen als der einzig mögliche erscheinen müßte. Am Händedruck des Toten – der symbolhaft ist und szenisch durch andere Lösungen ersetzt werden kann – stirbt Giovanni und geht den Weg zu den Toten. Auch dieser Tod, den der Komtur bringt, hat, dem Zeitgeist zuliebe, noch eine christliche Färbung: Die Flammen, die Giovanni aufnehmen, sind das Zeichen der Hölle. Diesen Weg aber weist nicht der Komtur. Man sollte ihn vorher in sein geruhsames Totenreich zurückschreiten lassen, bevor Giovanni in die ewige Verdammnis stürzt.

Die wahren Gegenspieler Giovannis sind nicht die Männer, sondern – und hier zeigt Da Ponte sich als feiner Psychologe –

die Frauen. Die stärkste, leidenschaftlichste, unerbittlichste: Anna. So maßlos wie sie wahrscheinlich lieben könnte – sie bekommt in der Oper keine Gelegenheit dazu –, so maßlos kann sie hassen. Vielleicht nicht einmal so sehr den sie begehrenden Mann, der sich über Schranken der Moral hinwegzusetzen bereit wäre, sondern den Feigling, den sich maskiert Einschleichenden, den vor seinen niedrigen Taten Flüchtenden. Das Textbuch hat Anna als achtunggebietende Persönlichkeit gezeichnet, als echte – um im (späteren) Opernjargon zu sprechen – Hochdramatische. Und damit hat Da Ponte Mozart bereits den Weg zur musikalisch reichen Charakterisierung gewiesen: eine Rolle wie aus einem Guß.

Differenzierter ist Donna Elvira gestaltet. Dadurch aber vielleicht ein wenig menschlicher. In ihrer Brust schlägt ein echt weibliches Herz, zerrissen von Gefühlen, unter denen doch die der Liebe und des Verzeihens überwiegen. Das Ende Giovannis – des einzigen Mannes, den sie im Leben geliebt, tief geliebt hat – beendet auch ihr Leben in der Welt: Kein Weg führt mehr in den Alltag zurück, folgerichtig läßt Da Ponte Elvira den Weg in die Weltabgeschiedenheit antreten. Eigentlich: wie schade! Wie glücklich könnte gerade eine solche Frau einen Mann machen! Nicht einen Don Giovanni, für den es ein Glück an der Seite einer Frau ja nicht gibt. Und Elviras tiefe Tragik besteht gerade darin, auf diesen – nahezu einzigen – getroffen zu sein, den sie nicht glücklich machen kann.

Zerlina: Man hält sie stets für die unkomplizierteste, durchschnittlichste der Frauengestalten des *Don Giovanni*. Aber gerade darum vielleicht für manchen reizvollste. Das entzückende, zärtliche, unterwürfige Mädchen aus dem Volke. In Wahrheit aber steckt mehr in ihr: die Neugier, die zur Erfahrung der Welt notwendig ist, die Anpassungsfähigkeit auch an ungewohnte Situationen, die intuitive Menschenbehandlung, mit der sie ihren Masetto zu gängeln weiß. Daß sie im Grunde zu »fein« für ihn ist, dürfte in Da Pontes und Mozarts Absicht gelegen haben. Sie ist auch klug genug zu ahnen, daß diese gewisse Feinheit in ihrem Bauerndasein nur Ungelegenheiten bringen kann. Und so unterwirft sie sich – scheinbar! – und mit beinahe selbstquälerischer Freude ihrem ein wenig brutalen Masetto, fordert ihn geradezu auf, sie zu schlagen, wenn er ihr nur »verziehe«. Diese

Szene ist weit eher gespielt als echt. Bereut sie denn ihren beinahe begangenen Seitensprung wirklich? Läuft ihr ein kleiner Schauer über den Rücken, wenn sie daran denkt, was ohne Elviras Eingreifen …? Schauer der Angst oder Schauer einer Lust, die sie als Masettos Geliebte wohl kaum je erleben wird? In Zerlinas kleinem Herzchen schlummern vielerlei Gefühle, über die sie sich wohl selbst nicht ganz klar ist. Daß Mozart gerade ihre Rolle besonders liebevoll ausgestattet, ihr zwar nicht die großartigsten Arien, wohl aber die gefühlvollsten Melodien geschenkt hat, gibt zu denken. Er dürfte im Leben selten in engere Berührung mit Annas gekommen sein – vielleicht war Aloysia eine solche! –, sicher aber oft und gern mit Mädchen des Zerlina-Typus. (Seine Gattin sprach in diesem Zusammenhang ein wenig verächtlich von seinen *Stubenmädeleien*, obwohl auch sie bei näherer Analyse eher eine Zerlina denn eine Anna gewesen sein dürfte.) Die Zerlinen waren sicherlich die rechten Spielgefährtinnen für seine immer wache Erotik.

Da Pontes Textbuch ist, trotz mancher Mängel, die aufzuzeigen wir versuchten, die Grundlage eines der unsterblichen, höchsten Meisterwerke geworden. Es kann also, insgesamt betrachtet, kein »schlechtes« Libretto sein. Vor allem ist es urmusikalisch, eröffnet dem Komponisten herrliche Vertonungsmöglichkeiten, die Mozart voll ausnutzt. Da Ponte führte eine der klügsten Federn seiner Zeit. Es wäre unsinnig anzunehmen, daß er die Schwächen, die wir erwähnten, nicht selbst gekannt hätte. Wenn er sie nicht vermied, so muß dies seine Gründe gehabt haben, vielleicht in einer Art ungeschriebener Selbstzensur, die sich Habsburgs Hofdichter auferlegen mußte. Zudem: In Da Pontes und Mozarts Zeit waren die Anforderungen an das geistige Format der Opernwerke ungleich niedriger als heute. Eine Oper: Das war ein Stück Musik für einige oder mehrere oder viele Abende Zeitvertreibs. Niemand analysierte es, niemand legte philosophische oder psychologische Maßstäbe an. An die »Unsterblichkeit« eines solchen Werkes dachte niemand.

Da Ponte war ein sehr gewandter, ja ein geborener Dramatiker, dessen Instinkt, Bildung und Erfahrung Szenen von bewundernswerter Dichte zu bauen verstand. Selbst wenn er Vorbildern folgte – Tirso, Molière, Bertati – gewinnen die gleichen Handlungselemente neue Dimensionen, ungeahnte Möglichkeiten.

Nein, Da Ponte, der mächtige Herr Hofdichter italienischer Sprache in Wien, war kein schlechter Mann auf seinem Platz. Vielleicht nicht ganz so gut, wie er, vierzig Jahre später, hochbetagt in seinem New Yorker Exil sich zu entsinnen meint. Aber doch Mozarts bedeutendster Librettist; und höchstwahrscheinlich einer der wenigen Zeitgenossen, die dessen überdimensionales Genie in seiner ganzen, beinahe unfaßbaren Größe und Tiefe ahnten oder erkannten.

Don Giovanni nach Mozarts Tod

Trotz der ablehnenden Haltung des Wiener Publikums breitete *Don Giovanni* sich ziemlich schnell über Europa, ja die Welt aus. 1788, ein Jahr nach der Prager Uraufführung, erklang das Werk nicht nur in Wien, sondern auch in Leipzig, dessen reges Musikinteresse auffällt (und sich später auch darin dokumentieren wird, daß Beethovens Sinfonien recht bald nach ihrem ersten Wiener Erklingen dort nachgespielt wurden). 1789 drang *Don Giovanni* bis Mainz, Frankfurt/Main, Mannheim, Passau, Bonn, Hamburg, Graz, Brünn, Warschau, teils in original italienischer Sprache, teils in den Übertragungen von H. G. Schmieder oder Christoph Gottlieb Neefe (Beethovens Lehrer in Bonn). 1790 folgten Soest, Schwerin und Berlin. Es steht keineswegs fest, daß der Komponist von allen diesen Aufführungen Kenntnis erhielt; fest hingegen, daß sie keinerlei materiellen Vorteil für ihn brachten. In seinem Sterbejahr 1791 erklang *Don Giovanni* in Kassel, Hannover, Bad Pyrmont, Köln, München.

Nach Mozarts Tod und unter dem unmittelbaren Einfluß seines *Zauberflöten*-Erfolgs setzt Schikaneder *Don Giovanni* auf den Spielplan seines Wiener Freihaus-Theaters (am 5. November 1792), allerdings nicht in der Originalsprache, sondern in einer äußerst schwachen deutschen Übertragung. Im selben Jahre folgt auch Weimar; hier bleibt *Don Giovanni* ununterbrochen bis ins Jahr 1815 im Repertoire. Das ist natürlich Goethe zuzuschreiben, der hier eine wahre Musterbühne geschaffen hat und zu Mozarts begeisterten Verehrern gehört. So schreibt er 1797 an Schiller im Zug einer Diskussion über allgemeine Fragen des Musiktheaters: *Ihre Hoffnung, die Sie von der Oper hatten, würden Sie endlich im »Don Juan« in einem hohen Grade erfüllt gesehen haben; dafür steht aber auch dieses Werk ganz isoliert, und durch Mozarts Tod ist alle Aussicht auf etwas Ähnliches vereitelt …*

Don Giovanni erklang 1794 in Amsterdam, 1797 in Budapest, 1805 in Paris, wo eine indiskutable »Bearbeitung« des Pianisten Kalkbrenner verwendet wurde, 1807 in Kopenhagen und Brüssel, 1811 in Rom, 1813 in Stockholm, 1825 in St. Petersburg.

Im Jahre 1826 gehört er zu den ersten Opern, die von Manuel Garcías berühmter Operntruppe in New York gezeigt werden. Er stand ursprünglich nicht auf deren Spielplan, der aus nahezu ausschließlich Rossini-Werken bestand. Beim Debüt in der Neuen Welt saß ein alter Mann im Zuschauerraum, der sich nach der Vorstellung in Garcías Garderobe begab und sich mit den bedeutungsvollen Worten vorstellte: *Ich bin Lorenzo Da Ponte!* Die Wirkung war sicherlich stark. Garcías Kopf durchzuckte wohl der Gedanke: Ja, lebt denn der noch! Doch er wird sich wohl tief verneigt und den Gast hernach umarmt haben: Maestro, ist es möglich, ein so hoher Besuch?!

Da Pontes Memoiren schweigen über die Einzelheiten, heben aber gebührend hervor, daß der uralte Textdichter dem Sänger vorschlug, seinen und Mozarts *Don Giovanni* auf den Spielplan zu setzen, den García zwar zu verehren behauptete, dessen Schwierigkeiten er aber seine Truppe nicht gewachsen glaubte. Da Ponte, großspurig wie immer, versprach ihm tätige Hilfe bei diesem Unternehmen.

Hier ist nicht der Platz, Da Pontes Biographie nach dem *Don Giovanni* bis zu jenem Augenblick in New York im Jahre 1825 nachzuzeichnen. Sie wäre eines Romans würdig. Dem kaiserlichen Hofdichter zu Wien war es in diesen Jahren nicht gut ergangen. Josephs II. Nachfolger Leopold entließ ihn, ziemlich plötzlich und wenig ehrenvoll, Da Ponte wanderte in der Folgezeit von Stadt zu Stadt, einen langen Weg, der, genau betrachtet, immer weiter abwärts führte. Schließlich landete, strandete er in Amerika. Und nach manchem fehlgeschlagenen Versuch auf weniger geistigen Gebieten finden wir ihn in New York, wo er italienischen Sprachunterricht erteilte. Doch umgab er auch diese an sich bescheidene Tätigkeit mit der ihm stets eigenen Aureole: Er heftete auf die Stirnwand des Gebäudes, in dem er tätig war und wohnte, ein Riesenschild: »Italienisches Kulturinstitut«. Dann kam der Tag, an dem er von Garcías Ankunft und Operndebüt vernahm. Was mag in dem Sechsundsiebzigjährigen vorgegangen sein? Sah er sich noch einmal im Mittelpunkt des europäischen Theaterlebens, vergoldete die Erinnerung manche erlebte Bitternis? Unter den Dutzenden von Opern, die er aus eigener Feder dem prominenten Gast hätte vorschlagen können, nannte er nur eine einzige: *Don Giovanni*.

Und *Don Giovanni* erklang wirklich. Am 23. Mai 1826 ging er über eine New Yorker Bühne, über die wir uns keinen Illusionen hingeben dürfen. Eine Besprechung dieses Ereignisses fand sich in der dortigen Zeitung *Albion* (und wurde von der *Österreichischen Musikzeitschrift* im August 1968 nachgedruckt):

Letzten Dienstag wurde »Don Giovanni«, diese ausgezeichnete Schöpfung des größten musikalischen Genius aller Zeiten gegeben. Mangel an Zeit und Vorbereitung hatten Unzulänglichkeiten der Aufführung zur Folge, besonders auch, weil einige Partien an unzulängliche Sänger gegeben wurden ... Aber die einfachen und tiefen Schönheiten der Oper konnten trotz der Schwierigkeiten nicht erschüttert werden. Jede Note der Mozartschen Oper ist der musikalischen Welt bekannt. Die wichtigsten Charakterzüge des »Don Giovanni« sind seine wundervolle Einfachheit, seine dramatische Wirkung, sein tiefes und zartes Pathos und der Glanz seines Orchesters ...

War damals, wie der New Yorker Journalist es ausdrückt, *Don Giovanni* wirklich schon Gemeingut der *musikalischen Welt*? Etwa 40 Jahre waren seit der Uraufführung, 35 seit Mozarts Tod vergangen. In deutschen Landen war dem Komponisten und vor allem diesem seiner Werke ein glühender Verfechter in der Gestalt E. T. A. Hoffmanns erstanden. Dieser bedeutende Dichter – der aus Begeisterung für Mozart seinen dritten Vornamen »Wilhelm« ablegte und ihn durch »Amadeus« ersetzte, woraus eben E. T. A. wurde – hat in seinem kurzen Leben viel über seinen Lieblingskomponisten und dessen *Don Giovanni* publiziert. In seinen *Briefen an Hippel* lesen wir:

Don Juan ... er macht mir manche selige Stunden, ich fange an jetzt je mehr und mehr Mozarts wahrhaft großen Geist in der Komposition zu durchschauen, Du sollst es gar nicht glauben, wie viele neue Schönheiten sich dem Ohr des Spielers entwickeln, wenn er auch nicht die geringste Kleinigkeit vorüberschlüpfen läßt, und mit einer Art von tiefem Studium zu jedem einzelnen Takt den gehörigen Ausdruck sucht. Das Anschwellen von sanfter Melodie bis zum Rauschenden, bis zum Erschütternden

411

des Donners, die sanften Klagetöne, der Ausbruch der
wütendsten Verzweiflung, das Majestätische, das Edle des
Helden, die Angst des Verbrechers, das Abwechseln der
Leidenschaften in seiner Seele, alles dies findest Du in
dieser einzigen Musik – sie ist allumfassend und zeigt
Dir den Geist des Komponisten in allen möglichen Modi-
fikationen. Noch sechs Wochen wollte ich »Don Juan«
studieren, und Dir ihn dann auf einem englischen Piano-
forte vorspielen –, wahrhaftig, Freund, Du säßest still
und ruhig von vorne an bis zu Ende, und würdest ihn
noch viele Zeit in Deinem noch dazu unmusikalischen
Gehirn behalten. Denn da würdest Du noch mehr die
Schönheit fühlen, wie in der Komödie, man ist da viel zu
zerstreut, um alles gehörig zu bemerken …

Hier liegt, das ist kein Zweifel, der Ansatz zur »Umwertung« der
Don-Juan-Figur im romantischen Zeitalter. Hier wird sie aus
dem bloßen, abwegig grausamen, urschlechten »Burlador« –
von dem wir bei Betrachtung des Stoffes von seinen Anfängen
her gesprochen haben –, aus dem Schwindler, Betrüger, Gewalttäter und Mörder zum einzigen Zwecke des Sinnengenusses
zur Gestalt des manisch Verfolgten, von unstillbarer Sehnsucht
Getriebenen, zum an sich tragischen Helden, dem Hoffmann
sogar »Edles« attestieren zu können glaubt. Hier liegt die Bruch-
stelle in der Auffassung dieser »Urtype«, aus dem verabscheu-
enswürdigen wird der faszinierende Don Juan. Auch an anderer
Stelle befaßt E. T. A. Hoffmann sich mit Mozarts Opern und
dem *Don Giovanni* im besonderen. In den *Musikalischen Schriften* lesen wir:

Gluck räumte, vom Alter gebeugt, den Kampfplatz[1] und
zog sich nach Wien zurück. Und – der Meister stand fest,
lebte – steht noch fest, lebt noch in der Unsterblichkeit
seiner Werke. Es konnte nicht anders sein. Mochte Piccin-
ni ihn in der Anmut, in dem Reiz des Gesanges übertreffen,
so war es dagegen die Tiefe der Gedanken, die das Inner-
ste erschütternde Gewalt des Ausdrucks, die den großen

---

[1] Hoffmann bezieht sich auf den Pariser »Opernkampf« Glucks mit Piccinni.

*Gluck als siegenden Heros der wahrhaftigen Kunst er-
scheinen ließ. Einem späteren Meister war die Macht
vorbehalten, den hinreißendsten zauberischen Gesang der
Italiener mit dem kräftigen Ausdruck der Deutschen, mit
dem Reichtum, den die Instrumentalmusik sich indessen
erworben, zu verbinden, so daß beides, Gesang und Begleitung, als ein organisches, demselben Keim entspros-
senes Ganzes ins Leben trat. Glühende Phantasie, tiefer,
sinniger Humor, überschwengliche Fülle der Gedanken
bestimmten dem Shakespeare der Musik den Weg, den er
zu wandeln hatte. Mozart brach neue Bahnen und wurde der unnachahmliche Schöpfer der romantischen Oper.
Schon weil Mozart in Deutschland auftrat, wo man gedie-
gene Kunstwerke in tiefer Seele auffaßt, sich aber nicht
eben darum die Köpfe blutig schlägt, konnte es keinen
Streit geben wie der der »Gluckisten« und »Piccinnisten«
in Paris. Mozart hat auch nicht einen bestimmten Gegner,
den die Gegenpartei an ihre Spitze gestellt hatte, seine
ersten Werke wurden dagegen lau aufgenommen. »Don
Juan« fiel in Wien bei der ersten Darstellung durch, und es
gab wohl viele, die den großen Meister einen Tollhäusler
nannten, der nur krauses Zeug zu machen verstehe, das
ohne Sinn und Verstand sei und das niemand zu spielen
vermöge. In Mailand (irrt der Referent nicht, so war es
eben an diesem Orte) wurde Mozarts »Don Juan« nach
neun vergeblichen Proben als eine völlig unaufführbare
Musik beiseite gelegt. Auch in Deutschland wurde Mozart
erst sehr spät verstanden und noch in neuester Zeit gab es
Musiker, die sich, um Mozarts Regellosigkeit darzutun, auf
Gluck beriefen. Wahrlich, beide Meister in Vergleich zu
stellen, hieße, Aeschylos mit Shakespeare vergleichen,
zum Beispiel »Oedipus« mit »Romeo und Julia«. Ein solcher Vergleich liefert den Beweis des gänzlichen Mangels
an die Kunst in allen ihren Tendenzen aufzufassen fähigem
Sinn ...*

Als Hoffmann diese Zeilen schrieb, war *Don Giovanni* schon in
weit über einem Dutzend deutschen Theatern gespielt worden,
so daß seine Klage, Mozart *wurde in Deutschland erst sehr viel*

später verstanden, ein wenig ungerecht anmutet. In merkwürdigem Widerspruch steht seine Meinung von der schwierigen, sich nur ernstem Studium öffnenden Musik dieses Werkes zu den entgegengesetzten des New Yorker Kritikers, der zweimal von ihrer Einfachheit, ja wundervollen Einfachheit spricht.

Oftmals hat der alternde Goethe sich über Mozart geäußert. So 1821: *Das, was den Künstler groß und eigentümlich macht, kann er nur aus sich selbst schaffen. Welchen Lehrern danken denn Raffael, Michelangelo, Haydn, Mozart und alle ausgezeichneten Meister ihre unsterblichen Schöpfungen?* Zu Eckermann sagt er am 11. März 1828: *Was ist Genie anders als jene produktive Kraft, wodurch Taten entstehen, die vor Gott und in der Natur sich zeigen können, und die eben deswegen Folgen haben und von Dauer sind? Alle Werke Mozarts sind dieser Art; es liegt in ihnen eine zeugende Kraft, die von Geschlecht zu Geschlecht fortwirkt und so bald nicht erschöpft und verzehrt sein dürfte ...* Zum selben Gesprächspartner äußerst er am selben Tage auch: *Mozart starb in seinem 36. Lebensjahre, Raffael im gleichen Jahre, Byron nur um weniges älter. Alle aber hatten ihre Mission auf das vollkommenste erfüllt, und es war wohl Zeit, daß sie gingen, damit auch anderen Leuten in dieser auf eine lange Dauer berechneten Welt noch etwas zu tun übrigbliebe ...* und Eckermann notiert am 12. Februar 1829 Goethes Stoßseufzer: *Mozart hätte den »Faust« komponieren müssen!*, nachdem es bereits die Vertonung durch Spohr und manche weitere Komposition auf Werke Goethes gab. Immer wieder kreisen seine Gedanken um Mozart, vielleicht mehr um das Phänomen als um den Musiker. *So kann ich mich des Gedankens nicht erwehren, daß die Dämonen, um die Menschheit zu necken und zum besten zu haben, mitunter einzelne Figuren hinstellen, die so verlockend sind, daß jeder nach ihnen strebt, und so groß, daß niemand sie erreicht ... So stellten sie Mozart hin, als etwas Unerreichbares in der Musik* (6. Dezember 1829). *Das musikalische Talent kann sich wohl am frühesten zeigen, indem die Musik etwas ganz Angeborenes, Inneres ist, das von außen keiner großen Nahrung und keiner aus dem Leben gezogenen Erfahrung bedarf. Aber freilich, eine Erscheinung wie Mozart bleibt immer ein Wunder, das nicht zu erklären ist ...* (14. Februar 1831). Im selben Jahr ereifert er sich: *Wie kann man sagen,*

*Mozart habe seinen »Don Juan« komponiert! Komposition! –
Als ob es ein Stück Kuchen oder Biskuit wäre, das man aus
Eiern, Mehl und Zucker zusammenrührt! Eine geistige Schöp-
fung ist es, das Einzelne wie das Ganze aus einem Geiste und
Guß und von dem Hauch eines Lebens durchdrungen, wobei der
Produzierende keineswegs versuchte und stückelte und nach
Willkür verfuhr, sondern wobei der dämonische Geist seines
Genies ihn in der Gewalt hatte, so daß er ausführen mußte, was
jener gebot ...*

Im Verlaufe des romantischen, des 19. Jahrhunderts stieg die
Bewunderung Mozarts, des »Klassikers«, unentwegt an. So sehr,
daß wir uns fragen, ob Mozart tatsächlich als reiner »Klassiker«
aufzufassen sei. Gerade ein Werk wie *Don Giovanni* widerlegt
diese Meinung eindeutig. Hier ist die Romantik in hohem Maße
vorausgeahnt; wo nicht schon früher, müssen Friedhofs- und
Schlußszene als romantisch erkannt werden. Don Giovanni ist
unter allen Mozartschen Operngestalten die komplexeste, die
psychologisch vieldeutigste, die dämonischste. Zu ihrer Vertie-
fung hat allerdings, wie wir sahen, die Romantik entscheidend
beigetragen; aber läge diese Romantik nicht schon in Mozarts
Musik beschlossen, so wäre ihre romantische Interpretation gar
nicht denkbar gewesen. *Don Giovanni* müßte vor allem angeführt werden, wenn wir Mozart nicht mehr als »reinen Klassiker« betrachten wollen, sondern seine Stellung im Übergang zur
Romantik und als unmittelbaren Vorläufer Beethovens verstehen
wollen.

Dieser hat ihn glühend verehrt. Nur mit zweien seiner Werke
konnte er sich nicht anfreunden, aber das lag nicht an ihrer
Musik: Es sind dies *Don Giovanni* und *Così fan tutte*, deren
Textbücher er für unmoralisch und daher eines Genius wie
Mozart unwürdig findet.

Eine auffallend ähnliche Erscheinung finden wir bei Richard
Wagner. Von ihm stammt (aus *Oper und Drama*, 1851) ein selt-
samer Satz: *O, wie ist mir Mozart innig lieb und hoch vereh-
rungswürdig, daß es ihm nicht möglich war, zum »Titus« eine
Musik wie die des »Don Juan«, zu »Così fan tutte« eine wie die
des »Figaro« zu erfinden: wie schmählich hätte dies die Musik
entehren müssen!* Was heißt das? Erstens einmal, daß die Musik
zu *Titus* weniger gut, schön und wertvoll sei als die zu *Don*

Giovanni, die zu *Così fan tutte* weniger als die des *Figaro*? Eine Auffassung, die unsere Zeit kaum ohne Vorbehalt unterschreiben würde, die aber sehr deutlich die Bewertung spiegelt, die bei Mozarts Opern noch bis weit ins 20. Jahrhundert gültig war. Zweitens aber – und das erscheint wichtiger – bedeutet es, daß *Titus* und *Così fan tutte* weniger gute Musik aufwiesen und verdienen als *Figaro* und *Don Giovanni*. Aus moralischen Gründen, könnte man bei *Così fan tutte* annehmen – aber bei *Titus*? Ein moralischeres Textbuch wurde selten vertont. Und wenn es Wagner um eine moralische Bewertung von Opernwerken ging, wie kann er da ausgerechnet *Don Giovanni* als Exempel hinstellen? Weil der »Bösewicht« am Ende in die Hölle fährt? Genügt das, um ein so tief unmoralisches Textbuch zu rechtfertigen? Wir stehen heute auf einem ganz anderen Standpunkt, und das moderne Zeitalter lehnt es vor allem ab, Kunstwerke nach der in ihnen zum Ausdruck gebrachten oder nicht vorhandenen Moral zu bewerten. Immerhin bleibt Wagners Äußerung eigenartig und gibt, da sie aus seiner Feder stammt, zu denken.

An seiner Mozart-Verehrung ist so wenig zu zweifeln wie an der aller Romantiker. Das beginnt bei Rossini, der – ihm ein wenig ähnlich – auf der Schwelle von der Klassik zur Romantik steht. Der äußerte sich zum Pianisten Ignaz Moscheles auf seine ironische Art: *Ich nehme Beethoven zweimal in der Woche, Haydn viermal, Mozart alle Tage ... Beethoven ist der Koloß, der uns Rippenstöße versetzt, während Mozart immer auch angenehm bleibt. Das liegt daran, daß er das Glück hatte, sehr jung nach Italien zu kommen, in einer Epoche, in der man dort noch schön sang ...*, zum Historiker Emil Naumann aber viel ernster, 1867, gegen Ende seines Lebens:

Die Deutschen waren von jeher die großen Harmoniker, wir Italiener die großen Melodiker; seitdem aber der Norden Mozart hervorgebracht hat, sind wir Südländer auf unserem ureigenen Gebiet geschlagen worden, denn dieser Mann erhebt sich über beide Nationen: er vereinigt mit dem ganzen Zauber der Kantilene Italiens die ganze Gemütstiefe Deutschlands, wie sie in der so genial und reich entwickelten Harmonie seiner zusammenwirkenden

*Stimmen hervortritt. Sollte Mozart nicht mehr für schön
und erhaben gelten, so können wir Alten, die noch übrig
sind, getrost das Zeitliche segnen. Im Paradies aber, dessen bin ich gewiß, finden Mozart und seine Hörer einander wieder.*

Schumann spricht von der *Sonnenhöhe* Mozarts, die *von der
Jugend oft zu niedrig geschätzt wird*, schreibt (in einer Besprechung von Johann Nepomuk Hummels *Studien*, 1834): *Heiterkeit, Ruhe, Grazie, die Kennzeichen der antiken Kunstwerke,
sind auch die der Mozartschen Schule. Wie der Grieche seinen
donnernden Jupiter noch mit heiterem Gesicht zeichnete, so hält
Mozart seine Blitze ...*, und erfindet dieses Epigramm auf
Mozart: *»Solch ein Genius, solch ein Kind?« – O wahrlich, ich
sage euch, werdet ihr so nicht, so kommt ihr nie in den Himmel
der Kunst.* Wagner nennt ihn den *Licht- und Liebesgenius
der deutschen Musik* und schreibt: *Das ungeheuerste Genie
erhob ihn über alle Meister aller Künste und aller Jahrhunderte.*
Charles Gounod bekannte: *Rossini führte mich zum rein musikalischen Entzücken; er bezauberte und faszinierte mein Ohr.
Mozart tat mehr: zu dem aus dem rein Musikalischen und Sinnlichen stammenden Genuß fügte er die tiefe und eindringliche
Wahrheit des Ausdrucks, verbunden mit vollkommener Schönheit ...* Tschajkowskij erinnert sich: *Daß ich mein Leben der
Musik geweiht – das verdanke ich Mozart.* Grieg bewundert:
*Sein Geist ist frei von Philistertum und Einseitigkeit ... Anders
als bei vielen Meistern bleibt in den Formen, in die er sein
Material gießt, keine Spur des Ringens zurück ... Seine höchsten
Inspirationen scheinen unberührt von menschlicher Mühe ... Er
besitzt die kindliche, glückliche Aladin-Natur, die alle Schwie-
rigkeiten spielend überwindet. Er schafft wie ein Gott, ohne
Geburtswehen ...* Und Niels W. Gade, der bedeutende skandi-
navische Musiker, erkennt: *Nicht nacheinander, sondern gleichzeitig erklomm er die drei Stufen des Lernens, der Gesellenprobe
und der Meisterschaft: das war das Einzigartige an Mozart.*
Mit den begeisterten Worten von Nichtmusikern ließen sich
Bände füllen. Selbst der ironisch-rationalistische Dichter William Thackeray wird sehr ernst und innerlich, wenn er von
Mozart spricht: *Nachdem du die Ruinen von »Telmessus« ge-*

sehen hast, bleibt die Erinnerung daran in dir zurück wie eine
Melodie von Mozart, die er vom Himmel herabgeholt zu haben
scheint und die für immer mit süßen Harmonien dir im Ohr
klingt, eine Wohltat für das ganze fernere Leben ...

Das Verständnis für Mozart, die Liebe zu Mozart scheinen
sich im 20. Jahrhundert noch zu verstärken und zu vertiefen. Es
wäre erklärlich: Je zerrissener, gespaltener, problemgeladener
die Welt und damit ihre Kunst wird, desto höher rückt das Idealbild des ausgeglichenen Werkes, desto unerreichbarer erscheint
die innere Ruhe, die glückliche Übereinstimmung von Wollen
und Können, der Traum eines Glückes, das uns dem Alltag ent-
hebt.

Im Januar 1906, zum 150. Geburtstag Mozarts, veröffentlich-
te der geistig wie künstlerisch hochstehende Ferruccio Busoni –
berühmter Komponist, Pianist, Musikphilosoph, Lehrer – Gedanken über dessen Erscheinung, aus denen wir auswählen:

... Er ist bisher die vollkommenste Erscheinung musikali-
scher Begabung. Zu ihm blickt der reine Musiker beglückt
und entwaffnet auf ... Sein Formensinn ist fast außer-
menschlich ... Einem Bildhauer-Meisterwerke gleich ist
seine Kunst – von jeder Seite gesehen ein fertiges Bild ...
Er hat den Instinkt des Tieres, sich seine Aufgabe –
bis zur möglichsten Grenze, aber nicht darüber hinaus –
seinen Kräften entsprechend zu stellen. Er wagt nichts
Tollkühnes ... Er besitzt außergewöhnliche reiche Mittel,
aber er verausgabt sich nie ... Er kann sehr vieles sagen,
aber er sagt nie zuviel ... Er ist leidenschaftlich, wahrt
aber die ritterlichen Formen ... Seine Maße sind erstaun-
lich richtig, aber sie lassen sich messen und nachrech-
nen ... Er verfügt über Licht und Schatten; aber sein
Licht schmerzt nicht, und seine Dunkelheit zeigt noch
klare Umrisse ... Er hat in der tragischsten Situation noch
einen Scherz bereit – er vermag in der heitersten eine
gelehrte Falte zu ziehen ... Er steht so hoch, daß er weiter
sieht als alle und darum alles etwas verkleinert. Sein
Palast ist unermeßlich groß, aber er tritt niemals aus
seinen Mauern ... Heiterkeit ist sein hervorstechender
Zug: er überblümt selbst das Unangenehmste durch ein

Lächeln ... Sein Lächeln ist nicht das eines Diplomaten oder Schauspielers, sondern das eines reinen Gemüts – und doch weltmännisch ... Sein Gemüt ist nicht rein aus Unkenntnis ... Er ist nicht simpel geblieben und nicht raffiniert geworden ... Er ist temperamentvoll ohne jede Nervosität – Idealist, ohne immateriell zu werden, Realist ohne Häßlichkeit ... Er ist sowohl Bürger als Aristokrat, aber niemals Bauer oder Aufwiegler ... Er ist ein Freund der Ordnung: Wunder und Teufeleien wahren ihre 16 und 32 Takte ... Er ist religiös, soweit Religion identisch ist mit Harmonie ... In ihm verbinden sich Antikes und Rokoko in vollendeter Weise, doch ohne eine neue Architektur zu ergeben ... Das Architektonische ist seiner Kunst nächstverwandt ... Er ist nicht dämonisch und nicht übersinnlich; sein Reich ist von dieser Erde ... Er ist die fertige und runde Zahl, die gezogene Summe, ein Abschluß und kein Anfang ... Er ist jung wie ein Jüngling und weise wie ein Greis – nie veraltet und nie modern, zu Grabe getragen und immer lebendig. Sein so menschliches Lächeln strahlt uns, verklärt, noch an ...

Und zweieinhalb Jahre später, am 16. Juni 1908, schreibt Busoni in einem Brief an seine Frau: *Liest man von Mozart, daß er »Don Giovanni« in sechs Monaten schrieb, so schämt man sich der eigenen Langsamkeit ...*

Zu den begeistertsten Mozart-Verehrern unter den großen Musikern gehört Richard Strauss, dessen überragende Stellung im Musikleben der Welt mit frühem Ruhm zu Ende des letzten Jahrhunderts beginnt und dessen Schaffenskraft noch die Hälfte des vergangenen erfüllt:

Die Melodie ... gehört zu den erhabensten Geschenken, die eine unsichtbare Gottheit gemacht hat. Mozarts Gesangsmelodien ... sind Symbole, die die edelsten Wahrheiten der Seele künden, die nicht »erfunden«, sondern den damit Begnadeten »im Traum verliehen« sind. Woher sie stammen, weiß niemand, auch ihr Schöpfer, das unbewußte Sprachrohr des Weltengeistes, nicht ... Fast unmittelbar auf Bach folgt das Wunder Mozart mit der Vollendung und absoluten Idealisierung der Melodie der

*menschlichen Stimmen ... Die Mozartsche Melodie ist –
losgelöst von jeder irdischen Gestalt – das Ding an
sich, schwebt gleich Platos Eros zwischen Himmel und
Erde, zwischen sterblich und unsterblich – befreit vom
»Willen« –, tiefstes Eindringen der künstlerischen Phantasie, des Unbewußten, in letzte Geheimnisse, ins Reich
der »Urbilder«. – Es ist Brauch geworden, diesen sublim-
sten aller Tonmeister als »Rokokokünstler« zu behandeln,
seine Werke als Inbegriff des Zierlichen und Spielerischen
darzustellen. Ist es gleich richtig, daß er derjenige ist,
der gleichsam alle »Probleme« gelöst hat, bevor sie nur
aufgestellt werden, daß die Leidenschaft bei ihm alles
Irdischen entkleidet ist und gleichsam aus der Vogelper-
spektive betrachtet erscheint, so enthält sein Werk, wenn
auch verklärt, vergeistigt und von aller Realität befreit,
alle Phasen des menschlichen Empfindungslebens ...*

Und am 27. April 1945, in den letzten grauenhaften Tagen des
Zweiten Weltkriegs, steht in einem Brief von Strauss an den
Dirigenten Karl Böhm dieser schöne und in jenem tragischen
Augenblick so unzeitgemäß scheinende wie tröstliche Satz: *Die
Geburt der Mozartschen Melodie ist die Offenbarung der von
allen Philosophen gesuchten menschlichen Seele.*

Im Rahmen der heftigen Diskussionen, die rund um die
Form und Lebensberechtigung der Oper in unserer Zeit ent-
brannte, greift Werner Egk, einer ihrer bedeutendsten Vertreter
im 20. Jahrhundert, auf Mozart als Kronzeugen zurück: *Mozarts
»Don Giovanni« ist ein unübertreffliches Beispiel für die Voll-
kommenheit einer Gattung, welche weder durch den mangel-
haften Bau des Fidelio-Librettos noch durch die Deformation
der Musik in den Opern der Spätromantik oder des Verismus
widerlegt werden kann ...*

Und mit den Worten eines Dichters soll dieses Kapitel ausklingen. Hermann Hesse nannte *Don Giovanni* mit einem nur
Dichtern zustehenden Superlativ *das letzte von Menschen ge-
machte Vollkommene.*

Nachdenklicher Epilog

Die Oper, die den Anlaß dieses Buches bildet, ist nach der Zusammenstellung Leo Weinsteins eines der 462 Werke, die in der Zeit vom Beginn des 17. Jahrhunderts bis 1959 über die Gestalt des Don Juan geschrieben und aufgeführt wurden. Also: von ihrem ersten literarischen Auftreten aus der Feder des Mercedarier-Mönches Gabriel Téllez alias Tirso de Molina bis etwa zur Fassung von Max Frisch (*Don Juan oder Die Liebe zur Geometrie*). Die Mehrzahl der hier aufgeführten Stücke verbindet die beiden Grundelemente, die schon der spanische Dichter zusammenfügte: den inzwischen zum Mythos aufgestiegenen Frauenjäger mit der wahrscheinlich viel älteren Volkssage vom »steinernen Gast« (nach dem eine Reihe dieser Werke auch ihren Namen hat), dem Toten, der von seinem Mörder oder einem Frevler, der sich über menschliche und göttliche Gesetze hinwegsetzt, zum Mahle geladen wird und jenen dabei im Sinne einer höheren Macht in die Hölle stößt. Ist schon der Frauenjäger »gottlos«, so ist es viel mehr noch der Frevler, der die Ruhe der Toten stört. Don Juan ist also oft ein Atheist, ein völliger Gottesleugner. Molière hebt das besonders stark hervor. Da Ponte erwähnt es nicht; er rührt wohl nicht gern an die Gläubigkeit seines Komponisten Mozart, nicht an die Religiosität eines Publikums, dessen liberaler Kaiser zwar die Klöster aufgelassen hat, aber Gottes Existenz nicht leugnet, und schließlich nicht an die Symbolkraft des eigenen, geistlichen Gewandes, das er, trotz vieler Verstöße dagegen, immer noch trägt. Im übrigen wird ja Don Giovanni in die Hölle verbannt, wodurch seine Gottlosigkeit klar wird.

Der Erklärungen dieses Stoffes, der Deutungen gibt es eine unübersehbare Menge: Armand E. Singer hat im Jahre 1965 nicht weniger als 4460 Bände darüber aufgezählt. Und inzwischen müßten es, da das Interesse am Thema keineswegs ab-, sondern eher noch zunimmt, um einige Hundert mehr geworden sein. Fünftausend Versuche, sich dieser schillernden, vieldeutigen, fesselnden Gestalt zu nähern, ihr »wahres« Wesen zu ergründen, ihre Handlungen zu erklären. Doch gerade das dürfte unmöglich sein, und darin liegt dieser Figur tiefster Reiz.

Die Gültigkeit der Gestalt ist auch in unseren alles umstürzenden Zeiten ungebrochen. Die Liste der modernen Autoren, die sich mit ihr auseinandergesetzt haben – *von Bernard Shaw bis Ronald Duncan, von Audiberti bis Anouilh, und von Ödön von Horvath bis zu Max Frisch* (Anton Krättli) – beweist dies, obwohl Don Juan heutzutage doch ein Anachronismus sein müßte. Aber seine schillernde Vieldeutigkeit ist es gerade, die ihn davor bewahrt, jemals »unmodern« zu werden. Don Juan ist ein Thema, das sich für alle Formen künstlerischer, ja auch wissenschaftlicher Behandlung eignet. Denken wir nur an die Literatur: Gedicht, Novelle, Roman, Essay, Abhandlung, Lustspiel, Drama, Tragödie, Schauspiel, alles das trägt seinen Namen, verherrlicht oder verunglimpft ihn. Und, literarisches Grenzgebiet: die Oper, das Musiktheater. Gerade hier liegt das Werk, das wie kein zweites die Don-Juan-Gestalt lebendig erhalten hat: das »Dramma giocoso«, das »heitere Drama« Da Pontes und Mozarts. Die Bezeichnung ist oft diskutiert worden. Mozart trug die Oper in den Katalog seiner Werke als »Opera buffa« ein; vielleicht eine Gedankenlosigkeit, die einfach alles, was nicht in der klassischen Antike entsprang, also nicht echte Barock- oder Renaissanceoper war, einfach als »Opera buffa« bezeichnete, als Lustspiel-, heitere, komische Oper. Oder eine Überbewertung der komischen auf Kosten der tragischen Szenen? Bei der Prager Uraufführung (und den meisten späteren) wird der Untertitel verwendet, den Mozart selbst auf dem Theaterzettel des 29. Oktober 1787 sanktionierte: »Dramma giocoso«. (Wir sprachen schon an anderer Stelle darüber.)

Daß eine Oper es ist, die dem Don-Juan-Stoff zur höchstmöglichen Geltung verholfen hat, dürfte nicht verwundern. Vielleicht ist dieser seltsame Hidalgo (spanisches Wort für Edelmann) gerade der Musik besonders zugänglich; denn die Musik verklärt sogar Missetaten und rückt selbst die alltäglichste, banalste Figur oder Handlung in ein unrealistisches, also irgendwie romantisches Licht, das einer Bühnengestalt noch nie geschadet hat. So wird auch dieser Hidalgo trotz seiner Taten und Verbrechen, seines Lugs und Trugs doch zum Edelmann, und so und darum fesselte er die Menschen, die ihn auf der Bühne sehen. In diesem Glanze vergessen sie seine Schändlichkeit und deren Opfer. Bertolt Brecht hat ihn (in seinem Kommentar zu

Molières *Don Juan ou le festin de pierre*) ein *glänzendes Scheusal* genannt.

Wer möchte das nicht sein, und wäre es auch nur einen einzigen Tag im Leben? Welcher Schneiderlehrling, welcher Hilfsbuchhalter, aber auch welcher Bankdirektor oder Sportchampion hat noch nie davon geträumt, daß die Frauen ihm, rettungslos verfallen, zu Füßen liegen könnten? Die Identifikation des Publikums mit der Bühnengestalt macht deren Erfolg aus: doch weniger die Identifikation mit der Realität, sondern mit dem Traum. Mit Faust, dessen Sehnsucht nach der Rückkehr in die Jugend Erfüllung findet; mit Don Quijote, der seine armselige Existenz zum edelsten Rittertum hinaufträumt; mit Don Juan, dem alle Siege gelingen und der ein freies, völlig ungebundenes Leben der Eroberungen lebt …

Dennoch stellt sich die Frage, ob Don Juan als eine Gestalt, in der sich Wirklichkeit verkörpert, in unseren Tagen überhaupt noch möglich sei, schreibt Anton Krättli[1]. *Die unbeschränkte Freiheit der Liebe und der Zuwachs des sozialen Einflusses der Frau, so hat schon Gregorio Marañón in einem der geistreichsten Essays über das Thema festgestellt, machen Don Juan in der Tat zu einem Anachronismus für uns … Unsere Zeit findet sich Don Juan gegenüber in der Lage des heranwachsenden Kindes, das nicht mehr an den Nikolaus glaubt, das aber das schauerlich-schöne Gefühl von Freude, Bewunderung, Erwartung und Angst noch ein wenig bewahren möchte. Wir scheinen nach Gelegenheiten zu suchen, Glanz und Höllensturz, den verführerischen Frevel und die schauerliche Sühne immer aufs neue zu inszenieren. Don Juans Wanderung durch die Zeiten und Räume ist der Beweis seiner Wandlungsfähigkeit. Das Motiv, obgleich durch den Wegfall der kulturhistorischen, sittengeschichtlichen und soziologischen Bedingungen, die es tragen müßten, frei schwebend, ein weltliterarisches Irrlicht sozusagen, behauptet sich auf dem Theater …*

Und so kehrt nicht nur die Don-Juan-Figur, sondern ganz konkret der Don Giovanni in der Gestaltung Lorenzo Da Pontes und Mozarts immer wieder auf das Theater zurück. Und je mehr Zeit seit seiner Entstehung vergeht, desto tiefer verwurzelt

[1]   in einem Programmheft der Zürcher Junifestwochen

sich seine Erkenntnis im allgemeinen Kulturverständnis. Als der Prachtbau der Wiener Hofoper am 25. Mai 1869 feierlich eingeweiht wird, geschieht dies – fast könnte man sagen: natürlich – mit *Don Giovanni*. Die Geschichte seiner Darstellung und Inszenierung gehört zu den faszinierendsten Abenteuern des menschlichen Geistes. Alfons Rosenberg, von dessen symbolhaften Mozartdeutungen schon in dem *Zauberflöten*-Band dieser Reihe die Rede war, hat sich[1] mit vielerlei Aufführungen der *Tragikkomödie*, wie er Mozarts *Don Giovanni* sehr treffend bezeichnet, befaßt[2]:

Im ersten Jahrhundert nach ihrer Entstehung ist die Oper in vielen verschiedenen, zum Teil sehr unterschiedlichen Inszenierungen realisiert worden. Das geht von ganz singspielhaften Darstellungen, in denen beispielsweise Don Giovanni in »Hans von Schwänkereich« und Leporello in »Fickfack« umbenannt wurden, bis zu den pathetischen romantischen Interpretationen mit pompösen Dekorationen und geradezu orientalisch-prunkhaften Riesenräumen. Erst Ernst von Possart[3] erklärt, daß *der echte Don Juan in die Zeit der großartigsten weltgeschichtlichen Katastrophen, der merkwürdigsten Anomalien, der unerhörtesten Umwälzungen aller göttlichen und menschlichen Dinge gehört – welche Kontraste, welche Dissonanzen!* Nun ist Don Giovanni nicht mehr länger der Bösewicht, sondern wieder der lüstern-galante Abenteurer im Sinne Tirsos – er verliert dadurch an tragischem Gewicht ...

Den nächsten Höhepunkt in der Deutung und Inszenierung des *Don Giovanni* setzte Gustav Mahler 1905 in Wien mit seinem Helfer, dem Maler, Graphiker und Bühnenbildner Alfred Roller[4]. Dieser Lehrer an der Wiener Kunstgewerbeschule, erstrebte die Einheit von Bühnenbild, Inhalt, Dichtung und Inszenierung. Ihm kam es darauf an, nicht nur Szenenbilder zu

---

[1] neben vielen anderen Büchern (so z. B. *Don Juan* aus *Theater der Jahrhunderte*, Albert Langen Georg Müller, München-Wien, mit klugem Vorwort von Margret Dietrich)

[2] Alfons Rosenberg, *Don Giovanni*, Prestel Verlag, München, 1968

[3] Ernst Ritter von Possart (1841–1921), langjähriger Intendant des Münchener Hoftheater, Gründer (1901) des Prinzregententheaters

[4] Alfred Roller (1864–1935), einer der führenden Künstler der Wiener Sezession, unter der Direktion Mahler Ausstattungschef der Wiener Hofoper

machen, sondern den Bühnenraum plastisch zu gestalten. Er baute seine Szenarien mit Podesten und plastischen Teilen unter Verwendung von Licht und Farbe als symbolkräftige Elemente. Statt der üblichen Seitenkulissen errichtete Roller zwei turmartige Vorbauten, die während des ganzen Stückes als der eigentliche Rahmen stehen blieben. Dies und andere im Sinne von Mozarts Oper konsequente Erfindungen Rollers bilden seine revolutionäre Tat, mit der sich seitdem jegliche *Don Giovanni*-Inszenierung auseinandersetzen muß, ob nun die »Türme« durch Säulen, Türen oder Balkone abgewandelt oder immer noch angedeutet werden.

Ein Durchbruch zu einer neuen Schau Don Juans gelang dem portugiesischen Sänger d'Andrade[1]. Er begründet mit seiner Darstellung eine Tradition: die Verherrlichung des Erotisch-Sinnlichen jenseits von Gut und Böse …

Die erste Opernaufführung, die bewußt diese Tendenzen aufnahm und gestaltete, hatte Ernst Lert[2] zum Urheber, der am 24. September 1917 den *Don Giovanni* in Leipzig inszenierte. Die Deutung, die Lert der Oper gab, hatte die *Don Giovanni*-Analyse Kierkegaards in »Entweder-Oder« zur Voraussetzung. Die Gestalt des Don Giovanni wird als Genius der heißen Sinneslust begriffen …

Max Slevogt entwarf 1925 für die Dresdener Inszenierung die Bühnenbilder. Er gibt einem überquellenden Barock den Vorzug, aber

einem Barock, den ich erfand, um das Ganze möglichst zeitlos zu halten. Eine romantische Auffassung, wie sie etwa E. T. A. Hoffmann hegt, bedingt einen anderen Helden und damit auch eine andere Dekoration. Auch die Auffassung von einem Helden, der nur exzelliert durch seine zahllosen erfolgreichen Liebesabenteuer, des Don Juan der großen Oper, erscheint uns heute verblaßt, zumal wir – gerade im Sinne des »Dramma giocoso« – nur Zeugen seiner dauernden Mißerfolge sind … Er ist der

---

[1] Francisco d'Andrade (1859–1921), der den Giovanni in allen großen Theatern der Welt sang, wurde von Max Slevogt in dieser Rolle gemalt.

[2] Ernst Josef Lert (1881–1955), namhafter Regisseur, Autor einer Studie über Mozart-Inszenierungen

Herrenmensch, der alle quält, mit allen spielt und doch durch seinen bezwingenden, überschäumenden Übermut alle an sich fesselt, und zwar Frauen und Männer! Der vielumstrittene Schluß[1] ist eine absolute Notwendigkeit; denn in dem Augenblick, da der Herr nicht mehr da ist, gehen die anderen ihrem durch ihn gestörten und unterbrochenen Alltagsleben wieder nach …

Jedoch den Höhepunkt des barock-sinnlichen Taumels erreichte nicht Slevogt mit seiner Dresdener Inszenierung, sondern die ebenfalls als »Dramma giocoso« gestaltete Aufführung der Berliner Staatsoper von 1923 im Opernhaus Unter den Linden. Franz Ludwig Hörth inszenierte das Werk, Hans Poelzig schuf die einzigartigen Bühnenbilder. Für beide war der *Don Giovanni* in gesteigerter Weise das »Dramma giocoso«, dessen Tragik überdeckt ist von Witz, Ironie, Weltklugheit und Zynismus. Poelzig, der große Architekt des Expressionismus, schuf als Ausdruck hierfür eine *allesfortschwemmende Wirrnis* der Leidenschaften, Formen und Farben. Im Gegensatz zur Realisation des *Don Giovanni* durch Hörth und Poelzig zeigt die von Otto Klemperer und Düllberg musikalisch und szenisch betreute Aufführung in der Berliner Krolloper am 11. Januar 1928 ein kaltes, klares Bild, das keinen sinnlichen Überschwang zuläßt. In der Klemperer eigentümlichen Perfektion wirkt die Oper als ein durchaus modernes Werk jenseits jeglicher Romantik. Die sinnlich-dynamische Übersteigerung, die in Hörth-Poelzigs Gestaltung ihren Höhepunkt erreicht, wird nun durchkältet von der Schicksalshärte jener Zeit vor dem Zweiten Weltkrieg.

Nach der Katastrophe traten dann neue Möglichkeiten und Deutungen des unerschöpflichen Werkes ins Blickfeld. Eines der interessantesten Experimente war die Inszenierung der Oper 1953 im Rahmen der Salzburger Festspiele: *Don Giovanni* als Freilichtspiel in der Felsenreitschule[2] …

Im Gegensatz zu dieser Inszenierung des *Don Giovanni* als Mysterienspiel in der Nachfolge von Goethes *Faust* steht jene von Walter Felsenstein zur Eröffnung der Ostberliner Komi-

---

[1] das Sextett, das auf Giovannis Höllenfahrt folgt und im 19. Jahrhundert zumeist, dann auch noch von Mahler fortgelassen wurde

[2] Regie: Oscar Fritz Schuh, Musikalische Leitung: Wilhelm Furtwängler

schen Oper am 4. Dezember 1966. Felsenstein wollte in seiner Inszenierung mit romantischen und bürgerlichen Klischeevorstellungen aufräumen und dadurch ein neues Bild des Don Giovanni vermitteln. In der Auffassung des Regisseurs ist Don Giovanni keineswegs eine dämonisierte Gestalt, sondern eher ein Kraftkerl im Sinne des »Sturm und Drang«, nicht zu bändigen in seinem Freiheitswillen, maßlos in seinen Begierden ...

Zu einer Neuinszenierung des Werkes am 12. Oktober 1972 gibt das Programmheft der Wiener Staatsoper eine Interpretation der Absichten des bedeutenden Regisseurs Franco Zeffirelli:

»Don Giovanni« ist kein Stoff, der sich in ein historisches Korsett zwingen ließe. Dem Thema, immer wieder neu formuliert, sind bis in die heutige Zeit jeweils aktuelle Symptome abgewonnen worden. Es enthält unter anderem solche einer starken Dekadenz und solche des Zusammenbruchs. Mit dem Ende der Gegenspieler Komtur und Don Giovanni verschwinden die zwei großen Persönlichkeiten von der Bildfläche. Was übrig bleibt, sind Figuren, die dem Mittelmaß zugehören. Das Großartige, das Übernatürliche ist vorbei, und der Alltag des Durchschnittlichen scheint sich zu etablieren. Dessen eingedenk, verabschiedet sich Mozart musikalisch mit einer ironischen Wendung: er gibt den Überlebenden eine »kleine Musik« mit auf den fürderhin wohl erlebnisarmen Weg. Denn jener Mensch Don Giovanni, der kraft seiner Persönlichkeit gar nicht anders konnte, als alles (selbst bei der Konfrontation mit dem Überwirklichen) aus sich selbst heraus zu entscheiden und so der Selbstvernichtung zusteuern zu müssen: jener Mensch hat einer zwar nun abgesicherten, aber nicht mehr vom Individuellen und Außerordentlichen gestalteten Welt Platz gemacht ...

Alfons Rosenberg versucht die Deutung des Werkes als einer *Tragödie der Vergeblichkeit:*

Die Haupthandlung der Oper – von der Tötung des Komturs bis zu seinem Wiedererscheinen als Rächer und Richter – ist als Tragödie von Shakespearischer Kraft und Unbedingtheit konzipiert. Allerdings wäre eine Tra-

gödie von solcher Gesinnung im Altertum noch nicht möglich gewesen, denn sie hat das christliche Sündenbewußtsein und die Erfahrung der Gebrochenheit des Menschen, die ohne göttliche Gnade nicht heilbar ist, zur Voraussetzung. Aus dieser Sicht ist darum der »Don Giovanni« als Tragödie der Vergeblichkeit aller Hoffnungen, Wünsche und Begierden, ja selbst des Opfers zu verstehen. Weil aber ein »empfindsames Publikum« die krasse Nacktheit dieser aus typisch spanischer Mentalität[1] hervorgegangenen tragischen Dichtung wahrscheinlich erschreckt hätte und Mozart selber jedes Übermaß aus seinem hohen Harmonieempfinden zuwider war, haben die beiden Schöpfer des Werkes die Unerbittlichkeit der Tragödie mit dem Silbergespinst des Giocosen[2] umkleidet ... [Giovannis] ganze Geschichte ist, nicht erst am Schluß, da ihn buchstäblich der Teufel holt, eine einzige Höllenfahrt. Denn die Lust, so herrlich sie auch zu flammen vermag, kennt keine endgültige Erfüllung – kurz ist der Friede, den ihre Stillung gewährt; sie gleicht der unendlichen Arbeit des Sisyphus, die immer von neuem begonnen werden muß. Lust ist, so sehr sie den Menschen stimuliert, die Grenzen der Ratio zu überschreiten, eine Form der Vergeblichkeit – hat sie ihre Höhe erreicht, so schlägt sie in Unlust um. Vergeblichkeit der Lust – das ist die Hölle, die sich Don Giovanni selber bereitet hat ...

Vergeblich ihrer aller Streben: Giovannis, Annas, Elviras, Ottavios. Nur Masetto und Zerlina bleiben außerhalb des Teufelskreises der Vergeblichkeit: Weil sie gar nichts anstreben als die Befriedigung der einfachsten und natürlichsten Bedürfnisse: Essen, Trinken, Geselligkeit und das, was sie Liebe nennen. Liebe – so sehr das gesamte Drama sich um Probleme des Geschlechts dreht, so wenig echte Liebe kommt eigentlich darin vor. Masetto und Zerlina sind einander zugetan, wie man es eben ist, wenn man Gefallen aneinander findet und dafür bestimmt scheint, das Leben gemeinsam zu verbringen. Lieben einander

---

[1] Gregorio Marañón leugnet, daß Don Juan eine typisch spanische Figur sei. (Anm. d. Autors)

[2] des Heiteren, Spielerischen

Ottavio und Anna wirklich? Man kann es ebenso sehr bejahen wie verneinen. Die Einzige, die wirklich liebt, zweifellos liebt, ist Elvira. Und darum demütigt, beleidigt, kränkt sie unausgesetzt der Mann, dem echte Liebe nur Spott und Verachtung einflößt: Giovanni. Ihn interessiert an der Beziehung zum anderen Geschlecht nur die sehr kurze Spanne vom Kennenlernen zum Besitz. Und danach gar nichts mehr, unter keinen Umständen. Er vermag nichts aufzubauen, was nur eine echte Liebe aufzubauen vermag, ja er will gar nicht. Er hat Angst vor jeder Bindung; glaubt, sie müsse seine Kraft lähmen, seinen Flug behindern.

Wie alt ist dieses »glänzende Scheusal« Don Juan? Mozart schrieb seinen *Don Giovanni* für den Interpreten der Uraufführung (den er zuvor in seinem *Figaro* gesehen hatte), einen schönen Jüngling von 22 Jahren. Don Juans Leichtsinn, seine Verantwortungslosigkeit, sein Spieldrang, seine Eroberungsraserei: Gehören sie unbedingt zu einem jungen Menschen? Oder können sie auch bei jemandem auftreten, der irgendwie jung geblieben, nicht älter, nicht »reifer« geworden ist? *Siempre se tiene veinte años en algún rincón del corazón* ..., besagt ein schönes spanisches Sprichwort: In irgendeinem Winkel seines Herzens bleibt man immer zwanzig Jahre alt. Giovanni ist es wohl in mehr als nur einem Winkel des seinen geblieben, er ist nie »erwachsen« geworden, wie unsere Zivilisation es als selbstverständlich von jedem erwartet und voraussetzt. Aber vieles an der Don-Juan-, der Giovanni-Figur spricht für einen durchaus nicht so jungen, sondern durch Persönlichkeit, Weltkenntnis, Lebenserfahrung, Ausstrahlung gekennzeichneten und bezwingenden Mann in reiferen Jahren. Damit aber übertragen wir ihm eine Verantwortung, die er als Jüngling nicht haben müßte. Ist er ein »Triebtäter«, dessen Zurechnungsfähigkeit stark vermindert oder gar ausgeschaltet wird, wenn die Nähe einer Frau ihn berührt? Ihn »alt« zu spielen, wie mancher Deuter es verlangt, um seine schweren »Niederlagen« zu erklären, die der Besucher von Mozarts Oper im Verlaufe des Theaterabends erlebt, erscheint unsinnig. Denn wenn auch alle seine sichtbaren Abenteuer scheitern, so geht aus den Dialogen doch hervor, daß es zwischen einzelnen Szenen eine Reihe durchaus geglückter Liebesaffären gegeben haben muß. Ist es eine Schwäche des

Textbuches, daß es eben nur aus den Dialogen hervorgeht und nie sichtbar wird, oder ist es ein Gebot der Moralgesetze der trotz eines liberalen Kaisers sittenstrengen Gesellschaft der Mozartzeit? Nein, ein alternder und darum scheiternder Don Juan ist ein Unding; er ist alterslos, zeitlos, von einem Feuer beseelt, das nur der Tod auslöscht.

Don Giovanni nimmt an der »Buffo-Oper« ebenso teil wie an der »Opera seria«. Da Ponte verknüpft ihn – hierin unleugbar genial – mit dem tragischen Teil des Dramas wie mit dem heiteren. Wie viel Humor, gute Laune, ja Komik steckt in seinen Szenen mit Leporello! Wie paßt er sich dem sinnenfrohen Treiben der Bauern an, um ihr Vertrauen zu wecken! Mit welcher Lust spielt er die – zugegeben, grausame – Komödie um Elvira, die er mit seinem Diener auf einen nächtlichen Spaziergang schickt! Das ist das Große an diesem Werk: daß es Tragödie und Lustspiel – wie bei Shakespeare – unlösbar ineinander verflicht.

Viele Probleme der Bühnendarstellung stammen aus diesem gleichzeitigen Vorhandensein und Erblühen zweier so grundverschiedener Wurzeln. Eine der wenigen Besprechungen, die in der Presse über die Uraufführung des *Don Giovanni* erschienen, steht in der *Prager Oberpostamtszeitung* vom 3. November 1787; sie enthält den Satz: *Die Oper ist übrigens äußerst schwer zu exequieren.*[1] Die begeisterten Romantiker des 19. Jahrhunderts, Kierkegaard vor allem, priesen gerade die »Einheit« des Werkes, aber viele hervorragende Regisseure glauben, 180 Jahre nach der Prager Premiere, feststellen zu müssen, das Stück sei *unspielbar* (Walter Felsenstein, 1966), oder: *Ich glaube nicht an die Möglichkeit, für diese Partitur auch nur annähernd eine szenische Entsprechung finden zu können; ich halte sie für szenisch unrealisierbar*, wie Günther Rennert sich ausdrückt, der gleich darauf die Frage aufwirft, ob man die Seria-Abschnitte, also die Tragödie, hervorheben solle oder das »dramma giocoso«, die heiteren Szenen.

Dagegen tritt ein jüngerer Regisseur auf den Plan, Federik Mirdita, einer der besten Mozartkenner und -deuter unserer Tage:

---

[1] »Exequieren«, alte Form für »exekutieren«, ausführen, verwirklichen

Die Frage »Seria oder Buffa« ist nicht unbeantwortbar, aber sie ist falsch, und das besonders Ärgerliche an ihr ist das »oder« ... für ein komplexes Gebilde von der Art des »Don Giovanni« gilt das Lebensgesetz des gleichzeitigen Bestehens und Wirkens konträr definierter Werte und Kategorien. Ja, nicht nur, daß beim »Don Giovanni« keiner sich mit der Bücherweisheit begnügen darf, wonach hier die theaterhistorischen Linien der Opera seria und der Opera buffa ihre ideale Verschmelzung gefunden haben – weit mehr noch: dadurch, daß beide Linien hier noch wirksam sind, nebenherlaufen, gelegentlich auch gegeneinander stehen mögen, gerade dadurch wird der Zugang zu diesem Werk überhaupt erst erschlossen. Seria und Buffa bedürfen hier einander, und erst die Spannung zwischen diesen beiden Polen ermöglicht die Spielidee des Frevels: daß in einer festgefügten hispanischen Welt (womit weniger eine raum-zeitliche Fixierung gemeint ist als eine soziologische Ordo[1], verkörpert durch die Seria-Figuren), daß hier einer der ihren – und das ist Don Giovanni schon seiner Herkunft nach – das Gesellschaftsspiel nicht mitspielt, sich außerhalb des kunstvoll errichteten Gefüges stellt und es damit in Frage stellt, ja in seiner Existenz gefährdet. Der Libertin[2] eben, der Burlador[3] der Dissoluto[4], wie ihn die Stücktitel verschiedener Epochen nennen, oder, etwas einfacher: der Outsider ...

Der Zitate wäre kein Ende, denn nicht nur Mirdita und die anderen von uns Zitierten haben kluge, oft sogar sehr kluge Worte über diese »Oper aller Opern« gesagt oder geschrieben, sondern es ließe sich beinahe der geistige Zustand der letzten beiden Jahrhunderte an der Stellung ablesen, die ihre Denker, Philosophen, Psychologen und Künstler zum Thema »Don Juan« bezogen haben.

---

[1] Ordnung, Gesetzmäßigkeit
[2] französisches Wort für Morallosen, Sittenlosen, Wüstling
[3] spanisches Wort für Schelm, Schurke, Spötter, Zyniker, in übertragenem Sinne: Verführer
[4] das italienische Wort für einen Morallosen, Zügellosen, Wüstling, entsprechend dem französischen Wort »Libertin«

Der Regisseur Oscar Fritz Schuh äußert sich zur Gestalt des Mozartschen Giovanni im Jahre 1955:

Wichtig ist, daß der Don Giovanni der leichtfertige Sünder bleibt, den Mozart in ihm gesehen hat, und nicht der Fliegende Holländer, der Titan und Übermensch, als der er meist dargestellt wird, und schon gar nicht einer, der an seinem Naturell leidet, eine Deutung, in der sich besonders die Romantik gefiel ...

Wie schwer diese Rolle zu erfassen, zu spielen, zu singen ist, auch darüber gibt es viele Meinungen und Erklärungen. Große Künstler, die sich an sie machten, gaben ihre Gedanken angesichts dieser Aufgabe wieder. Das dürfte in früheren Zeiten wohl nicht der Fall gewesen sein, und tausend Giovannis haben diese Rolle auf der Bühne verkörpert, ohne sich über alle die Hintergründe den Kopf zu zerbrechen, die heute eine riesige Literatur füllen. Das mag im Grunde durchaus positiv zu bewerten sein: Wir sind eine Epoche, die nicht nur alles in Frage stellt, sondern die auch allem auf den Grund gehen will. Wir wollen wissen, verstehen, ergründen; vor lauter Wissen kommt manchmal die Phantasie zu kurz. Und: es gibt Dinge, die mit dem Verstand allein nicht zu verstehen, zu ergründen sind.

Gérard Souzay, ein prächtiger französischer Bariton und einer der vollendetsten Liedersänger seiner Generation, gestand im Jahre 1968: *Ich habe ein Dutzend Jahre an der Rolle gearbeitet. Der Don Giovanni ist eine derartig große und komplexe Figur, daß ein Sänger kaum oder sogar nie der ganze Don Giovanni sein kann. Die Möglichkeiten, eine solche Figur zu interpretieren, variieren ad infinitum ...* Und bei Bence Szabolsci lesen wir im selben Jahr: *Die puritanisch-konservative Reaktion der Spät- und Gegenreformation änderte die ursprüngliche Renaissance-Atmosphäre des Helden zum abschreckenden Beispiel der Morallosigkeit um. Das 18. Jahrhundert, die Aufklärungszeit, rehabilitierte gewissermaßen die Gestalt, ohne jedoch ihr Verhältnis zum Teuflisch-Dämonischen grundsätzlich ändern zu können. Aber Mozarts Don Giovanni ist bereits ein wahrer Held des Lebens ...*

An dem zweiten Finale der Oper beißen sich alle Regisseure der Welt die Zähne aus, und jede Bühne läßt ihren Don Giovanni auf andere Art umkommen, so schrieb Max Kalbeck, ein namhafter Wiener Musikkritiker, schon im Jahre 1898!

Inzwischen haben sich weitere Dutzende oder Hunderte die Zähne ausgebissen. *Aber umkommen lassen sie ihn doch alle*, räsoniert Mirdita in seinen *Notaten und Zitaten* und setzt fort:

Wie denn – sollte er leben bleiben? Es ist, bedenken wir's, doch eine recht spektakuläre Höllenfahrt dieses Helden, dem seine Schöpfer so spürbar ihre ganze Sympathie geschenkt haben, daß auch das Publikum nicht anders kann, als Schurkerei und Verbrechen dieses Tunichtguts zu akklamieren. Man mag bedauern, daß es so ist, und vielleicht dabei moralisch recht haben. Aber Mozarts Musik und Giovannis Charisma lassen jeden Versuch, gegen die Faszination des Bösen anzuspielen, scheitern: Giovanni ist trotz aller Schwere die Lichtfigur des Stückes ... Der böse Giovanni soll ruhig sterben, die strahlende Lichtfigur wird ohnehin, ob wir wollen oder nicht, die Jahrhunderte überdauern. Ein Mythos stirbt nicht, schon gar nicht jener der Verführung. Und die Figuren des Schlußsextettes, die doch nur ihm und seiner Unsterblichkeit verdanken, daß sie heute noch auf einer Bühnen stehen dürfen, sollten das ruhig einsehen, wie alle ihnen Gleichgesinnten im Publikum ...

Es gibt eine ganze Galerie von Schurken auf der Opernbühne: Pizarro, Jago, Scarpia, um nur aufs Geratewohl drei singende Erzbösewichter herauszugreifen. Man mag die Liste noch beträchtlich verlängern: Giovanni wird kaum auf ihr zu finden sein, obwohl er an Schlechtigkeit den Genannten kaum nachstehen dürfte. Für jene drei sucht auch niemand Entschuldigungen oder Erklärungen: Sie repräsentieren das »Böse an sich«. Giovanni auf einer Anklagebank würde die besten Verteidiger des internationalen Forums auf den Plan rufen. Und vielleicht würde einer von ihnen sein Plädoyer auf der Frage aufbauen, die Mirdita geistvoll erfindet: *Playboy oder Prometheus?*

Kurze Biographie Mozarts

unter besonderer Berücksichtigung der um das Entstehungsjahr
der Oper *Don Giovanni*, 1787, liegenden Daten

1718   Großvater Johann Georg Mozart, auch Mozarth, Buchbinder in Augsburg, heiratet Anna Maria Sulzer, Witwe eines Buchbinders.

1719   In Augsburg wird, als Sohn dieses Paares, Vater Leopold Mozart – genau: Johann Georg Leopold – geboren.

1720   In St. Gilgen am Wolfgangsee, in der Nähe Salzburgs, wird Anna Pertl, auch Anna Maria Pertlin oder Bertlin, Mozarts Mutter, geboren.

1737   Leopold Mozart läßt sich in Salzburg nieder.

1747   Leopold Mozart heiratet Anna Maria Pertl.

1751   Am 30. Juli kommt als viertes Kind dieses Paares eine Tochter, Maria Anna Walburga Ignatia, zur Welt, »das Nannerl«, das Mozarts Gefährtin zahlreicher früher Konzertreisen wird.

1756   Am 27. Januar wird als siebentes Kind – zweites unter den überlebenden – Wolfgang Amadeus in Salzburg geboren. Laut Taufurkunde der komplette Name: Johannes Chrysostomus Wolfgang Gottlieb. Der letzte Vorname wurde später sinngemäß in Amadeus, Amadé, Amadeo übersetzt.

1760   Vater Mozart erwähnt die frühesten Kompositionen Wolfgangs.

1762   Am 5. Januar wird Konstanze Weber, zwanzig Jahre später Mozarts Gattin, in Zell im Wiesental geboren. Im Januar erste Kunstreise Wolfgangs mit Vater und Schwester nach München. Im September Reise nach Wien.

1763   Am 9. Juni Aufbruch der ganzen Familie Mozart zu sehr weiter Fahrt: Deutschland und Frankreich bilden die ersten Etappen.

1764   Von Frankreich nach England, wo die überall sehr rege Konzerttätigkeit öffentlich und privat fortgesetzt wird. Auch die intensive Kompositionstätigkeit geht weiter, es entsteht die erste Sinfonie. Begegnung mit Johann Christian Bach, dem jüngsten Sohn des 14 Jahre zuvor verstorbenen Thomaskantors, der in London eine glänzende Position innehat und den Knaben Mozart tief beeindruckt.

1765 Von England nach Frankreich und Holland.

1766 Von Holland über Frankreich in die Schweiz, nach Deutschland und endlich am 30. November, 3 ½ Jahre nach der Abfahrt, heim nach Salzburg.

1767 Uraufführung des Oratoriums *Die Schuldigkeit des ersten Gebots*, dessen erster Teil von Mozart stammt (der zweite von Michael Haydn, der dritte von Adlgasser), sowie der kleinen Oper *Apollo et Hyacinthus* in Salzburg. Reise nach Wien, Olmütz, Brünn.

1768 In Wien kaiserlicher Auftrag zur Opera buffa *La finta semplice*, deren Aufführung durch Intrigen vereitelt wird. Komposition und Aufführung des Singspiels *Bastien und Bastienne* in Wien.

1769 Heimkehr nach Salzburg. Ernennung zum (unbesoldeten) Konzertmeister der fürsterzbischöflichen Hofmusik. Abreise mit dem Vater nach Italien.

1770 Verleihung des päpstlichen »Ordens vom goldenen Sporn« an Mozart. Aufnahme in die von Padre Martini geleitete berühmte »Philharmonische Akademie« von Bologna. Unter Mozarts Leitung Uraufführung seiner Oper *Mitridate, re di Ponto* in Mailand (26.12.).

1771 Heimkehr nach Salzburg, dann zweite Reise nach Italien. Mozart dirigiert seine Oper *Ascanio in Alba* in Mailand (17. Oktober). Heimkehr.

1772 Dramatische Kantate *Il sogno di Scipione* für den Amtsantritt des neuen Fürst-Erzbischofs in Salzburg. Ernennung zum (nun besoldeten) Konzertmeister der Hofkapelle. Dritte Italienreise, Aufführung seiner Oper *Lucio Silla* in Mailand (26. Dezember).

1773 Vergebliche Verhandlungen wegen einer Stelle am Hofe von Toskana. Heimkehr. Reise nach Wien, wo ebenfalls vergebliche Verhandlungen geführt werden. Heimkehr.

1774 Übersiedlung in das neue Salzburger Heim (am heutigen Makartplatz). Opernauftrag aus München.

1775   Reise nach München. Dort am 13. Januar Uraufführung
        der Oper *La finta giardiniera*. Heimkehr. Uraufführung
        der Oper *Il re pastore* am 23. April in Salzburg.

1776   Wachsende Spannungen im Salzburger Dienst. Mozarts
        Überdruß am dortigen Orchesterspiel kommt in seinen
        Briefen und Äußerungen deutlich zum Ausdruck.

1777   Erneute große Reise; mit der Mutter fährt Mozart über
        Augsburg (wo seine Kusine wohnt, das »Bäsle«, mit
        der Mozart seit langem im Briefwechsel steht und deren
        wirkliche Rolle in seinem Leben einige Rätsel auf-
        gibt) nach Mannheim, wo er sich in Aloysia Weber, eine
        hochbegabte junge Sängerin verliebt. Nur auf dringende
        Ermahnungen des in Salzburg verbliebenen Vaters ent-
        schließt Mozart sich endlich zur geplanten Weiterreise
        nach Paris.

1778   Am 3. Juli stirbt Mozarts Mutter in Paris und wird dort
        beigesetzt. Neuerliche Begegnung mit Johann Christian,
        dem jüngsten und erfolgreichsten Bach-Sohn, der in-
        zwischen aber viel von seiner Stellung im europäischen
        Musikleben eingebüßt hat. Der Pariser Aufenthalt bringt
        Mozart nahezu keine konkreten Erfolge. Die Rückreise
        erfolgt über Straßburg, Mannheim und München, wo
        der endgültige Bruch mit Aloysia Weber erfolgt, die in-
        zwischen dorthin engagiert worden ist.

1779   Heimkehr nach Salzburg, wo Mozart zum »Hof- und
        Domorganisten« ernannt wird.

1780   Mozart spielt verschiedene Male, auch mit seiner
        Schwester Nannerl gemeinsam, am Fürst-Erzbischöf-
        lichen Hof in Salzburg. Am 5. November reist er nach
        München, für dessen Hof er eine ernste Oper, *Idomeneo,
        re di Creta* zu komponieren übernommen hat. Für diese
        hält er am 1. Dezember die erste Orchesterprobe ab.
        Am 29. November stirbt Kaiserin Maria Theresia in
        Wien.

1781   Uraufführung des *Idomeneo* in München am 29. Januar,
        Mozart überschreitet den ihm von Salzburg gewährten
        Urlaub beträchtlich, wird vom Fürst-Erzbischof nach
        Wien beordert, wo er am 16. März ankommt und wo
        die Großen des Habsburgischen Reiches zur Krönung

W. A. Mozart auf seinen Wunderkind-Reisen
(Paris 1766, Gemälde von Joseph Siffred Duplessis)

Das berühmte Bild der Familie Mozart: Vater Leopold mit der
Geige, das Portrait der verstorbenen Mutter an der Wand,
Wolfgang und Nannerl am Klavier
(Gemälde von Johann Nepomuk de la Croce)

Kaiser Josephs II. versammelt sind. Schnell verschlech-
tern sich die Beziehungen zwischen seinem Brotgeber
und Mozart, der lieber Konzerte auf eigene Rechnung
machen möchte, als im Orchester mitzuwirken, das
der Fürst-Erzbischof nach Wien mitgenommen hat. Am
9. Mai kommt es in einer erregten Szene mit dem
Kammerherrn Graf Arco zum endgültigen Bruch.
Mozart beschließt, in Wien zu bleiben und zieht in das
Haus der Frau Weber, Mutter Aloysias und weiterer
Kinder, vor allem der künftigen Mozart-Gattin Konstanze. Am 28. Juli erhält Mozart den kaiserlichen Auftrag,
ein deutsches Singspiel zu komponieren (*Die Entführung aus dem Serail*). Am Hofe des Kaisers besteht er
ein Wettspiel mit dem italienischen Cembalo-Virtuosen
Muzio Clementi glänzend.

1782 Mozart wirkt in einer Konzertreihe im Wiener Augarten mit. Am 16. Juli erfolgt die Uraufführung seines Singspiels *Die Entführung aus dem Serail* unter dem Jubel des Publikums. Am 4. August heiraten Mozart und Konstanze Weber.

1783 Mozart ist als Konzertpianist stark beschäftigt, seine Lage als »freier Künstler« in Wien läßt sich erfolgversprechend an. Am 17. Juni wird Mozarts und Konstanzes erstes Kind geboren, das aber schon nach zwei Monaten stirbt. Im Juli besuchen sie Vater Leopold in Salzburg, wo sie bis Ende Oktober bleiben, um dann über Linz, wo konzertiert wird, heimzufahren.

1784 Mozart legt ein »thematisches Verzeichnis« seiner Werke an. Schwester Maria Anna, das »Nannerl«, heiratet nach St. Gilgen bei Salzburg. Ein zweiter Sohn, Carl Thomas (gestorben 1858), wird geboren. Am 14. Dezember tritt Mozart einer Freimaurerloge in Wien bei.

1785 Vater Leopold trifft zu Besuch bei seinem Sohn ein. Bei einem der Hauskonzerte in dessen Wohnung begegnet er Haydn, der Mozart als den *größten Komponisten seiner Zeit* bezeichnet. Mozart widmet Haydn sechs Streichquartette.

1786 Am 7. Februar bringt Mozart im Schloß Schönbrunn seine Oper *Der Schauspieldirektor* zur Uraufführung. Am 29. April vollendet er die Partitur seiner Opera buffa *Le nozze di Figaro* (»Figaros Hochzeit«), die am 1. Mai im Burgtheater (K.K. National-Hoftheater) erstmals erklingt, ohne besonderen Erfolg zu zeitigen. Anfang Dezember hingegen wird diese Oper bei ihrer Prager Erstaufführung mit stürmischem Jubel aufgenommen, worauf eine Gruppe von Freunden und Anhängern Mozarts beschließt, ihn nach Prag einzuladen.
In Wien hatte inzwischen Konstanze (am 18. Oktober) wieder einen Knaben geboren, der aber nur vier Wochen lebte.

1787 Am 8. Januar reisen Mozart und Konstanze nach Prag, wo sie am 11. ankommen und beim Grafen Thun logieren. Sie wohnen am 17. Januar einer Aufführung des *Figaro* bei, die wie alle übervoll und sehr erfolgreich ist.

Am 19. Januar gibt Mozart ein glänzendes Konzert im selben Theater, dem Gräflich Nostitzschen National-theater (das später »Ständetheater« und in neuerer Zeit »Kajetan-Tyl-Theater« heißt) und dirigiert am 20. Januar dort seinen *Figaro*. Der Impresario des Theaters, Pasquale Bondini, schließt mit Mozart einen Vertrag, nach dem dieser für die kommende Saison eine neue Oper nach eigener Wahl komponieren soll.

Hochbefriedigt und mit guten Einnahmen in der Tasche reisen die Mozarts Anfang Februar nach Wien zurück. Dort bespricht Mozart mit dem *Figaro*-Librettisten Lorenzo Da Ponte sofort die neue Oper für Prag; der Hofdichter schlägt den vielfach bearbeiteten, dramatisierten und vertonten Stoff des Don Juan vor, der mit dem (viel älteren) der frevelhaften Einladung an eine Statue oder eine Leiche verbunden ist, zu einem Fest oder Abendessen zu erscheinen. Da Ponte macht sich

Eintragung Mozarts, mit Signatur als Freimaurer, aus dem
Giovanni-Jahr 1787 (in englischer Sprache)
(Übersetzung: »Geduld und Gemütsruhe tragen mehr zur
Heilung unserer Krankheiten bei als alle medizinische Kunst.«)

Maria Anna, Mozarts Schwester und treue Gefährtin
seiner Jugend, genannt »Nannerl« (hier als verheiratete
von Sonnenburg)

sofort, da Mozart von der Stoffwahl entzückt scheint, an die Arbeit, die er in wenigen Wochen vollendet. Mozart beginnt mit der Vertonung.

In dieser Zeit (angeblich in den April) fällt Beethovens nie mit Sicherheit bewiesener Besuch in Wien und bei Mozart.

Am 28. Mai stirbt Leopold Mozart in Salzburg; auch zwei weitere Todesfälle – der des Grafen Hatzfeld und des Dr. Barisani, beide in jugendlichem Alter – gehen Mozart sehr nahe.

Anfang Oktober bricht Mozart, wieder mit Konstanze, abermals nach Prag auf, den weitgehend vollendeten *Don Giovanni* im Reisegepäck. Er macht sich sofort an die Einstudierung, die Premiere muß mehrmals verschoben werden, bis sie schließlich am 29. Oktober unter allen Anzeichen eines vollkommenen Triumphes stattfindet; dies, obwohl Mozart die letzte Feile erst knapp vor diesem Abend angelegt haben dürfte, ja die Ouvertüre in der Nacht vor der Uraufführung niedergeschrieben zu haben scheint.

Im November erfolgt die Rückreise nach Wien, wo am 15. November Gluck stirbt und Mozart am 7. Dezember zu dessen Nachfolger als »Kaiserlicher Kammerkomponist« ernannt wird, allerdings mit einem viel niedrigeren Gehalt, als jener hatte. Am 27. Dezember wird wieder ein Kind, dieses Mal ein Mädchen, geboren, das nur ein halbes Jahr am Leben bleibt.

1788 Die Wiener Erstaufführung des *Don Giovanni* findet, mit ungleich geringerem Erfolg als in Prag, im Burgtheater am 7. Mai statt, am 15. Juni folgt Leipzig. Während kurzer zehn Sommerwochen komponiert Mozart seine letzten drei Sinfonien (Es, g, C mit den Köchelnummern 543, 550, 551). Rapide Verschlechterung seiner materiellen Lage.

1789 Versuch Mozarts, aus der Wiener Enge herauszukommen und einen neuen Wirkungskreis zu finden: Er reist ergebnislos über Prag nach Dresden, Leipzig, Berlin, Potsdam. Rückkehr nach Wien, wo die Lage immer bedrückender wird. Bettelbriefe an den Logenbruder

Das (alte) Wiener Burgtheater am Michaelerplatz, vor 1800

Michael Puchberg, Geldaufnahme bei Wucherern. Trotzdem überreiche Kompositionstätigkeit.

1790 Uraufführung der in kaiserlichem Auftrag komponierten Oper *Così fan tutte* im National-(Burg-)Theater (26. Januar). Unterbrechung der ohnedies schwachen Aufführungsserie durch den Tod des Kaisers am 20. Februar. Nach der Hoftrauer Wiederaufnahme des Werkes an wenigen Daten, Mozart dirigiert am 12. Juli selbst. Er versucht noch einmal, eine entscheidende Besserung seiner Lage herbeizuführen: Auf eigene Rechnung – da niemand ihn einlädt – fährt er (am 23. September) zur Kaiserkrönung Leopolds II. nach Frankfurt, dann nach Mainz, Mannheim, Augsburg und München, aber außer einigen Konzerten ist kein positives Resultat zu verzeichnen. Heimkehr im November. Am 15. Dezember Abschied vom Freund Haydn, der mit glänzendem Vertrag eine Englandtournee antritt.

1791 Letztes öffentliches Auftreten in einem Wiener Konzert (4. März). Mozart wird unbesoldeter »stellvertretender Kapellmeister« des Stephansdoms. Er arbeitet mit dem

Textdichter Schikaneder an der *Zauberflöte* und erhält im Juli von einer »anonymen«, ihm geheimnisvoll erscheinenden, später identifizierten Persönlichkeit den Auftrag zu einem *Requiem*. Auftrag aus Prag, zu den Krönungsfeierlichkeiten Leopolds zum böhmischen König eine Oper zu komponieren.

Uraufführung von *La clemenza di Tito*, schnell für diesen Zweck geschrieben, in Prag am 6. September. Rückkehr nach Wien, letzte Stücke für die *Zauberflöte* komponiert.

Uraufführung der *Zauberflöte* mit stärkstem Erfolg am 30. September im von Schikaneder geleiteten »Theater auf der Wieden« oder »Freihaustheater«. Serienaufführungen, wie bei keinem früheren Werke Mozarts.

Letzte öffentliche Tätigkeit Mozarts: am 15. (oder 18.) November dirigiert er, schon sehr krank, die *Kleine Freimaurer-Kantate* (KV 623) in der Loge »Zur neugekrönten Hoffnung«. Er arbeitet am *Requiem*, von dem Fragmente in seinem Krankenzimmer noch am 4. Dezember von Freunden geprobt werden.

Er stirbt am 5. Dezember gegen 1 Uhr morgens in seiner Wohnung in der Rauhensteingasse und wird am 6. im Stephansdom eingesegnet und auf dem St.-Marxer-Friedhof in einem nicht bezeichneten (Armen- oder Reihen-)Grab, dessen Lage nicht mehr zu ermitteln ist, beerdigt.

Die Bühnenwerke Mozarts

Köchel-verzeichnis	Titel	Entstehungs-jahr
35	*Die Schuldigkeit des ersten Gebotes*	1766
38	*Apollo et Hyacinthus*	1767
50	*Bastien und Bastienne*	1768
51	*La finta semplice*	1768
87	*Mitridate, re di Ponto*	1770
111	*Ascanio in Alba*	1771
126	*Il sogno di Scipione*	1772
135	*Lucio Silla*	1772
196	*La finta giardiniera*	1774
208	*Il re pastore*	1775
344	*Zaide* (unvollendet)	1780
345	*Thamos, König in Ägypten* (Bühnenmusik)	1780
366	*Idomeneo, re di Creta*	1780/81
384	*Die Entführung aus dem Serail*	1782
422	*L'oca del Cairo* (unvollendet)	1783
430	*Lo sposo deluso* (unvollendet)	1783
486	*Der Schauspieldirektor*	1786
492	*Le nozze di Figaro*	1786
527	*Don Giovanni*	1787
588	*Così fan tutte*	1790
620	*Die Zauberflöte*	1791
621	*La clemenza di Tito*	1791

Herausgegeben
von Kurt Pahlen

Kompletter Text in der Originalsprache, gegebenenfalls mit deutscher Übersetzung mit musikalischen Erläuterungen, Geschichte der Oper, Inhaltsangabe mit zahlreichen Fotos und Illustrationen und Kurz-Biographie des Komponisten.

Opern der Welt

In allen Buch- und
Musikalienhandlungen erhältlich!